U0137338

福建优秀
传统文化概论

郭 丹 主编

海峡出版发行集团 福建教育出版社

图书在版编目（CIP）数据

福建优秀传统文化概论/郭丹主编. －福州：福
建教育出版社，2023.3
ISBN 978-7-5334-9029-4

Ⅰ．①福… Ⅱ．①郭… Ⅲ．①地方文化－研究－福建
Ⅳ．①G127.57

中国版本图书馆 CIP 数据核字（2022）第 059794 号

Fujian Youxiu Chuantong Wenhua Gailun

福建优秀传统文化概论

郭　丹　主编

出版发行	**福建教育出版社**
	（福州梦山路 27 号　邮编：350025　网址：www.fep.com.cn
	编辑部电话：0591-83779615　83727542
	发行部电话：0591-83721876　87115073　010-62024258）
出 版 人	江金辉
印　　刷	福建省金盾彩色印刷有限公司
	（福州市仓山区红江路 8 号浦上工业园 D 区 24 号楼　邮编：350008）
开　　本	710 毫米×1000 毫米　1/16
印　　张	20.75
字　　数	287 千字
插　　页	2
版　　次	2023 年 3 月第 1 版　　2023 年 3 月第 1 次印刷
书　　号	ISBN 978-7-5334-9029-4
定　　价	49.00 元

如发现本书印装质量问题，请向本社出版科（电话：0591-83726019）调换。

目　　录

导　论

习近平总书记曾指出，一个民族、一个国家，必须知道自己是谁，是从哪里来的，要到哪里去，想明白了、想对了，就要坚定不移朝着目标前进。中华文化源远流长，积淀着中华民族最深层的精神追求，代表着中华民族独特的精神标识。"不忘历史才能开辟未来，善于继承才能善于创新。……只有坚持从历史走向未来，从延续民族文化血脉中开拓前进，我们才能做好今天的事业。"①

中共中央关于十四五规划建议稿提出了一个非常重要的命题："提升中华文化的影响力。""中华文化"的概念在十八大以来党的文献中第一次出现。"中华文化"的提法强调了文化的整体性，它包括了更广阔的地域。② 理解中华文化整体性的特点，说明博大精深的中华文化，是多元的文化，它是由众多的各具特色的地域文化构成的。福建优秀传统文化是中华优秀传统文化的重要组成部分。千百年来，福建文化以多元、深厚、交融的鲜明特征而著称。

福建传统文化的特点，可以归纳出诸多方面，鉴于本书的性质，今择其要者概括为三个方面：一是延续和继承中原文化即汉文化的传统，集中体现在以朱熹为代表的闽文化上；二是开放型的海洋文化的因子，由海上

---

① 2014 年 9 月习近平总书记在纪念孔子诞辰 2565 周年国际学术研讨会上的讲话。

② 参见王学典：《提升中华文化影响力的最佳机遇已经到来》，《中华读书报》2020 年 12 月 16 日第 13 版。

丝绸之路而形成的开放型文化与爱拼敢赢的海洋文化精神；三是既有地域的差异又相互融合相互影响。

一、福建传统文化延续和继承中原文化即汉文化的传统，特别集中体现为以朱熹为代表的闽文化

福建历史悠久，虽地处东南海隅，但自古以来即与中原有着密切联系。朱维幹先生《福建史稿》指出："根据考古报道，在金门县，曾发现距今约七千年左右的箆点纹陶器。经我国考古学家研究，认为该项陶器，与河南省新郑县发现的裴李岗文化中的箆点纹陶器相类似。""因此，'东南沿海的同类遗存，当与中原地区有着一定的文化联系'。"① 因此可以说，福建文化是与中华文化同步产生和发展起来的。闽侯县石山文化距今也约有四五千年。

因为山脉的阻隔，又濒临海滨，福建开发较晚。在唐以前，福建的经济、文化发展较之中原比较落后。不过，福建虽受到横亘在西北方向连绵不断的戴云山脉和武夷山脉的阻隔，但是交通与交融还是不断的，像《李寄斩蛇》这样的流传在闽地的故事，能够被晋代干宝收入其所编著的《搜神记》，正说明闽地与中原的文化交流和碰撞的存在。②

汉晋以降，特别是唐宋以来，北方汉人向闽地迁徙，与闽地的闽越人杂处一地，融合在一起。大规模的中原汉人入闽，推动了经济的发展。与此同时，文化的播迁，也促进了文化的交融。这使得福建文化承袭着中原文化，交流融合，迅速发展壮大起来，并形成具有鲜明特色的福建文化。唐代自陈政陈元光父子入闽，开发漳州，对福建的发展写下了浓重的一笔。陈元光随军入闽之后，追随父亲南征北战。平定泉漳之乱是陈元光的

① 朱维幹：《福建史稿》（上册），福建教育出版社 1985 年版，第 3 页。
② 李寄斩蛇是汉朝之事，文中所说的"庸岭"，在福建的邵武市。最后还有"越王闻之，聘寄女为后，拜其父为将乐令"云云。

功绩之一，他的更大贡献在于开发和经营漳州和闽南。在开发闽南的过程中，陈元光身体力行、持之不渝地用德礼教化民心，移风易俗，改造社会；提倡各民族一律平等，并积极主张和鼓励部下与山越人等少数民族和亲通婚，山越人由此逐渐汉化，实现了民族融合。福建从唐代开始，便人才辈出。薛令之、欧阳詹成为闽人最早的进士。薛令之以诗赋登科，是"开闽第一进士"。唐代中叶，欧阳詹与韩愈、李觏等名人同科，成为唐代福建士子的杰出代表。到了唐五代时期，王审知主政福建，实行了一系列的新政策。王审知治闽，"政绩斐然"，使福建发展进入新的时期。

到了宋代，福建的经济文化得到突飞猛进的发展。南宋时福建设一府五州二军，共计八个同一级行政机构，因此称为"八闽"。著名历史学家邓广铭先生多次申述宋代文化"登峰造极"，福建也是如此。宋代学人每以"海滨邹鲁"来称述福建。宋代文化南移，是个重要的历史现象，特别是南宋，可以说中国文化的重心在福建![1] 两宋时期，福建教育发达，广设精舍和书院。此时出现了一批在政治上有影响或是执牛耳的人物，同时，在文化史、学术史、文学史诸多方面，也都出现了一批有极大影响的引领全国风气之先的学者和作家，如杨亿、柳永、蔡襄、游酢、杨时、胡安国、李纲、张元幹、郑樵、朱熹、袁枢、严羽、真德秀、刘克庄、郑思肖、谢翱等等。就全国范围来看，他们都是熠熠生辉而毫不逊色的。[2] 如果拿文学来说，进入宋代，单是就诗人数量来说，福建便异军突起，跃居全国第二。这一时期，真可谓群星闪烁，光华璀璨。

宋代以朱熹为代表的闽学的兴起，[3] 影响了中华文化千百年。朱熹，是中国哲学史上影响最大的哲学家之一，是集两宋理学之大成者。他对北

---

① 参看徐晓望主编：《福建通史第三卷·宋元·绪论》，福建人民出版社 2006 年版。

② 参见郭丹主编：《福建历代名篇选读·前言》，海峡文艺出版社 2018 年版，第 10 页。

③ 一般认为，闽学是指以朱熹为首包括其门人在内的南宋朱子学派的思想，以及其后理学家对朱子学的继承和发展。参见高令印、陈其芳《福建朱子学》，福建人民出版社 1986 年版，第 2 页。

宋以来的理学发展作了系统的研究和整理。朱熹"以二程学说的基本思想为中心，改造了周敦颐的宇宙图式，吸收了张载的气化思想，融合了邵雍的象数易学，形成了由北宋道学几条支流汇合而成的澎湃大江"。[①] 朱熹的学说把哲学、政治、道德三者结合在一起，在学风上不空谈、务致用，有强烈的事业心。朱熹及其弟子大都能讲究民族大义、坚持民族气节。朱熹推崇"四书"，认为《大学》《中庸》《论语》《孟子》包含了中国传统儒家思想的各个方面。[②] 他精心编著的《四书章句集注》，是中华文化史上一部划时代的著作。朱熹自认为是接续了由孔子至曾参、子思再到孟子，再到韩愈的道统。《四书章句集注》成为元代以后科举考试的教科书。甚至明清以后的科举制度，均以《四书章句集注》作为题库和标准答案。元代以后，朱熹哲学成为中国封建社会后期传统文化的核心价值体系。[③] 朱熹死后，朱熹弟子及其后学黄榦、蔡元定、陈淳、真德秀等大力弘扬朱子之学，宣扬朱熹的道统，产生了更大的影响。

此后，在明代、清代，以至近代，福建都涌现了一批杰出人物。这些历史人物，不但在福建发展的历史上作出了杰出贡献，不少人物，对中华文化的政治、经济、军事、学术、文学都产生过重要影响。

再者，福建历代乡邦文献，亦堪称彬彬其盛，光华璀璨。就以"四库全书"所收三千五百多种图书来说，有关福建文献及研究福建文化的著作，共计三百三十多种，差不多占所收典籍的十分之一。如果加上存目，总数近八百种。[④] 而集部的数量，连存目计算在内，大约有三百部之多。[⑤] 集部数量之多，说明福建历代学者作家之盛。

---

① 陈来：《朱熹哲学研究》，中国社会科学出版社 1987 年版，第 3 页。
② 参见高令印、陈其芳：《福建朱子学》，福建人民出版社 1986 年版，第 61 页。
③ 参见汪征鲁：《闽文化新论》第四章《中国封建社会后期传统文化的核心价值体系》，中国社会科学出版社 2011 年版。
④ 参见朱维幹：《四库全书闽人著作提要》第 8 页《增辑说明》，福建人民出版社 2001 年版。
⑤ 按朱维幹《四库全书闽人著作提要》粗略统计。

二、面朝大海，福建具有开放型的海洋文化的因子，由海上丝绸之路而形成了开放型文化与爱拼敢赢的海洋文化精神

福建地处东南沿海，背山面海，面对台湾海峡和台湾岛，毗邻港澳，有得天独厚的自然优势。宋元时期的福建是中国经济最发达的区域，此时海外交通、贸易不断发展，与阿拉伯、波斯、印度以及欧洲的贸易经济往来，形成了自福建出发的"海上丝绸之路"。隋唐以后，福州的海外贸易逐渐兴起。到晚唐，福州已是海外贸易的重要口岸。宋代推行开放的海洋政策，福建成为中国海外贸易与国内贸易的交汇点，泉州、福州、漳州等海港与海外贸易频繁，福建的陶瓷、江浙的丝绸等货物，通过福建行销世界各国。此时被马可·波罗称为东方第一大港的泉州港进入鼎盛期。众多来自西亚、中亚的商人汇聚泉州，还有来自欧洲如意大利的商人，甚至有阿拉伯人到泉州定居。这样的贸易往来，又促进了国内贸易的发展，同时还促进了福建工商业的繁荣。到了明初，郑和下西洋成为中国古代海洋文化发展的巅峰。而郑和下西洋的出发地就有福建的长乐（古称吴航）。郑和在江苏太仓的刘家港集结，至福建福州长乐太平港驻泊伺风开洋，远航西太平洋和印度洋，拜访了三十多个国家和地区。福州因此成为海上丝绸之路的起点。明代，漳州的月港，也成为海上交通贸易的重要港口，月港与东西洋四十多个国家和地区有贸易往来。

中华文化与海外文化的交流碰撞，使得福建文化又孕育着独特的开放型的海洋文化的因子。不同于纯农耕社会的安土重迁意识，海洋文化具有开放性、开拓性和进取性，商品意识浓厚。面对大海，就是面对无数的未知数和艰难险阻；大洋彼岸的贸易对象，也一样充满着未知数。但是，海洋带来财富，带来机遇和挑战，因此要有不畏艰险、敢于冒险、勇于拼搏的精神，所以海洋文化崇尚"爱拼敢赢"。要战胜困难，又需要团结的集体主义精神，团结一心，互相帮助以达到目的。从莆田湄洲岛发端而影响深广的福建妈祖崇拜，即体现了因为海洋文化而催生出来的互助仁爱精神；又因面对浩瀚的大海，海洋的博大造就了人们宽阔的胸怀。海上交通和贸易的频繁，长期接触域外经济文化，眼界更加开阔，福建特别是沿海的人们勇于接纳海外文化的传统，使得福建文化具有了兼容的气度、开阔的胸怀，"爱拼敢赢""海纳百川，有容乃大"，面向世界，成为它突出的特征。晚清马尾船政局能在福州开办，成为晚清对外开放的一个重要码头，除了地域的原因，与福建历史上就具有的开放的文化传统有密切关系。

三、福建传统文化既有地域的差异又相互融合相互影响

福建地处南方，原来居住着几个南方少数民族。汉族南下福建之后，与当地民族交融，和睦相处，共同生活，创造了福建灿烂辉煌的历史。福建从地理上看，东部都是沿海地区，西部是山地。地域的差异，体现在内陆山地与沿海的差异，还有民族与族群的差异，等等，造成了约略存在的文化的差异。

本书是以福建行政区划来分章加以论述的，目的即在于从不同的地区审视其文化的特色。

福州历史上的开放格局，产生了变革图强的思想。近代福州，在中国历史上扮演着重要的角色，一座福州城，半部近代史。中国近代史上，福州扮演着开思想风气之先、开眼看世界、行洋务运动之实变革图强的角色。林则徐师夷长技以制夷，成为近代中国探索强国之路的典范。福州船政的创办，广泛接触西方先进理念和技术，成为中西文化碰撞的一个融合点。福州船政局又是中国近代海军的摇篮，成为近代中国变革图强的一面旗帜，追梦民族复兴的起点之一。这些变革举措，催生了福州文化的包容、博大、开明与先进，铸就了"海纳百川，有容乃大"的城市精神。近代福州文化在继承传统，坚持本来，放眼世界、吸收外来文化的过程中，

书写了福州人勇于开拓进取、革新实践，又心怀社稷民生、家国天下的文化情怀和文化秉性。

莆仙地区，古称兴化，虽地域偏小，但是文教为先。自唐代以后，书堂、书院、县学林立。正是因为重视文教，莆仙地区成为"进士之乡"。"进士之乡"闻名全国，还以"文献名邦"享誉内外。自唐中叶以来，历代学者勤于著书立说。据朱维幹、李瑞良先生《四库全书闽人著作提要》统计，《四库全书总目》著录的莆仙人著作有 50 部 882 卷，存目有 67 部 983 卷，两者合计 117 部 1865 卷。这在福建全省来说，首屈一指。而且诞生了许多名家名著。如晚唐五代的诗人黄滔、徐寅，宋代的理学大家林光朝、史学名家郑樵、文学名家蔡襄、刘克庄等。

发祥于宋代的莆田妈祖信仰，并非简单的一种民间信仰。妈祖信仰形成后，不但在莆仙地区得到较快发展，而且迅速传播到福建各地乃至省外、国外许多地方。宋代以后，妈祖的神格从"圣妃"上升为"天妃""天后"，成为中国影响最大的海神和中国航海活动的精神支柱。她适应着海上交通和贸易的需要，成为海上丝绸之路的保护神。

闽南地区，指的是现在泉州、厦门、漳州几个市所辖地区。这里海域辽阔，中原文化和闽越族文化的交融，形成了特色非常鲜明的闽南文化。闽南地区文化，既有对中原传统文化的认同与继承，如重农崇教，崇尚正统，重视守成，又敢于突破传统而求新，甚至对于传统的叛逆和反抗，催生了超越前人的新生事物。爱拼敢赢的文化特征在闽南人身上显示得特别明显，因此，改革开放之初，闽南人即敢于率先冲破传统的束缚，走在全国的前头，使得闽南经济一直保持强劲的发展势头。

恪守中原文化崇文重教的传统，闽南地区文化学术与官私教育也同样繁荣。山清水秀与广阔海洋的地理形胜，孕育出许多杰出的人物，甚至如异军突起，如唐代与韩愈同科进士的南安的欧阳詹，宋代的著名学者苏颂，明代敢于反抗传统理学、追求个性解放的李贽，朱熹弟子陈淳，抗清志士理学家黄道周，受到海商文化影响、收复台湾、开发建设台湾的郑成功，清末怪杰辜鸿铭，文学大师林语堂等。像辜鸿铭、林语堂，虽然学贯中西，但是其文化根底，仍然是中华传统文化，"忠于中国之文明"（辜鸿铭语）。

客家地区，指的是今天龙岩市的长汀、连城、上杭、永定、武平以及今天三明市的宁化、清流、明溪（归化）等地。与沿海的平原和面对辽阔的大海的沿海地区不同，客家地区是内陆山区，丘陵起伏，森林茂密。在此生活着一支特殊的汉族民系，即客家人。

历代南迁的汉民族与当地闽越族、畲瑶等原住民经过漫长时间的融合发展，形成了以南迁汉人为主体的汉族客家民系和以中原文化为主导的客家文化。客家文化是客家民系在适应赣闽粤边自然环境和社会历史发展过程中所创造的物质财富和精神财富的总和，是中华文化的重要组成部分。[①]耕读传家、开拓进取、艰苦奋斗、崇文重教、慎终追远、爱国爱乡，是客家文化的精髓，也是中原文化的宝贵遗产。

客家文化还保存了众多的民间信俗。客家民俗丰富多彩，尤其是信仰民俗、节庆民俗体现了客家百姓独特的精神生活。这些传承千百年的民俗活动是客家文化传承的重要方式与渠道，成为"当地客家人的一种象征与符号"[②]。客家节庆民俗是客家人文精神最具乡土气息、最原生态、最大众化的表现形式。[③]"礼失求诸野"，中原古文化在发源地式微，却在客家地区被保存下来。

由于文化的发展与客家人自身的努力，明清以来闽西客家造就了许多全国知名的画家和诗人，如具有全国影响的著名画家上官周、华喦和黄慎。民间文艺也异彩纷呈，客家民众喜闻乐唱的客家山歌，最能反映客家社会的劳动生活，成为了解客家人与客家文化的一个重要窗口。

---

① 参见本书第五章。
② 刘大可：《闽台客家地区的民主公王信仰》，《福州大学学报（哲学社会科学版）》2010 年第 5 期。
③ 林开钦：《客家通史》，福建人民出版社 2018 年版，第 217 页。

客家文化，凸显了客家人生活的智慧、团结奋进的勇气、开放包容的胸怀以及敬宗睦族、崇文重教、爱国爱乡的精神特质，成为中华优秀传统文化的一个重要组成部分。

闽东地区，指的是今天宁德市所辖的各县。闽东地区地形山海交融，又是畲族聚居之地。山海形胜，既有山的秀丽与雄奇，又有海洋的博大与壮阔。三都澳放眼太平洋，处于太平洋西岸国际诸航线的中心位置，可以直接通达全国和世界主要海运航线，是世界不可多得的天然良港，被誉为"举世无双的海上天湖"。闽东地区的廊桥，是特有的文化遗产。因地制宜，闽东人建起了瑰伟的廊桥。廊桥建筑，既是交通设施，又兼有驿站、祭祀、社交、贸易等功能，且蕴含着多元的文化内涵，包括建筑文化、民俗文化、风水景观文化等，廊桥的建造以及建成之后的诸多功能，包含着丰富的民俗文化内容。廊桥是智慧的结晶，又展现了闽东人民特有的审美趣味与文化精神。闽东地区又是畲族聚集地，在全国畲族人口中占比超过50％。闽东畲族保存了很多畲族古老的民族风情和礼俗。盘瓠信仰及其图腾，造就了畲族民族的忠勇精神和民族性格，不畏强暴、敢于斗争。其族群意识催生了畲族人的凝聚团结精神，也表现了对华夏民族的认同。他们的语言、服饰等，都具有鲜明的文化特点和民族意识。[①]

闽北地区指现在的南平市所辖各县。闽北地区虽处山区，但却是文化发达地区。中原理学入闽，即从闽北始。从杨时、游酢到刘子翚，道南之学传入闽地，以至集大成者朱熹，创造了福建文化的辉煌。

闽北是中国早期书院文化的发源地。[②] 闽北的书院文化如武夷精舍和考亭书院，是当时全国最有影响的几个书院。南宋时，闽北地区的建安和建阳就已是全国性的出版中心。"建本"或称"麻沙本"，行销全国以至海外。刻书文化，不但影响整个福建，也扩及全国。闽北的茶文化特别是武夷茶文化，成为雅俗共赏的一种享受。

---

① 参看郭志超：《畲族文化述论》，中国社会科学出版社 2009 年版。
② 参看徐晓望：《闽北文化述论》，中国社会科学出版社 2009 年版，第 26 页。

谈到福建文化，不能不说到海峡两岸的文化。福建与台湾隔海相望，台湾自古就是中国的领土。台湾自古与大陆连接在一起，台湾在海峡还未形成之时，便是大陆人生活、劳动的地方；台湾海峡形成之后，在岛上定居的依然是来自大陆的早期居民。此后历朝历代都有大陆人前往台湾的记录。随着大陆人民不断地移居台湾，从三国时期的吴国开始，大陆便派官员到达台湾。南宋乾道年间，宋王朝已派兵到澎湖巡防，澎湖已属福建晋江县管辖了。明末清初郑成功收复台湾后，将大陆一系列政治制度和文教制度移植到台湾。康熙统一台湾后，设立台厦道，隶属福建省，台湾知府由福建巡抚直接管理。历史上，福建闽南地区有大量的民众移入台湾，占据移入台湾的绝大部分人口。还有客家移民和闽东移民，也占据台湾相当多的人口比例。大陆移民进入台湾，在台湾撒播下了中华文化的种子。

宗族文化，是中华传统文化的基石。宗族文化也随着福建移民到达台湾。福建移民到达台湾，他们将安土重迁、不忘根本的乡土观念带到台湾。台湾的教育也受到福建文化的影响，特别推崇闽学与朱熹。台湾形成"紫阳（朱熹）儒宗，海隅仰止"的浓烈氛围。清代福州鳌峰书院既有台湾籍的教员，也有台湾来的学子。此外，台湾的信仰民俗、建筑艺术、文学艺术，也基本上与福建闽南、客家的传统相同。

在台湾少数民族与汉人的交融中，少数民族逐渐被汉族的习俗、文化、生活习惯等所影响。台湾少数民族与我国南方地区的古越人在文化上具有渊源相承的关系。可以说，台湾南岛语系族群的主要来源是祖国大陆东南沿海古越先民的一支。台湾少数民族大多拥有祖先崇拜和图腾崇拜，其中蛇图腾崇拜、竹图腾崇拜都与大陆南方地区的信仰相似。

以上所述，是八闽地区文化的些许差异，但是，它们共同构成了福建传统文化的特色，那就是开拓进取、艰苦奋斗、爱乡爱国、团结拼搏、海纳百川、爱拼敢赢的精神，正如有的学者所说："既敢搏命轻生于惊涛骇浪之中，也敢披坚执锐面对强敌，捍卫国家与民族的尊严。"① 这虽然特别显著于闽南文化，其实也是福建文化的精神！它表现出宏伟气魄、巨大度量、深宏阔大、雍穆从容的文化品格。

习近平总书记在十九大报告中提出，深入挖掘中华优秀传统文化蕴含的思想观念、人文精神、道德规范，结合时代要求继承创新，让中华文化展现出永久魅力和时代风采。

深入学习习近平新时代社会主义思想，坚定中国特色社会主义文化自信，坚持创造性转化，加强对中华文化的挖掘和阐发，建设社会主义文化强国，是新时代的重要任务。福建优秀传统文化已然成为福建的独特标识和八闽儿女的精神命脉，成为福建值得骄傲的文化软实力。学习传承福建优秀传统文化，对青年学子树立核心价值理念，践行中华传统美德，涵养中华人文精神，讲好福建故事，陶冶情操，都具有重要意义。历史是最好的教科书。本书的编写，是要让福建的青年学生带着深厚的情感看待身边的世界，认识福建优秀传统文化，从青年时期即培养起丰富而真实的生命情感体验，进而形成立志成长、守护乡土、热爱祖国的文化情感。

迎接新时代，跨上新征程，作为一个福建人，生活在八闽大地之上，要了解先辈的光辉业绩，弘扬优秀传统文化，吸取人文血脉的营养，努力增强文化自信，以激励奋发向上的精神，在实现民族伟大复兴的中国梦的新征程中，做出无愧于先人的更加宏伟壮丽的事业！

---

① 林枫、范正义：《闽南文化述论》，中国社会科学出版社 2008 年版，第 6 页。

第一章
福建传统文化的产生及发展历程

　　福建传统文化是中华优秀传统文化的重要组成部分，它既有中华优秀传统文化共有的特征，也具有自身鲜明的区域性特征。比如福建境内的方言种类特别多，有闽东方言、兴化方言、闽南方言、闽中方言、闽客方言等，各方言区之间在生活习惯、文化艺术等方面各有地域特色。"十里不同风，一乡有一俗"可以说是福建传统文化特殊性和差异性的真实写照。①之所以会如此，是与福建自成体系的历史地理环境密切相关的。"不同地区的自然环境又存在着不同程度的差异，这种差异又陶冶出这一地区人群的不同程度的特质与特性。而这种特质、特性与共性一同每每成为生命与文化的遗传基因。"② 因此，要了解福建优秀传统文化及其特殊性，要先了解福建传统文化生成的历史地理环境。

第一节　福建传统文化生成的历史地理环境

　　福建传统文化产生和发展的历史地理环境包括两个方面：自然地理环境和人文地理环境。自然地理环境中的地形、地貌、气候、海陆分布等对福建传统文化的产生及发展影响较大，人文地理环境中则主要在行政沿革、交通、农业、海外贸易等方面。因此，本节主要是从地形、地貌、气

---

　　① 　邱季端：《福建古代历史文化博览》，福建教育出版社 2007 年版，第 5 页。
　　② 　汪征鲁：《闽文化新论》，中国社会科学出版社 2011 年版，第 9 页。

候、行政沿革等方面来讲福建的文化生态环境及其对福建传统文化的影响。

一、福建的自然环境

（一）地形地貌

一是山地多、丘陵多、平原少。福建境内有两列大山脉，一列是福建西北面的武夷山脉，其最高峰黄岗山也是我国东南部的最高峰。武夷山脉把福建与浙江、江西、广东隔绝开来，形成一个相对封闭、自成体系的社会经济区域。一列是福建中部的鹫峰山脉、戴云山脉和博平岭山脉。其中，鹫峰山脉在闽江以北，戴云山脉在闽江与九龙江之间，博平岭山脉在九龙江以南地区。在两列山脉的缓坡上及沿海地带分布着高度不一的丘陵，有海拔500米至100米的高丘陵，有100米至50米的中丘陵，也有50米以下的低丘陵；而在两列山脉低坡及长廊间散布着许多山间盆地，如浦城、建阳、建瓯、沙县、永安、邵武、顺昌、光洋、泰宁、宁化、连城、长汀、上杭、龙岩、漳平、德化、屏南等。据统计，福建全省陆地面积12.138万平方公里，其中500米以上山地面积约占36.12%，50米至500米的丘陵盆地约占58.88%，两者合计达到95%。福建平原面积很小，仅占5%，主要分布在闽江、九龙江、晋江和木兰溪等河流的下游，有福州平原、兴化平原、泉州平原和漳州平原等。

二是福建水系发达且自成流域。福建多高山、丘陵的地形地貌以及丰富的降水，造就了十分独特的福建水系。福建境内水系密度很大，在福建12.138万平方公里的土地上，有1.285万公里的河流，水系密度达到每平方公里100米。福建境内较大的河流有福州的闽江，漳州的九龙江，泉州的晋江，龙岩的汀江，宁德的交溪、霍童溪，莆田的木兰溪等。这些河流的河水流量都很大。因福建地处亚热带季风气候区，常年降水量在1100毫米至2000毫米之间，丰富的降水大部分都转化为地表径流，成为福建河流水源的主要来源。以闽江为例，虽然其流域面积在全国各大河中仅位列第

11 位，但其平均流量却位居第 7 位。

福建水系的独特之处还体现在福建的河流大多发源于本省，并且在福建沿海出口入海。福建省第一大河闽江全线都在省内，它源起福建西部的仙霞、武夷山脉，上游三大支流沙溪、富屯溪、建溪在南平延平区汇合后形成闽江干流，穿过中游的峡谷河段，到达下游的福州平原被仓山岛分为两支，一是闽江流经福州，一是乌龙江流经闽侯，二者到罗星塔复合为一，折向东北流出琅岐岛注入东海。福建省唯一出省的主要河流是闽西的汀江，它源起长汀、宁化与江西交界的武夷山脉南段，流经长汀、武平、上杭、永定四县，在永定县峰市镇出境进入广东省，至大埔县三河坝与梅江汇合后称韩江。福建省主要河流这种自成流域，独立入海的现象在全国是较为少见的。[①]

三是海岸线曲折，优良港湾众多。福建的大陆海岸线从福鼎的沙埕至诏安的宫口，海岸线直线只有 535 公里，曲线长度却达 3324 公里，占全国大陆海岸线总长度的 20％左右，仅次于广东位居全国第二。福建的海岸质地主要是基岩海岸，海岸形态主要是半封闭港湾海岸，二者的紧密结合造就了诸多风平水深的优良港湾。福建沿海的大小港湾有 1200 多个，其中著名的有沙埕湾、晴川澳、福宁湾、三沙湾、罗源湾、马尾港、福清湾、兴化湾、湄洲湾、泉州湾、深沪湾、围头湾、厦门港、东山港、诏安湾等。

（二）气候

位于中国东南部的福建气候属于典型的亚热带海洋性季风气候。福建气候有三个主要特点：一是夏长冬短，气温偏高，福建年平均气温在 14 ℃至 22 ℃，四季温差变化不明显。全省内陆地区无霜期在 260 天至 300 天，沿海地区无霜期在 300 天以上，闽东南地区全年无霜。二是降水丰富。福建地处冬、夏季风交替地区，季风对降水有明显的影响。夏季受海洋暖湿气流的影响，雨量充沛，降雨时间长。福建降雨受季风影响的不同有地

---

① 汪征鲁：《闽文化新论》，中国社会科学出版社 2011 年版，第 10—11 页。

域上的差异，呈东南平原地区向西北山地逐渐增加的趋势；有时间上的不同，3月至4月的降雨被称为春雨，5月至6月的降雨被称为梅雨，二者降雨占全年的50％到60％，7月至9月虽多为晴热天气，但受台风影响，会带来大量降雨。三是受地形差异的影响，福建各地气候的区域性差异比较明显。因为武夷山脉、戴云山脉的阻隔，沿海地区和内地山区的气候差异比较明显；此外，因为两列山脉山高谷深，出现了典型的气候垂直带谱，依次出现南亚热带或中亚热带、北亚热带、暖温带、中温带的变化。[①] 福建"这些复杂而独特的地理特征，给福建文化的发展历程烙上了鲜明的印痕，造成了福建区域社会发展的不平衡和文化形态的多元性特征，并间接体现在文化生态特征中"。[②] 可以说，福建山海形胜的自然地理环境造就了福建山海交融的文化，福建民众既重视传统的农业生产，有安土重迁的观念；也重视发展海洋的渔业和海上贸易，有敢于冒险的精神。二者像变奏曲一样交织在一起。

二、福建的人文地理环境

(一) 政区沿革

福建，在周朝为七闽地，春秋以后为闽越地。秦朝统一全国后，废除分封制，在全国推行郡县制，福建置闽中郡，中央政权始达于福建。汉初，无诸因起兵反秦有功，被封为闽越王，福建为闽越国疆域。汉武帝时，余善出兵反对汉朝，兵败灭国。闽越人被迁徙至江淮地区。闽越北迁之后，汉政府便在闽越国故都冶设立东部候官。自汉始元二年（前85）汉置东部都尉开始，到建安十二年（207）福建都在王朝军事管制之下。

三国时期，福建隶属吴国，永安三年（260）建立建安郡，下辖建安、南平、将乐、建平（建阳）、东平（松溪）、昭武、吴兴（浦城）以及候官、东安（南安、同安）等九县。西晋太康三年（282），从建安郡中析出

---

① 汪征鲁：《闽文化新论》，中国社会科学出版社2011年版，第19页。
② 邱季端：《福建古代历史文化博览》，福建教育出版社2007年版，第3—4页。

部分地区，另置晋安郡。梁天监年间（502—519），从晋安郡析出南安郡，治所在今南安丰州镇，辖兴化、泉州、漳州等地。陈朝永定年间（557—559），陈武帝为羁縻陈宝应升晋安郡为"闽州"，治所在晋安（福州），下辖晋安、建安、南安三郡。天嘉六年（565），撤销闽州，晋安郡属东扬州。光大二年（568），晋安郡改为丰州，州治所在今福州。

隋建立之后，对郡、县进行了裁并。隋开皇九年（589），因丰州境内有泉山，改丰州为泉州（治所在今福州），废建安、南安二郡改为县，归泉州统属。大业二年（606），改泉州为闽州，辖闽县、建安、南安、龙溪4县（原先设置的15县改为4县）。大业三年（607），改闽州为建安郡（郡治在今福州）。

唐武德元年（618），改建安郡为建州，州治在闽县。武德四年（621），建州州治移建安（今建瓯）。武德五年（622），在原南安郡旧地设置丰州，州治在今南安丰州镇，领南安、莆田、龙溪3县。武德六年（623），建州析部分地置泉州（在今福州），辖闽县、候官、长乐、连江、长溪5县。武德八年（625），改名丰州，置丰州都督府，治所仍在闽县。贞观元年（627），丰州改称泉州，增辖南安、莆田、龙溪3县，属岭南道。圣历二年（699），析泉州之南安、莆田、龙溪置武荣州，州治所在今南安丰州。景云二年（711），改武荣州为泉州（即今泉州），改泉州（今福州）为闽州都督府，领闽、建、泉、漳、潮5州。开元十三年（725），闽州都督府因州西北有福山，改称福州都督府（福州之名自此始），属江南东道，仍驻闽县。开元二十一年（733），为加强边防武装力量，设立军事长官经略使，从福州、建州各取一字，名为福建经略军使，与福州都督府并存。这是福建名称出现之始。福建经略使开始时专管军事，后来发展为福建观察使、福建节度使，统管福建全省军事、民政、财政，取代道一级，成为地方最高长官。唐末，由节度使领福州、建州、泉州、漳州、汀州，属江南东道。5州领24县，其中，望县1个，紧县3个，上县7个，中县2个，下县11个。

五代十国时期，福建先后为闽、殷、南唐、吴越各国所据，区划名称几经变迁。后唐长兴四年（933），王延钧称帝，国号大闽，改元龙启，升福州为长乐府，称东都，领福、泉、建、汀、漳、镛（将乐）、镡（延平）7州。后晋开运二年（945），南唐灭"大闽国"，改镡州为剑州，撤销镛州。

北宋时期，福建"八闽"之行政区划基本确立。北宋太平兴国三年（978），陈洪进、钱俶先后向宋纳土请降，福建全境入宋版图。宋改福州彰武军为福州威武军，领6州（福州、泉州、建州、汀州、漳州、剑州）、1军（同年，析建州之邵武为邵武军）、11县，属两浙西南路。太平兴国四年（979），析泉州置兴化军，治所在今仙游游洋，下辖莆田、仙游和兴化3县。太平兴国八年（983），置福建路，福州为路驻地。南宋绍兴三十二年（1162），建州以孝宗旧邸升为建宁府。福建路辖1府、5州、2军，故此福建称"八闽"。宋景炎元年（1276），元军攻破宋都临安（今杭州），宋帝赵㬎被俘。陆秀夫、陈宜中等拥立赵昰在福州即位，改元景炎，升福州为福安府，定为行都。

元至元十七年（1280），在福建境内同时设立福建、福州、泉州3个行中书省。嗣后撤复不定。元至治年间（1321—1323），全国分为11个行省，福建境内设8个路，归江浙行中书省管辖。元至正十六年（1356），撤福建路，恢复福建省，福建设省至此开始。明朝洪武元年（1368），福建全省八路改为福州、建宁、延平、邵武、兴化、泉州、漳州、汀州八府。成化九年（1473），恢复被废为县的福宁州，直隶于布政司。终明一代，福建设八府一州。清代，福建行政区划继承明制。省下辖有福州、兴化、泉州、漳州、延平、建宁、邵武、汀州八府及福宁州。康熙二十三年（1684），清政府统一台湾后增设台湾府，属福建统辖，下设三县一厅。雍正二年（1724），升福宁州为福宁府；雍正十二年（1734），升永春、龙岩两县为直隶州。光绪十一年（1885），台湾府单独设省。到清末，福建省共设有9府、2州、58县、2厅。省与府之间还设4个分道作为派出机构：

宁福道驻福州，辖福州府、福宁府；兴泉永道驻厦门，辖兴化府、泉州府、永春州；汀漳龙道驻漳州，辖汀州府、漳州府、龙岩州；延建邵道驻南平，辖延平府、建宁府、邵武府。[①]

总之，在唐朝以前，福建区域曾被划归江西，也曾划归岭南，也曾是浙江的组成部分。但是，统治者发现这不便于管理，最后还是让福建自成一体。

（二）移民与民系

先秦时期，福建及其周边地区各部族的称呼，有称闽，有称越，有称闽越。《周礼·夏官司马·职方氏》载："职方氏，掌天下之图。以掌天下之地，辨其邦国、都鄙、四夷、八蛮、七闽、九貉、五戎、六狄之民。"七闽与四夷、八蛮等并举，说明在当时的中原人观念里，闽中越人是属于"蛮""夷"的少数民族。直到秦汉时期，福建虽然并入中央政府管辖，但福建仍是闽越人的天下，闽越王仍然是福建的实际统治者。《史记》卷一一四《东越列传》载："（闽越）王无诸及东海王摇者，其先皆越王勾践之后也，姓驺氏。秦已并天下，皆废为君长，以其地为闽中郡。及诸侯畔秦，无诸、摇率越归鄱阳令吴芮，所谓鄱君者也，从诸侯灭秦。当是之时，项籍主命，弗王，以故不附楚。汉击项籍，无诸、摇率越人佐汉。汉五年，复立无诸为闽越王，王闽中故地，都东冶。惠帝三年，举高帝时越功，曰闽君摇多功，其民便附，乃立摇为东海王，都东瓯，世俗号东瓯王。"其后，闽越地区或归附、或叛乱多有反复。到汉元鼎五年（前112），汉武帝经营东南地区，先后消灭了南越、东越，并将闽越地区的土著迁徙到江淮间安置。《宋书》卷三六《州郡志二》载："汉武帝世，闽越反，灭之，徙其民于江、淮间，虚其地。后有遁逃山谷者颇出，立为冶县，属会稽。"闽越国的居民虽大部分被迁到江淮间，但仍有不少逃到了山谷间者。到东吴经营闽地设立冶县，闽越族仍然是福建的主要土著居民。

---

① 福建省地方志编纂委员会编：《福建省志·地理志》，方志出版社2001年版，第396—400页。

除土著居民之外，北方南迁汉民对福建社会政治、经济、文化的发展发挥了推动性作用。中原人民入闽与中原移民南迁是同步的，南迁持续时间很长，历史上先后有几次大的移民高潮。其中以西晋末年永嘉之乱后、唐朝安史之乱后、北宋末年靖康之变后的三次移民影响最大、移民人数最多。西晋永嘉之乱后是中原移民向南方迁徙的第一次高潮，大量中原移民为躲避北方的战乱纷纷向南迁徙。当时有不少移民迁移到了福建。比如历史上非常有名的"八姓入闽"，据乾隆《福州府志》引宋人路振《九国志》载："晋永嘉二年（308）中州板荡，衣冠始入闽者八族，林、黄、陈、郑、詹、邱、何、胡也。"中原移民的到来，促进了福建的渐次开发。《太平御览》卷一七〇《州郡部十六》引《十道志》载："泉州，清源郡，秦汉土地，与长乐同。东晋南渡衣冠士族，多萃其地，以求安堵，因立晋安郡。"唐安史之乱后是第二次高潮，这次移民高潮还带有明显的政治、军事移民特征。大量的移民是追随王潮、王审知兄弟进入福建的。如崇安丘氏，"唐僖宗时，丘顺、丘祥、丘福兄弟三人由固始随王潮入闽，居崇安之黎阳"。[①] "王氏居闽，与五代相始终，是时闽地安谧，中州避乱者皆举族南来，莆户口繁殖当在此时。"[②] 福建在这一时期，人口有了明显的增长。北宋靖康之变后，北方地区处在游牧民族的侵扰之下，战争时有发生。而地处东南一隅的福建是少数不受战争影响的地区，成为当时躲避战乱的乐土。"绍兴和议既坚，淮民始知生聚之乐，桑麦大稔。福建号为乐区，负载而之者，谓之反淮南。……自开禧兵变，淮民稍徙入于浙、于闽。"[③] 在这一背景下，许多士大夫和流民相继入闽。庄季裕《鸡肋篇》："建炎之后，江、浙、湖、湘、闽、广，西北流寓之人遍满。"移民源源不断地进入福建，造成福建人口较为快速的持续性增长。来自不同省份的

---

① 郑丰稔等：《崇安县新志》卷四《氏族》，民国 31 年刊本，第 1 页。
② 石有纪等：《莆田县志》卷一四《赋役》，上海书店出版社 2000 年版，第 3 页。
③ 〔宋〕叶绍翁：《四朝见闻录》戊集《淮民浆枣》，中华书局 1989 年版，第 197 页。

"北方汉民"南迁入福建是个持续的过程，这些人进入福建的原因各不相同，其中以避乱的突发性移民所占比重较大。

此外，这里要特别指出的是，福建地处东海之滨，自汉唐以来都是中国海上交通贸易的重要节点。在宋元时期，泉州号称"东方第一大港"，许多国家、地区都与泉州有贸易往来。"中南半岛的交趾、占城、宾瞳龙、真腊、登流眉、真里富、罗斛、蒲甘、凌牙斯加、吉兰丹……印尼群岛的蓝无里、宾悉、监篦、三佛齐……南亚次大陆的细兰、鹏茄罗、南毗、麻罗华，西亚的弼斯罗、勿斯离、麻嘉，东非的层拔，以及东亚的毗舍耶、流求、高丽、日本等40多个贸易点，分布于东亚、南亚、西亚、东非。"① 商贸的发展吸引了大量番商来泉州贸易，"闽山佳处，封疆阔远，人物庶繁，驿道四通，海商辐凑，夷夏杂处"②。许多番客还定居在泉州，泉州出现了"番坊""番人巷"，"诸番有黑白二种，皆居泉州，号番人巷，每岁以大舶浮海，往来致象犀、玳瑁、珠玑、玻璃、玛瑙、异香、胡椒之属"。③ 许多海外番客特别是阿拉伯人来到泉州，不仅促进了福建与世界其他国家的经济文化交流，而且这些域外来客内移定居及其与福建人互动、融合，也是福建民系的重要组成部分。

南迁移民、闽越土著、域外来客及其他少数民族汇聚于福建，在不同的自然环境和社会环境中，在共同开发福建的过程中，互相交往、互相融合，在不同区域内逐渐形成了具有不同人文性格特征的福州人、莆田人、闽南人、客家人、闽北人等不同民系。

---

① 徐晓望：《福建通史·第三卷·宋元》，福建人民出版社 2006 年版，第 340 页。
② 〔宋〕郑侠：《西塘集》卷八《代谢仆射相公》，文渊阁四库全书本，第 20 页。
③ 〔宋〕祝穆：《方舆胜览》卷一二《泉州》，上海古籍出版社 1991 年影印宋本，第 7 页。

第二节　福建传统文化的发展历程

福建历史文化传承经历了独特而曲折的发展历程，大体包括四个阶段。

一、秦汉以前：闽越文化时期

（一）远古时期的福建文化

考古学家把人类文化的发生溯源到石器时代，认为这一时期是人类文化发端的初始阶段。福建文化的发端也是始于石器时代，可分为旧石器时代和新石器时代两个阶段。

福建旧石器时代大致在公元前 18 万年至公元前 1 万年之间，主要旧石器遗址有三明万寿岩灵峰洞旧石器时代早期遗址、漳州莲花山旧石器晚期遗址以及"东山人""清流人""甘棠人"化石地点等。三明万寿岩灵峰洞旧石器时代遗址距今约 18 万年，是迄今福建地区发现的最早旧石器时代遗址。万寿岩位于三明市西郊 17 公里的岩前镇岩前村，是岩前盆地中的一座石灰岩丘陵。万寿岩遗址发现的洞穴遗址有 10 多处，其中最重要的是灵峰洞遗址和船帆洞遗址。灵峰洞遗址出土了刮削器、砍砸器和石锤等各类石器 70 多件，还有中国犀、牛亚科、虎、竹鼠等各类动物化石。与其他旧石器时代文化相比较，福建旧石器时代文化发展水平大致相当。人们使用的工具主要是打制石器，工具十分的简单、粗糙，文化发展十分的缓慢，尚处于生成、萌芽阶段。[①] 除了生产工具的不同外，人们的劳动生产方式也不同。当时人们的劳动方式是以采集和狩猎为主，是直接向大自然攫取生活资料。随着资料资源的衰竭，人们必然会进行某种迁徙以谋求新的生活资料，旧石器时代文化具有某种迁徙性特征。[②]

---

① 汪征鲁：《闽文化新论》，中国社会科学出版社 2011 年版，第 131 页。

② 汪征鲁：《闽文化新论》，中国社会科学出版社 2011 年版，第 33 页。

福建新石器时代约在公元前7000年至公元前3000年，其中公元前7000年至公元前5000年是福建新石器时代前期，公元前5000年至公元前3000年是福建新石器时代后期。福建新石器时代前期发现的遗址不多，仅有平潭的壳丘头、南厝场、西营、湖埔墘、祠堂后，闽侯的昙石山遗址下层和溪头遗址下层，金门的富国墩，漳州市郊的覆船山，诏安的腊州山等。这些遗址的年代在公元前7000年至公元前5000年，大都分布在沿海地区或海岛上。这些遗址的文化面貌、文化性质也大体一致，带有明显的海洋特征。几乎所有遗址都有贝壳堆积而成的"贝丘"或"贝冢"，因此这些文化遗址也被统称为"壳丘头文化"。①

福建新石器文化时代后期的文化遗址分布较为广泛，有闽侯的昙石山文化遗址、庄边山文化下层遗址和溪头文化遗址，霞浦的黄瓜山文化下层遗址，福清的东张文化遗址，浦城的牛鼻山遗址，光泽的马岭遗址，明溪的南山塔下遗址等。这一时期的文化遗址聚集与江、海、山密切相关，遗址已经遍及闽江、晋江、九龙江、汀江、沿海及沿山地区。同时，由于自然生态环境的不同，以及人类生产生活方式的差异，文化已经有了明显的区分，形成了东部沿海文化区和中西部山地文化区两大文化区域。东南沿海文化区域的遗址面积普遍比较大，说明当时人们已形成有较大规模的、有组织的聚落形态，聚落比较稳定，人口数比较多。在生产方式上已形成比较发达的渔猎经济和一定规模的原始农业，是福建新石器时代后期比较发达地区。西部山地文化区域以河流谷底的小山岗遗址为主，生产方式主要是粗放的山地农业和采集、狩猎，居民还比较依赖于自然资源。居民的聚落不太稳定，聚落人数也比较少。整体来看，西部山地文化区域还比较落后。②

总的来看，福建旧石器文化时代尚处于文化的萌发阶段，到新石器文

---

① 汪征鲁：《闽文化新论》，中国社会科学出版社2011年版，第34—35页。
② 徐晓望：《福建通史·第一卷·远古至六朝》，福建人民出版社2006年版，第31页。

化时代福建文化的原始生态已经初步具备，形成了文化内涵较为丰富的、地域特色鲜明的原始海洋文化。[①]

（二）青铜时代的福建文化

大约在公元前 2000 年至公元前 500 年，我国进入了夏商周与春秋时期，这一时期被称为"青铜时代"。福建地处东南一隅，远离中原地区，夏商周文化对福建的影响难以直接波及，在中原的典籍中，除《山海经》和《周礼》等极少数典籍略有涉及外，几乎不见于其他文献。而考古发现青铜时代的福建文化遗迹虽有 3000 多处，但是其中的人类聚落遗址却寥寥无几。目前，福建已发现的青铜时代文化遗迹大致可以分为四种：青铜时代早期的闽侯庄边山上层类型，青铜时代晚期的黄土仑类型文化，浮滨类型文化，武夷山悬棺葬类型文化。[②] 福建青铜时代早期文化遗址的闽侯庄边山遗址上层类型约距今 4000 年至 3500 年之间。类似遗址类型还有闽侯昙石山文化遗址上层、霞浦黄瓜山文化遗址、福清东张文化遗址中层、武夷山市葫芦山文化遗址下层等。青铜时代早期文化遗址除了广泛分布于闽江下游，还散布于福安、霞浦、罗源、宁德、福鼎、惠安、莆田、厦门、古田、泰宁以及邵武、武夷山等县市。在青铜时代文化早期，福建居民的生产工具仍然是以小型的磨制石器为主，在生活器具方面则泥质橙黄陶大量出现，这些陶器的仿铜风格和纹样反映了中原青铜文化对福建文化的影响。这说明福建青铜时代早期文化遗存从时间来看发育较晚，在中原及周边地区进入青铜时代的时候，福建尚处于新石器文化向青铜器文化的过渡时期。[③]

福建青铜器时代晚期文化遗址时间大约在商代晚期，最主要的类型之一是黄土仑类型文化。这类型的文化主要分布于闽江下游，有闽侯的黄土

---

① 汪征鲁：《闽文化新论》，中国社会科学出版社 2011 年版，第 132 页。

② 徐晓望：《福建通史·第一卷·远古至六朝》，福建人民出版社 2006 年版，第 61 页。

③ 徐晓望：《福建通史·第一卷·远古至六朝》，福建人民出版社 2006 年版，第 62—63 页。

仑遗址和古洋遗址，福州北郊的浮村遗址，福清东张遗址等。这一遗址类型还散见于闽北、闽西、闽东、闽中等福建大部分地区。这一类型文化遗址的标志物是陶器，这时期出土的陶器如觚形杯、鬶形壶、凹底尊等，从种类、造型、装饰工艺来看既有强烈的青铜时代风格，也具有浓郁的地方特色。

浮滨类型文化是福建西南部青铜时代晚期文化的主要类型之一，其时代与黄土仑类型文化大致相近。主要分布在粤东、闽南，如漳州的漳浦、云霄、诏安、东山、平和、南靖、华安、龙海和泉州的南安等地，有南靖的浮山遗址，云霄的墓林山遗址，南安的寨山贝丘遗址等。浮滨文化在铜器、陶器、石器以及埋葬习俗上与商周文化有着千丝万缕的联系，而在凹石、印纹陶、条纹褐釉灰硬陶系、有段铜锛等方面则反映出浮滨人所具有的土著特征。

武夷山悬棺葬类型文化是福建武夷山地区在青铜时代晚期的一种文化类型。它源于古代民族盛行的一种奇特的葬习俗，即悬棺葬。这一习俗分布于中国南方的福建、浙江、江西、湖南等10多个省和东南亚地区、太平洋的美拉尼西亚、波利尼西亚诸岛。福建武夷山区的悬棺葬年代最早。考古发现，武夷山悬棺是用金属刀具制作的，说明船棺时代已进入青铜时代。同时，在船棺内出土的人字纹竹席编织水平也印证了船棺时代已进入青铜时代。[①]

较之中原及周边地区，福建青铜时代文化并不发达。在福建出土的各类器物中，生产工具主要是磨制石器，生活器具主要是几何印纹硬陶，青铜器物数量极少，主要是作为武器。其中，几何印纹硬陶普遍存在于青铜时代各时期文化遗存中，是福建青铜时代文化极具地方特色的文化遗物；青铜器出土的数量虽然极少，但器物的器形与纹饰有别于中原地区，具有

---

① 徐晓望：《福建通史·第一卷·远古至六朝》，福建人民出版社 2006 年版，第 69—71 页。

鲜明的福建地方特色。①

（三）秦汉时期的福建文化

公元前 334 年，越国为楚所灭。越国贵族和百姓纷纷出逃他乡，许多人逃到了福建境内。这些南迁入闽的越国人与福建当地的土著相结合，形成了一个新的族群"闽越族"。自公元前 221 年秦朝建立，迄至公元前 214 年，秦平定南越后，削夺无诸等人的王号，在福建设立"闽中郡"。《史记·东越列传》载："秦已并天下，皆废为君长，以其地为闽中郡。"福建虽正式划入中央统治的版图，但秦建立时间很短，且在福建实行"以闽治闽"的策略，汉文化对福建的影响有限。

秦末农民起义中，无诸等率闽越人民参加了反秦起义，后又辅佐刘邦攻楚，为汉朝的建立立下了功劳。汉建立后，在闽实行分而治之的政策，先后封无诸为闽越王、摇为东海王、织为南海王。无诸复国之后，注意休养生息，发展经济，国力日益强盛。经过 70 多年的发展，到东越王余善时，闽越国成为东南地区最强大的一支武装力量。汉朝大臣严助指出："（闽越王）数举兵侵陵百越，兼并邻国，以为暴强，阴计奇策，入燔寻阳楼船，欲招会稽之地，以践勾践之迹。"②闽越国兼并邻国的扩张行动已经威胁到西汉在东南地区的统治。因此，汉武帝在基本解除匈奴的威胁之后，开始着手解决南越、闽越的割据政权。元鼎五年（前 112 年），南越丞相吕嘉杀南越国国王、王后及汉使节，汉武帝发江南楼船之师讨伐南越，平定了南越之乱。汉楼船将军杨仆上书汉武帝请求率战胜南越之师再击闽越。元鼎六年（前 111 年），东越王公开发兵反汉，汉武帝调遣四路大军围攻闽越国。元封元年（前 110 年）冬，四路大军进入闽越境内。在汉朝军队压境，与闽越军队即将开打的时候，闽越衍侯吴阳先是率本邑军队 700 人响应汉军攻打余善驻守汉阳（今浦城）的军队，而后又与成侯敖、繇王

---

① 徐晓望：《福建通史·第一卷·远古至六朝》，福建人民出版社 2006 年版，第 75 页。

② 〔汉〕班固：《汉书·严助传》，中华书局 1962 年版，第 2787 页。

居股合谋，设计杀死东越王余善，举国投降汉朝，闽越国的叛乱被平定。[①]
同年，汉武帝以"东越狭多阻，闽越悍，数反复"为由，命令军吏将闽越
地区的民众尽数迁往江淮地区安置。"东越地遂虚"。此后直到东汉末年孙
权经营闽中，福建一直处于荒凉的状态，福建文化发展经历了大规模的
倒退。

自汉高祖封闽越国，迄至汉武帝灭闽越国，闽越国前后历 92 年。闽越
国时期，福建虽一直处于割据状态，但中原汉文化仍在福建渐次展开。如
政治制度方面，闽越国效仿汉朝的制度，在王国中有"相""将"等官职
的设置，也有"越衍侯""建成侯""西于王""苍梧王"等封侯、封王；
在城市建设方面，最典型的是崇安城村故城遗址，其在城池选址、布局、
建筑格局、建筑材料、形制结构等方面都可看到中原文化的影响；在文字
方面，闽越国通行的文字是秦汉文字，在福建各地出土的瓦文、陶器印
文、刻划文字及封泥文字等都是中原地区流行的文字。此外，铁器、铜器
等器具的器型也与中原铁器、铜器的器型相通或相近，这也足见中原文化
对闽越文化的影响。可以说，在闽越国时期，闽越文化在许多方面受到了
中原文化的影响，极大地促进了闽越文化的发展和提高。[②]

综上，闽越文化是福建地区先民创造的地方文化。不管是以三明万寿
岩文化遗址等为代表的旧石器时代文化，还是以昙石山文化遗址等为代表
的新石器时代文化都是一脉相承的福建地方文化，是闽越文化的发端；而
商周时期的福建青铜文化是闽越文化发展的一个重要环节，它标志着闽越
文化已跨入文明社会的门槛；秦汉时期的闽越国文化是在先秦闽越文化发
展的基础上，吸收中原先进文化而发展起来的，是闽越文化发展的高峰；
西汉汉武帝之后到东汉末年，随着闽越人迁移到江淮安置，闽越文化发展

---

① 徐晓望：《福建通史·第一卷·远古至六朝》，福建人民出版社 2006 年版，第
118 页。

② 徐晓望：《福建通史·第一卷·远古至六朝》，福建人民出版社 2006 年版，第
129—131 页。

经历了大规模的倒退。闽越文化在不同时期受到不同程度的中原汉文化的影响，但总的来看它一直保持着相当独立的状态，地域特色鲜明且自成体系。①

二、魏晋南北朝至唐末五代：闽越文化与汉文化融合时期

东汉末年至唐末、五代时期，闽越文化开始了与汉文化漫长的融合过程。汉代以后，中原文化开始向东南沿海扩展，并日益波及福建。一方面，中央政权加强了对福建的治理和开发，为汉文化大规模传入揭开了序幕；另一方面，作为汉文化强有力的"载体"，中原士民开始大规模迁徙入闽，中原汉文化也在福建自北向南扩展传播，这对闽越土著文化造成的冲击是显而易见的。

（一）魏晋南北朝时期的福建文化

闽越国灭亡之后，大部分闽越民众被迁移到江淮地区安置，而一些人躲避到了山区。待汉朝军队撤离之后，这些人又纷纷下山，重归故里。西汉政府为了管理这些人，在福州设立冶县进行管理。《宋书·州郡志》有载："建安太守，本闽越，秦立为闽中郡。汉武帝世，闽越反，灭之，徙其民于江、淮间，虚其地。后有遁逃山谷者颇出，立为冶县，属会稽。"东汉时，冶县被撤销，归会稽郡东部都尉管辖。不久，在原冶县的旧址上重建东冶，后改名为候官。所以汉武帝之后，迄至东汉末年，福建的发展基本处于停滞状态。

东汉末，孙策、孙权兄弟建立东吴政权后，加强了对福建的治理和开发，福建特别是闽北地区得到了较大的发展。建安八年（203），东吴东部都尉析出南部都尉，福建归南部都尉管辖。到建安十二年（207），东吴已在福建境内设立候官（今福州）、建安（今建瓯）、南平、汉兴（今浦城）以及建平（今建阳）五县，其中建安、南平、汉兴、建平四县均在闽北，

①　邱季端：《福建古代历史文化博览》，福建教育出版社 2007 年版，第 35—37 页。

反映了东吴对闽北的大力开发和发展。永安三年（260），析会稽郡南部设立建安郡，建安郡下辖建安、建平、吴兴、东平、将乐、昭武、绥安、南平、候官、东安等十县。行政区域的扩大是福建进一步开发和发展的结果，有利于东吴政权更加有效治理福建。①

西晋建立之后，继续加强对福建的统治。太康三年（282），设立晋安郡，下辖原丰县（闽县）、新罗县、宛平县、同安县、候官县、罗江县、晋安县、温麻县（霞浦县）等八县，八县多为沿海地区，说明当时沿海地方得到了较大的发展。② 西晋惠帝时，司马氏诸王为了政权，爆发了"八王之乱"。西晋统治集团内耗殆尽，北方少数民族政权乘机入主中原。北方战争频仍，中原人民纷纷南下，南迁的中原汉民中有一部分人来到了福建。"永嘉二年，中州板荡，衣冠始入闽者八族，所谓林、黄、陈、郑、詹、邱、何、胡是也。"③ 东晋时期，南北分立，北方汉人更是大批南下，南迁的汉人也有不少来到福建。

南朝时期，南方政权和北方少数民族政权的战争主要在江淮地区，福建是个较为安定的地方。宋、齐、梁、陈各朝也都比较重视福建的经营与开发，多派文官来治闽。这些文官中不乏清正廉洁的好官，有刘宋时的虞愿、萧齐时的丘仲、萧梁时的到溉、何胤、陶季直等。安定的社会环境，使福建成为当时一个理想的营生安业之地。特别是萧梁末年的"侯景之乱"后，江南地区社会经济遭到极大破坏。"是时东境饥馑，会稽尤甚，死者十七八，平民男女，并皆自卖，而晋安独丰沃。宝应自海道寇临安、永嘉及会稽、余姚、诸暨，又载米粟与之贸易，多致玉帛子女，其有能致

① 徐晓望：《福建通史·第一卷·远古至六朝》，福建人民出版社 2006 年版，第195 页。

② 徐晓望：《福建通史·第一卷·远古至六朝》，福建人民出版社 2006 年版，第198 页。

③ 〔明〕黄仲昭：《八闽通志》卷八六《拾遗》，福建人民出版社 2006 年版，第1081 页。

舟乘者，亦并奔归之。"① 福建自然而然地成为理想的避难之所。

魏晋南北朝时期，北方等内地人相继入闽避难，不仅为福建的开发提供了劳动力，而且也带来了北方先进的农业、手工业技术，促进了福建社会经济的发展。同时，入闽的北方汉人在与闽越土著共同开发福建的过程中，开始与闽越土著渐进融合，闽越族成为汉人的重要组成部分。"闽越州地，即古东瓯，今建州亦其地。皆蛇种。有五姓，谓林黄是其裔。"② 闽越文化与中原汉文化也展开交融的过程，福建文化缓慢地、渐进而曲折地向前发展。但较之江南地区，福建仍然是一个落后的区域，南迁的北方汉人与闽越人之间有较大的文化距离和族群界线。

（二）隋唐五代时期的福建文化

福建虽在魏晋南北朝时期得到了初步发展，但仍然是一个人烟稀少、文化水准不高的"蛮荒之地"。隋唐五代近400年间，福建进入一个新的开发与发展时期。其间，陈元光开发漳州，李椅、常衮发展儒学以及王审知治闽等对福建社会文化的发展作出了重大贡献。

在唐以前，福建一直是个容易发生动乱的地区，一些地方豪酋常常乘机割据地方，福建境内战事时有发生。唐总章二年（669），闽粤交界的山区发生了蛮獠叛乱，朝廷命令陈元光之父陈政为岭南行军总管率府军到福建平乱，陈元光追随父亲来到福建。进入福建之后，陈政、陈元光父子采取且战且屯，寓兵于民，且战且招，恩威并施的策略，逐渐平定了蛮獠的啸乱。但是蛮獠往往会利用险恶的自然环境，顽强抵抗府兵的进攻，叛乱仍时有发生。仪凤二年（677），陈政病逝，陈元光继承父职，统领入闽府兵；同年，发生了苗自成、雷万兴等人的暴动，陈元光率领骑兵，迅速平定了苗、雷的叛乱。陈元光在长期的平叛过程中，认识到单纯地依靠武力

---

① 〔唐〕姚思廉：《陈书》卷三五《陈宝应传》，中华书局1973年版，第466—467页。

② 〔宋〕乐史：《太平寰宇记》卷一〇〇《江南东道十二·福州》。引《开元录》，中华书局2000年影印宋本，第117页。

难以真正平定叛乱，只有创设州县，加强统治，创办学校，推行汉化教育，方能达到长治久安的目的。于是，陈元光上书朝廷，请求在蛮獠活动地区设立州县，唐朝廷接受了陈元光的建议。垂拱二年（686），诏令在泉州、潮州之间正式设立漳州，陈元光为首任刺史。漳州的创设对漳州的开发与发展起到了积极作用，社会经济日益发展，人口也逐渐增多。除设置漳州之外，唐开元二十二年（734），增设汀州。福建由原先隋时的闽县、建安、南安、龙溪 4 县发展到 5 州 24 县的格局，反映了福建社会的进一步发展。

魏晋南北朝时期，虽有一些儒学之士到福建做官为政，但是儒学并未真正展开。直到唐代中后期，儒学才真正在福建初步兴起。历代福建地方官对推动儒学在福建的传播起到了重要作用，其中又以李椅、常衮的贡献最大。李椅在大历七年（772）冬任福建观察使兼福州刺史。李椅积极提倡发展儒学，迁移和扩建府学孔庙，补收生徒；建立新学制；亲自讲学，考察学子学业，并向礼部上报优秀的学子。在其任内三年，福建儒学面貌有极大的转变。"一年人知敬学，二年学者功倍，三年而生徒祁祁，贤不肖竞劝。家有洙泗，户有邹鲁，儒风济济，被于庶政。"① 李椅之后，建中元年（780），前宰相常衮任福建观察使。常衮重视儒学教育，他增设乡校，亲自讲学，闽地文风大振。"使作为文章，亲加讲导，与为客主钧礼，观游燕飨与焉。由是俗一变，岁贡士与内州等。"② 正是由于李椅、常衮大力传播儒学，荐举闽地士人，欧阳詹、林藻、陈通方等相继中举，进而带动闽地形成"比户业儒，俊造如林"的发展局面。③ 如果说唐中后期福建得到了较快发展，儒学文化在闽地兴起，那么，唐末五代时期，在王潮、王审知兄弟的大力扶植下，福建出现了一个新的发展高潮，福建在各方面达到了国内较为发达地区的水平。王审知统治福建时期，对外采取保境息

---

① 〔清〕陈寿祺：道光《福建通志》卷六二《学校》，第 9 页。
② 〔宋〕欧阳修：《新唐书》卷一五〇《常衮传》，中华书局 1975 年版，第 4810 页。
③ 〔清〕陈寿祺：道光《福建通志》卷六二《学校》，第 9 页。

民的政策，进贡朝廷，交好邻道，对内则整顿吏治，轻徭薄赋；兴修水利，发展农业；发展海外贸易，奖励工商业；礼贤下士，发展文教。福建形成了政治清明、社会稳定、经济文化迅猛发展的良好局面。在唐末五代战乱中，福建成为许多士人躲避战乱的理想之地。"王氏据有全闽，虽不知书，一时浮光士族，与之俱南。其后折节下士，开四门学，以育才为急，凡唐宋士大夫避地而南者，皆厚礼延纳，作招贤院以馆之，闽之风声，与上国争列。"① 在入闽士人与福建本地士人的共同推动下，福建一改蛮荒落后之地的形象，已经发展成为文化最为发达的地区之一。

总之，隋唐五代既是福建社会文化发展的一个转折时期，也是福建社会文化发展史上的一个关键期和大发展期。在隋代之前，福建长期经济文化发展缓慢，中原儒学虽有在闽传播，但是影响不大，闽越文化仍是福建文化的重要组成部分；隋以后，福建的经济文化各方面进入了较快的发展时期。特别是经过唐末五代，北方移民大举入闽，推动了儒学在福建的迅速发展，以儒学为代表的汉文化取代闽越文化成为闽文化的主流。②

三、宋元明清：闽学文化、海洋文化为主流时期

经过唐末五代的发展，迄至宋代，福建文化达到了全盛的局面。学校与科举、文艺与科技、哲学与宗教等文化领域都迎来了大发展，在文学、艺术、科技、哲学、教育等各个文化领域都有杰出的成就，涌现出了杨亿、蔡襄、柳永、张元幹、刘克庄、严羽、杨时、游酢、朱熹、郑樵、袁枢、梁克家、曾公亮、苏颂、宋慈等一大批在全国有影响的文学家、哲学家、历史学家、科学家，形成了一个波澜壮阔的文化盛景。而到南宋时期，随着朱熹学说在福建的产生和向全国的传播，福建更是成为全国的学

---

① 〔清〕陈云程：《闽中摭闻》卷一《八族之入闽》，乾隆晋江陈氏刊本，第3页。
② 徐晓望：《福建通史·第二卷·隋唐五代》，福建人民出版社2006年版，第17—18页。

术中心。①

（一）宋元明清时期的闽学

理学是中国儒学发展的高峰阶段，对中国传统文化发展产生过重大影响。理学在北宋发端、产生之初，福建学人就积极将理学传入福建，并与福建文化相结合，后发展出影响最大的理学学派"闽学"。大力在福建倡导和传播理学的有开福建理学风气之先的"闽中四先生"、闽学的先驱"南剑三先生"以及闽学之集大成者朱熹等。

"闽中四先生"（亦称"海滨四先生""古灵四先生"）是指陈襄、陈烈、周希孟、郑穆四人，其中影响最大的是陈襄。"闽中四先生"学说的共同特点是反对当时崇尚词章的学风，注重心性学说；重视义理，强调心性与伦理纲常。他们的学说虽较之二程失于粗疏，但其大意已通关学、洛学之津。他们倡道于闽中，是福建早期理学和宋代理学的先行者，他们的活动开福建理学风气之先，对后世产生了较大影响。②

"南剑三先生"是指杨时、罗从彦、李侗三人，他们致力于二程学说在福建的传播与阐发，是闽学的先驱。杨时是二程思想的直接继承者，他在继承二程思想的基础上，加以融会贯通，并有所发明。杨时还在福建积极传播二程思想，培养了罗从彦等一大批理学弟子，他的思想对朱熹思想的产生有重要影响。《宋史》卷四二八《杨时传》有云："暨渡江，东南学者推时为程氏正宗。……凡绍兴初崇尚元祐学术，而朱熹、张栻之学得程氏之正，其源委脉络皆出于时。"③ 罗从彦是杨时学术思想的主要传承者，朱熹称他："龟山倡道东南，士之游其门者甚众，然潜思力行，任重诣极如仲素，一人而已。"④ 他一生以明道为己任，是福建理学发展史上一位承

---

① 徐晓望：《福建通史·第三卷·宋元》，福建人民出版社 2006 年版，第 360 页。

② 邱季端：《福建古代历史文化博览》，福建教育出版社 2007 年版，第 131 页。

③ 〔元〕脱脱等：《宋史》卷四二八，《杨时传》，大众文艺出版社 1999 年版，第3588 页。

④ 〔元〕脱脱等：《宋史》卷四二八，《罗从彦传》，大众文艺出版社 1999 年版，第 3589 页。

前启后的人物。李侗是罗从彦的学生，他继承和发展了二程的学说，在本体上将"天理论"和周敦颐的"太极图说"相结合，提出了太极——理——二气——万物的宇宙生成路线；在认识论上，则将外识与内省结合起来。李侗的思想对朱熹思想的形成产生了直接的影响。朱熹与"南剑三先生"的师承关系，正如真德秀所勾勒的那样："二程之学，龟山得之而南传之豫章罗氏，罗氏传之延平李氏，李氏传之朱氏，此一派也。"

朱熹，字元晦，号晦翁、晦庵，别号紫阳。他祖籍徽州婺源，生于福建尤溪，卒于建阳。朱熹一生除了三年在省外为官、游学之外，绝大部分时间都在福建从事讲学与著述。他的学说以儒家的伦理学说为核心，糅合了佛教、道教学说，建立起一个以"理"为中心，囊括自然、社会、人生等各方面内容的思想体系，这个学说被称为闽学。[①] 朱熹之学说是洛学闽化的完成，是闽学对濂、洛、关诸理学学说重新整合、重构与更新的结果，是集理学之大成。[②] 朱熹创立的朱子理学后发展成为元明清时代控制整个国家社会意识形态的官方哲学，成为政治、法律、道德、艺术、教育等上层建筑各个领域的指导原则，在中国文化发展史上产生了极为深远的影响。

因此，宋以后，以宋儒理学为核心的社会文化模式逐渐在福建地域占据统治地位，而闽越土著文化因素成为文化"底层"并被"隐形化""边缘化"，"大传统"与"小传统"的多层面互动格局形成并使地域社会文化变迁呈现出复杂性和多元性，在福建文化体系建构史和地域社会发展史中具有重要的地位。

（二）宋元明清时期的福建海洋文化

宋元明清时期，福建传统文化除闽学占主导地位之外，福建地域社会的海洋文化特征得以突显。福建文化的海洋特征自远古时期即具备，但真正凸显出来是与宋元明清时期的海外贸易发达密切相关的。

---

① 邱季端：《福建古代历史文化博览》，福建教育出版社 2007 年版，第 138 页。
② 徐晓望：《福建通史·第三卷·宋元》，福建人民出版社 2006 年版，第 393 页。

福建是中国最早产生海洋文明的地方之一。秦汉以前，福建先民闽越族生活于丛林溪谷之间，他们不仅善于山地攀援奔行，也善于在溪谷和沿海地区驾船行舟。"越非有城郭邑里也，处溪谷之间，篁竹之中，习于水斗，便于用舟。"① 到闽越国时期，闽越人已经具备制造海船的能力。"至元鼎五年（前112年），南越反。东越王余善上书，请以卒八千人从楼船将军击吕嘉等。兵至揭杨，以海风波为解，不行。"② 余善所部有八千水军，足以说明当时海船规模很大了。魏晋南北朝时期，福建已经是中国沿海地区重要的造船中心之一，福建的船工、水手在全国都很有名。"弘舸连轴，巨槛接舻"，"槁工楫师，选自闽禺"。③

　　隋唐时期，福建的福州、泉州是对外商贸交流的重要港口，朝鲜、日本等国的商人纷纷前来经商。"云山百越路，市井十洲人，执玉来朝远，还珠入贡频。"④ "秋来海有幽都雁，船到城添外国人。行过小藩应大笑，只知夸近不知贫。"⑤ 这反映了当时福建番商、使臣云集的盛况。

　　唐末及五代时期，王审知着力经略海洋，实行"招徕海中蛮夷商贾"的国策。他制定了发展渔业生产、开辟甘棠港、发展海外贸易的政策和措施，建构了北起东北亚的契丹、渤海、朝鲜半岛诸国、日本列岛诸国，南至东南亚的南海沿岸诸国，甚至远达今大西洋沿岸诸国的海外贸易网络。⑥ 这些政策和措施大大推动了福建海洋文化的跨越式发展，为宋元时期福建海洋文化的繁荣发达奠定了基础。

　　宋元时期是我国海外贸易的大发展时期，福建是当时全国海外贸易最

---

　　① 〔汉〕班固：《汉书》卷六四《严助传》，中华书局1962年版，第2787页。
　　② 〔汉〕司马迁：《史记》卷一一四《东越传》，中华书局1959年版，第2982页。
　　③ 〔梁〕萧统：《文选》卷五《赋·京都下·吴都赋》。转引自卢美松主编：《福州通史简编》，福建人民出版社2017年版，第76页。
　　④ 《全唐诗》卷二〇八《送李使君赴泉州诗》，中华书局1979年重印本，第2170页。
　　⑤ 《全唐诗》卷五五九《送福建李大夫》，中华书局1979年重印本，第6487页。
　　⑥ 王怡辰：《跨越国界的对外贸易——以五代王闽为例》，《朝阳人文社会学刊》2015年第1期。

为发达的地方，泉州发展成为世界著名的贸易大港。宋代，泉州与海外往来的国家有 58 个，到元代则增加至 98 个。海外交通畅达东、西二洋，东至日本，南通南海诸国，西达波斯、阿拉伯和东非等地。当时与中国贸易最为频繁、往来最为密切的国家有：菲律宾、越南、马来西亚、文莱、新加坡、印度尼西亚、缅甸、柬埔寨、泰国、孟加拉国、斯里兰卡、印度、巴基斯坦、阿曼、伊朗、伊拉克、沙特阿拉伯、索马里、肯尼亚、坦桑尼亚、埃及、摩洛哥、韩国、日本等。① 进口商品主要是香料和药物，出口商品则以丝绸、瓷器为大宗。与海外贸易发展相伴随的是大量番客来到福建，商人、旅行家、僧侣以及各行各业的外国人云集于此，并带来了多种外来文化，促进了福建文化与外国文化的交流与融合。

明清时期，尽管中央政府屡屡在福建沿海实行海禁，泉州港的海外交通慢慢走向衰落，但沿海民众的海洋意识并未中断，海上航行、贸易、移民仍在发展。明代郑和七下西洋是世界航海史上的壮举，而福建是郑和出洋时造船、招募航海人员、置办货物、集结船队的地方。同时，在明政府实行"海禁"后，福建沿海居民不得不以"走私"方式冒险出海，漳州月港发展成为新的民间贸易基地。从月港出发的航线，东达日本，南通菲律宾，西至马六甲，进而与欧洲人开辟的新航路相连接。②

从汉唐时期"海上丝绸之路"的开辟，到宋元时期中国海外贸易的兴盛与发达，再到明代郑和七下西洋对其他国家的影响，福建一直处于全国与海外交流的前沿，福建的发展与海洋密切相关，海洋文化是福建文化的重要组成部分。

四、近代：中西文化交融时期

近代是清朝社会进入由盛转衰的转折期，各种社会问题丛生，社会危机日益严重。正值清政府危机四伏的时候，以英、法、美为代表的西方列

---

① 丁毓玲、林瀚：《涨海声中》，福建教育出版社 2018 年版，第 9 页。
② 丁毓玲、林瀚：《涨海声中》，福建教育出版社 2018 年版，第 10 页。

强用火炮打开了中国的大门。1840 年，第一次鸦片战争爆发，"清王朝的声威一遇到不列颠的枪炮就扫地以尽，天朝帝国万世长存的迷信受到了致命的打击，野蛮的、闭关自守的、与文明世界隔绝的状态被打破了，开始建立起联系"。[①]

战争的结局不仅使中国沦为半殖民地半封建社会，更为重要的是千百年来"吾闻用夏变夷者，未闻用夷变夏者也"的信条面临了前所未有的挑战。

这种外来的压力，使一大批爱国志士为了挽救民族危机，主动向西方学习，致力于推动中西文化之间的交流。而福建由于在历史地理文化传统等方面具有的区域特点和优势，成为当时中西文化交流的重要桥梁。

（一）福建与中国近代中西文化交流

福建作为中国的海洋大省，有悠久的造船、航海、通商的历史，有泉州、福州、月港、厦门等闻名遐迩的海港。"以海为田""以海为生"是福建人民生活的真实写照，是福建与海洋关系的恰当概括。自唐宋以来，福建通过海路与世界发生着多层次、多方位的接触，这里不但一直都是中国主要的海外贸易中心之一，而且也是中外人员、文化交流最频繁的地区之一。自鸦片战争之后，每一次外来的侵略，都对作为海疆前沿的福建产生巨大的影响。第一次鸦片战争后列强在中国对外开放的五个通商口岸广州、福州、厦门、宁波、上海中，福建就占了两个；1884 年的马江海战是中法战争中的重要战役，福州马尾作为清政府的重要海军军事基地是当时法军的重要攻击目标，福州造船厂及炮台遭到法军的炮击，福建水军全军覆没；1894 年的甲午战争，日本不仅强占了台湾及澎湖列岛，还觊觎福建，视福建为其势力范围，日本先后在福州、厦门设立专管租界。

鸦片战争前后，福建不仅仅是列强向中国倾销商品的贸易港口和作为势力范围的租界，福建也是中西文化交流的重要通道。一方面，形形色色

---

① [德] 马克思：《中国革命和欧洲革命》，《马克思恩格斯选集》第 2 卷，人民出版社 1972 年版，第 1 页。

的西方思想和文化也陆续在这里登陆并慢慢地向内地渗透；另一方面，福建的知识分子在与列强的外交和军事冲突中被震醒了，他们将目光转向中国以外的世界，开始去关注、认识和了解西方的"夷情"。当时走在时代最前面的是林则徐。1839年他在广州主持禁烟期间，为查访夷情，专门派人广泛收集和翻译外国人在广州、澳门的各种报刊，组织人翻译英国人慕瑞所著的《世界地理大全》，并亲自润色为《四洲志》。该书较为全面地介绍了世界各国的地理历史，其中对欧美强国的介绍尤为详细，梁启超称之为"新地志之嚆矢"。后来，魏源以《四洲志》为基础，结合其他中外文献，编成《海国图志》一书。该书继承了林则徐"师敌长技以制敌"的思想，第一次明确、系统地提出了"师夷长技以制夷"的思想。林则徐、魏源开了近代向西方学习的先河，成为日后洋务运动之先声，对维新变法运动也有积极影响。①

咸丰、同治年间，清政府面临更为严重的内忧外患，内有太平天国运动，外有第二次鸦片战争。这两次沉重的打击迫使当时清政府的王公人臣如奕䜣、曾国藩、李鸿章、左宗棠、张之洞等人开始探寻"自强之术"。奕䜣在《奏请开设同文馆疏》中说："夫中国之宜谋自强，至今日而已亟矣。识时务者莫不以采西学制洋器为自强之道，疆臣如左宗棠、李鸿章等，皆深明其理，坚持其说。……由此以观是西学不可不急为肄习也。"②他们的"自强之术"在于学习西方先进的"火器"及"制器之器"。因此，他们以"自强""求富"为主旨，兴起了一场学习西方先进科学技术的洋务运动。当时在福建主持洋务运动的就是左宗棠和沈葆桢，福建船政局是由他们创办和续办的。福建船政作为造船和学校一体的机构，不仅引进了大量西方先进的科学技术，建立了一支中国近代化的海军，还培养了一批近代科学技术及文化人才，为中国社会的近代化奠定了重要的基础。

1894年，中日甲午战争以中国的失败而宣告结束，中华民族更是面临

① 汪征鲁：《闽文化新论》，中国社会科学出版社2011年版，第568—570页。
② 〔清〕贾桢等纂：《筹办夷务始末》卷46，中华书局1979年版，第44页。

着山河摇曳、神州凋零、万民同悲的亡国危局。在这样一种"落后挨打"的危局里，在这样一种历史的阵痛中，中国的知识分子最先觉醒起来，他们反对顽固派的食古不化，反对洋务派的似是而非，他们认识到中国所缺者不是西方先进的科学技术而是治国之良方。于是，历史的车轮将维新派推上了历史舞台，他们不甘心这个拥有几千年灿烂历史文化的泱泱大国就这样任人宰割，他们奋力呐喊，为中华之觉醒与振兴而努力。在维新思想的兴起与衰亡过程中，福建的知识分子如严复、林纾、林旭、陈宝琛、陈衍、陈璧、陈季同等有着突出的表现。

（二）马尾船政学堂与西学传播

福建船政局就是洋务运动的产物，是闽浙总督左宗棠为设局造船、培养海军人才而创办的。两次鸦片战争的失败，使左宗棠认识到中国陆战并不怕外国人，但"若纵横海上，彼有轮船，我尚无之"。而我国华南至东北又有广袤的海域，"自广东、福建而浙江、江南、山东、直隶、盛京以迄东北，大海环其三面，江河以外，万水朝宗"。这种地理形势不论是军事上还是经济上，海上主权都极为重要。因此，左宗棠提出"惟东南大利，在水而不在陆"。他一再呼吁："中国自强之策，除修明政事、精练武勇外，必应仿造轮船以夺彼族之所恃"。① 左宗棠认为中国人要有能力建造自己的轮船，基于这种强烈的危机感，1866 年左宗棠开始筹建福建船政局。

左宗棠非常有远见地指出，船政局不仅是造船之处，而且应该是学习西方文化及西方技造法之处。"艺局之设，必学习英、法两国语言文字，精研算学，乃能依书绘图，深明制造之法，并通船主之学，堪任驾驶。"② 而不管是造船技术还是驾驶技术，关键在于人才的培养。左宗棠在上奏的奏折里，进一步提出选拔少年进行培养的主张。"夫习造轮船，非为造轮

---

① 《左宗棠全集·书牍》卷七，上海书店 1986 年版，第 1—2 页。
② 张作兴主编：《船政文化研究——船政奏议汇编点校辑》卷二，海潮摄影艺术出版社 2006 年版，第 14 页。

船也，欲尽其制造驾驶之术耳；非徒求一二人能制造驾驶也，欲广其传使中国才艺日进，制造、驾驶辗转授受，传习无穷耳。故必开艺局，选少年颖悟子弟习其语言、文字，诵其书，通其算学，而后西法可衍于中国。"①船政学堂开风气之先，积极传播西方先进的自然科学、人文社会科学知识，促进了中西文化的交流与碰撞，培养了一批具备新文化知识的新式人才。

福建船政学堂培养的新式人才，涵盖科技和社会文化各个领域。在翻译方面，不仅有严复将"西学"东传，还有将中学西传的陈季同；在船舶建造方面，魏瀚等人采用当时最先进的造船技术，先后设计制造 2200 吨的"开济"号铁甲船和 2100 吨的"平远"号双机钢甲兵轮等轮船，我国的造船技术在当时达到世界先进水平；在铁路建设方面，京张铁路的设计与建造者詹天佑就是福建船政后堂驾驶班的毕业生，他主持修建的京张铁路创造了我国铁路上的奇迹；在近代海军方面，培养了一大批海军的舰船驾驶人才及高级海军将领。福建船政学堂学生影响最大的是在海军，船政学堂培养的驾驶人才是各地水师的重要将领，如北洋水师的刘步蟾、林永升等，南洋水师的蒋超英、何心川等，福建水师的张成、许寿昌、沈有恒、李田、叶琛、陈英等，广东水师的林国祥、李和、黄伦苏等均是船政学堂的学生。李鸿章曾如是说："观南、北洋管驾兵船者，闽厂学生居多"。②此外，还走出了黄钟瑛、萨镇冰、叶祖珪、刘冠雄、杜锡珪、李鼎新、蓝建枢、林葆怿等海军总长、舰队司令。

（三）教会学校与西学传播

鸦片战争之后，西方传教士在不平等条约的保护下，纷纷涌入中国，在中国进行文化侵略。福州、厦门作为五口通商口岸，是传教士进入中国传教的前沿基地，他们在这里建教堂、办学校。传教士办教会学校的初衷

---

① 中国史研究会主编：《中国近代史料丛刊·洋务运动（五）》，上海人民出版社 1961 年版，第 28 页。

② 沈岩：《船政学堂》，科学出版社 2007 年版，第 164 页。

是以宗教征服中国，但在客观上却促进了西学在福建的传播，促进了福建传统文化与西方文化的碰撞与交流。

1842年，美国归正会牧师雅裨理博士随英国远征军到达厦门，从事传教布道活动。传教士虽以各种方式进行布道，但是收效却甚微。在中国这个历史文化积淀深厚并缺乏宗教氛围的国家里，他们意识到单凭基督教的教义去感化广大民众是无法达到的。传教士发现中国有一贯重视教育的传统，认识到以教育进行传教有较强的隐秘性，也能起到更好的效果。美国传教士裨治文曾说过："只要给我们机会和充足的经费来教育整个一代人，正如支配思想之律世世代代都肯定是相同的那样，教育也肯定地可以在道德、社会、国民性方面比其他手段联合行动，要产生更为巨大的影响。"①

教会学校除了宣讲圣经之外，还传播西方近代社会科学和自然科学知识，促进了西学在福建乃至中国的传播。它对中国及福建社会的变革起了重要的推动作用，对中国及福建近代教育的改革起了极大的示范和推动作用。正因为这种先进性，教会学校在清末培养了一批有别于旧式文人的新式知识分子，这些毕业生中不少人成为有名的科学家、革命者及各行各业的职员，对福建乃至中国的发展发挥了积极作用。

总之，福建文化由此经历着与近代西方文化的交融和激荡，呈现出强烈的使命感和鲜明的开放性，林则徐、严复、沈葆桢、林纾、辜鸿铭、萨镇冰等一大批杰出历史人物对近代中国思想文化产生巨大影响，他们均站在时代前列，引领中国文化先潮。

---

① 顾长声：《传教士与近代中国》，上海人民出版社1981年版，第372页。转引自杨齐福：《近代福建社会史论》，社会科学文献出版社2011年版，第25页。

第二章
闽都文化

　　福州历史悠久，文化灿烂，早在新石器时代晚期，就有闽族先民在此活动，他们渔猎、采集，或从事原始农耕。到战国秦汉时期，福州闽族先民与越王勾践后裔融合形成闽越族。汉高祖五年（前202），越王勾践后裔无诸受封为"闽越王"，兴建冶城，开始福州最早的城垣建设。我们平时说福州建城2200多年，就是以此为计算的。后汉武帝平定闽越，迁民于江淮之间，福州也曾因此一度凋零衰落。晋太康三年（282），太守严高筑子城，凿西湖、东湖灌溉农田；东晋衣冠士族与百姓南渡，许多姓氏举族入闽，带来中原地区先进的生产技术和文化，促进了福州经济、文化的复苏与发展。唐开元十三年（725），福州为都督府，福州之名始用至今。唐末，王审知主闽，建闽国，在子城外筑罗城和南北夹城，北面横跨越王山（即屏山），并将南面九仙山（即于山）、乌石山围入城中，开凿了绕护罗城南、东、西三面的大壕沟，奠定"三山鼎峙，一水环流"的独特城市格局，福州从而有"三山"之别称。宋治平二年（1065），张伯玉知福州，编户植榕，绿荫满城，使"榕城"福州声名远播。其后，蔡襄、程师孟、曾巩、赵汝愚、梁克家、辛弃疾等诸多名人相继主政福州，励精图治，促进经济文化发展，福州遂享有"海滨邹鲁"的美誉。宋末、明末福州两度成为临时国都。鸦片战争后，福州被辟为五口通商口岸之一；近代，福州更是"开眼看世界"，尤其是福州船政，是中国近代海军摇篮，成为近代中国图强实践的先导，培养了一大批文教和科技人才；以福州籍林长民为先驱的爱国者点燃了五四运动的火炬，中国历史进入现代；在中国共产党的领导下，福州与全国一样，迎来了新的人民政权，并经过70多年的发展取得辉煌的成就，成为福建改革开放的排头兵。在历史长河中，福州以"闽都"之地位，以都城、都市之先进经济文化引领福建发展，在发展中形成了独有的"闽都文化"。

第一节 悠久的历史文化

根据考古发掘，福州的新石器文化可追溯到公元前5000年的平潭壳丘头文化与公元前3000年的闽侯昙石山文化。到了新石器时代晚期，福州的原始居民开始进行锄耕农业，并种植水稻。在公元前1200年左右，即商代时期，福州地区开始进入青铜器时代，人类活动主要分布在闽江下游。到了春秋战国时期，《山海经》有载"闽在海中"，《周礼》亦有"七闽"之记载，出现了"闽越"的称呼。公元前306年，越国被楚国灭亡后，一部分越国贵族南逃至闽地，与当地居民融合。公元前221年，秦朝统一天下后在闽设闽中郡，即今日的福州地区，统治范围包括福建省及浙江省南部地区。由于地理位置距离秦朝都城遥远，因此闽中郡只是虚设，实际上由闽越王无诸实行"自治"。公元前202年，刘邦在统一全国后，立无诸为闽越王，继续管辖原闽越地。无诸在屏山东南麓冶山一带筑城建都，称冶城，又称东冶，为福州城垣之始，福州也在历史上第一次成为闽地的首府。无诸对福州的历史发展贡献了智慧，今在五四路福州广场、冶山路春秋公园等均塑有无诸像，以示纪念。

福州早期的发展较为缓慢，这与中国的历史进程相关。在先秦时，中国以东西为逐鹿，南北发展不平衡，直到汉代，南方才渐有发展。福州地处南方，自然如此。到了汉武帝时期，随着闽越国的废除，福州冶城更是衰落，相关历史文献记载也甚少。不过，在这时期，五铢钱等金属货币已在福州流通。福州作为东南沿海的港口，与交趾七郡（今越南北部）之间已有海路互通。东汉末期，各地军阀割据混战，福州成为东吴势力范围，也因此成为东吴的造船中心之一，推动了社会经济发展。

西晋于太康三年（282）设晋安郡，郡治在原丰县（即今福州）。晋安郡太守严高修筑了福州子城，开凿福州东、西二湖以及运河（即今晋安河），形成早期的福州城市格局，奠定了后世福州城的雏形。六朝时期，福州地区得到了初步开发，有了较大规模的汉人移民涌入，城市逐渐发展起来，手工业也逐渐兴盛，福州城区不断扩大。

一、海洋文明的发端

福州在中国历史上虽偏处东南，但却是中国海洋文明的发端。早在距今5590—7450年前，平潭壳丘头就有人类活动，1985年福建省考古队进行考古发掘，共清理出21个贝壳堆积坑和1座墓葬，出土石器、骨器、玉器、贝器、陶器等遗物200多件，以及数以千计的陶片标本。海生贝类、鱼类骨骼的出土，说明捕捞是当时一项更重要的食物来源，遗址群还发现少量的穿孔石器及复合工具，有可能是用于修房、造独舟破木的木工工具。壳丘头文化并非是孤立存在的，相似的史前遗址南至广东、东到台湾，皆相似。这说明距今6000年前后，人类开始有组织、有规模地向沿海岛屿迁徙，这是人类开发海洋的开始。

闽侯县石山文化距今约四五千年。生产工具中有背面带人字形纵脊的石锄和双孔或四孔的牡蛎壳铲。遗址中普遍有居民食后扔弃的兽骨和大量海生介壳。这说明，当时渔猎在经济生活中占有重要地位。昙石山文化以闽江下游为中心，以东部沿海为主要分布范围，几乎覆盖福建全境，并连接闽台两省。它是福建古代海洋文化的摇篮，也是先秦闽族的发源地。它所蕴含的丰厚的历史文化，对东南沿海地区，乃至中华古代历史文明的研究都具有重要的意义。

隋唐之后，随着中国经济的南移，福州的沿海地位日益凸显，福州海外贸易逐渐兴起，与岭南（今广州）、扬州地区同为中亚细亚及南海商人从海路来华经商的贸易区，史称"闽越之间，岛夷斯杂"，来闽经商的外国人与闽人杂处已成为常态。据《全唐文》记载，唐文宗在大和八年（834）曾下诏令："岭南、福建及扬州番客，宜委节度观察使常加存问，除舶脚收市进奉外，任其来往通流，自为交易，不得重加率税。"说明到晚唐，福州已是海外贸易的重要口岸。

王审知主政时，更是积极发展海外贸易，招海上蛮夷商贾，在福州起用张睦领榷货务，招来蛮夷商贾，并增辟了北通新罗，南通三佛齐、天竺的航线。王审知海洋政策都具有开放性、开拓性和崇商性，推动了福州的海外发展。至明代，郑和七下西洋，率领船队从南京出发，在江苏太仓的刘家港集结，至福建福州长乐太平港驻泊伺风开洋。船队远航西太平洋和印度洋，拜访了30多个国家和地区，最远到达东非、红海。郑和下西洋船队以福船、沙船、广船最为著名，其中又尤以福船应用最广、影响最大。福船乃福州制造，其船壳板联结紧密严实，整体强度高，且不易漏水；船舶载重量也相当可观，南宋时已可达万石以上；在载客量上，福船可载乘客千人，在船舶人居环境上，福船可以做到生活设施齐全，配备洗漱设施等。福船作为航海的先决条件，其制造技术正好印证了福建海洋文明的领先地位。明清以来，福州人东渡日本、北达欧亚，西至南北美洲，南抵东南亚各国，在中国移民史上画上了重重的一笔。福州人具有海外经商的意识，勇于挑战，敢拼会赢，为海洋文明注入了生机。福州海洋文化也形成了开放性、多元性、崇商性、冒险性、开拓性、兼容性的特征，这些都直接推动福州海外贸易和海外移民的发展，福州也因此成为海上丝绸之路的起点。

辽阔的海洋，塑造了福州人的包容、宽广、勇敢、进取。福州作为海上丝绸之路的起点，作为海洋文化的发源地之一，海纳百川、有容乃大的性格在历史的长河中不断积淀，最终得以形成。

二、闽都历史地位的确立

隋唐后，中国经济开始南移，福州也因此实现了较快发展，福州族群语言文化也因此逐渐形成。唐开元十三年（725），因州郡西北有座福山的缘故，改原闽州都督府为福州都督府，福州的名称由此开始。福州得名后，便犹如得福庇佑，迎来了较快发展，其闽都地位也渐渐形成。

继开闽进士薛令之后，福州科举开始渐盛，遂有贞元十年（794）陈通方中举。五代十国时期，闽国正式建立，福州成为闽国都城。福州也因此取得快速的发展，出现了繁荣的景象。

闽国在福州历史发展上，虽然时间不长，但占有重要的地位。唐末，朝廷腐败，地方势力四起，王潮、王审邦、王审知兄弟入闽，兄弟以勇武出名。在黄巢打进长安，各地起义不断时，王氏兄弟起兵，扩充军队，发展势力。入闽后，王氏兄弟收编守军，减轻赋税，受到军民拥戴。乾宁四年（897），潮卒，审知代立。唐以福州为威武军（驻地），拜审知节度使，封琅琊郡王。天复三年（903），封王审知为威武军节度使、管内观察处置兼三司发运使、同平章事、开国公，食邑四千户。后梁开平三年（909），加中书令，封闽王，"开闽王"即由此而来。

后唐同光三年（925），王审知去世，其长子王延翰继位。后唐天成二年（927），王审知次子王延钧杀王延翰夺位，并于长兴四年（933）称帝，建都长乐府（福州），年号龙启。后王室争权夺利，内乱四起，于945年被南唐所灭。开闽王氏在闽前后历六十载，尤其以王审知督福州，为福州的闽都地位奠定了基础。

"审知为人俭约，常蹑麻履，府舍卑陋，未尝营葺。宽刑薄赋，公私富实，境内以安。"[①] 在农业方面，王审知"出巡州县，劝课农桑"，将流民尽数招抚回乡，鼓励回乡流民开荒造田，发展生产；同时减轻赋税负担，凡耕种公田，其税"什一"，"敛不加暴"，"莫有出征之役"；又鼓励农民栽种茶树，大量生产出口茶叶，以增加农民经济收入；重视兴修水利，如修浚福州西湖，灌溉闽县等地民田，在福清筑海堤防潮护田灌溉民

① 〔明〕黄仲昭：《八闽通志》（修订本，上），福建人民出版社2017年版，第778页。

田数千亩等。在商业方面，王审知取消闽江流域的关卡，以便货物畅通，保证物资交流；同时在黄岐开辟对外贸易港，与朝鲜、印度、苏门答腊等地都常有使者、商旅往来，进行经贸文化活动。在交通方面，王审知挖护城濠，建去思桥、津通门等；唐天祐三年（906），王审知在福州正街毛应桥南建还珠门、南关桥（今安泰桥），开渠通沃桥浦，引潮贯城；扩建夹城，将风景秀丽的于山、乌石山、屏山围在城中，从此福州成为"山在城中，城在山中"的独特城市，"三山"也因此成为福州的别称。在文教方面，王审知重视人才。入闽后安置大批中原流民，特别爱惜文人名士，专设招贤院等机构接待学士。当时避乱入闽的学士较多，如杨沂、徐寅、杨承休、郑璘、韩偓、归傅懿、杨赞图、郑戬等，王审知聘任他们为闽国官员，发挥他们的才学。"文教之开兴，吾闽最晚，至唐始有诗人；至唐末五代，中土诗人时有流寓入闽者，诗教乃渐昌"[①]，为其后东南文化的崛起打下坚实基础。同时，王审知在福州"建四门学，以教闽中之秀者"，选知名人士黄滔等担任"四门博士"。在王审知的倡导下，当时州有州学，县有县学，乡僻村间亦设有私塾，"幼已佩于师训，长者置国庠"，文化教育事业蓬勃发展。

开闽王奠定了福州的闽都地位，推动了福州的发展。虽然闽国的历史不长，但却留下了浓厚的色彩。闽国灭亡，福州在中国历史统一的进程中，与南方大多数城市一样，迎来了宋朝统一的融合发展，福州的闽都地位得到进一步巩固。宋朝是中国历史的黄金时代，经济大规模增长，人口大幅增加，文化教育也达到一个高峰。福州人口由北宋初年的94475户增长到北宋末年的211552户，为福建人口最多的府，也是宋朝六大城市之一。福州的城市内河水网体系也在宋代形成。特别值得一提的是，英宗治平二年（1065），建安人（今建瓯）张伯玉（1003—约1068）移知福州。他经过调查，知福州夏季酷热，中暑生病者多，因此下令编户植榕，及至

---

① 陈衍：《补订〈闽诗录〉叙》。

熙宁后，福州绿荫满城，暑不张盖，榕城因此得名。嘉祐八年（1063），许将中状元，成为福州历史上第一位状元。随后，两宋时期，福州一共出了文状元10名，武状元11名（若加上恩科状元，则有文状元18名，武状元12名），进士2247名，福州也因此成为东南邹鲁之邦、文教名城。

福州中心文化、都市文化的生成与巩固，既是福州历史发展的必然，也是主持治理福州者努力的结果，更是朴实勇敢的福州人民在历史的进程中辛勤耕耘的成果。中心文化具有博大的特点，具有厚实的实践基础，兼收并取，同时又具有辐射四方的能量。福州文化在福建历史与现实中的"中心性"，可以说是福州文化的本质品格，也是福州文化区别于福建其他地方文化的本质特征。

三、近代商贸的繁荣

洪武元年（1368）设福州府，1371年重建福州城垣。时，琉球（今日本冲绳）与明建立友好关系，派遣留学生来中国学习先进的生产技术、科学文化。明朝统治者以大国之态，赐琉球"闽人三十六姓善操舟者，令往来朝贡"。这三十六姓中，多为河口（今小万寿桥附近）一带善于驾船的福州人。福州入琉球者，因此成规模。明成化年后，福州更是一度成为中国通琉球的唯一口岸。

古代琉球，以农为本，较为落后。时，琉球国王派人到福州学造历法。史籍上记载琉球人在福州学造历法最早的是金锵。学成回国后，金锵成为琉球国第一个编制历法的天文学家。其后，还有金升、金应斗、杨春等人。万历二十二年（1594）番薯从吕宋传入福建。十年之后，琉球人就在福州学会了番薯的栽培技术，并将薯苗植入体中带回琉球种植，从此琉球漫山遍野栽种番薯，年年获得丰收。在制糖、制茶、制瓷、冶炼等技艺方面，琉球人也从福州引进了不少先进的技术，开创了琉球社会诸多行业的先河。1731年，琉球人向秀实来福州学习制茶技术。他不仅将福州师傅所传授的采、烤、焙、品的制茶技术样样学会，而且还自带制茶器物而归，在琉球试制获得成功。其他的手工技术如丝织、印染是 1659 年国吉尝、1736 年向得礼，先后来福州学习引入琉球的。制瓷技术是 1670 年宿蓝田在福州学成后传入琉球的，而冶炼技术是 1730 年泊邑屋比久从福州带回琉球的。这些都表明，从明以来，福州的手工业及商业获得长足发展，成为东南繁盛的商贸之地。

在明清时期，福州的海上贸易走在全国的前列。有清一代以来，福州商贸进一步发展，特别是到了近代，福州海外贸易往来更是大规模发展，福州港成为东南最为重要的商贸港口。据资料显示：1856 年英国对福州的进口船只为 83 艘，总吨位 20270 吨；到了 1864 年达到 326 艘，吨位 131123 吨，出口船只 325 艘，吨位 131541 吨，进口总值 2207774.15 英镑，出口总值 3890889.05 英镑；到 1865 年，进口船只增至 365 艘，吨位 170794 吨，进口总值增至 2454228.03 英镑，出口船只 370 艘，吨位 172441 吨，出口总值 4881750.05 英镑。[1] 福州也成为五口通商口岸中重要的贸易地。福州开埠之后，外国商人前来贸易，洋行与买办阶层开始出现。道光二十五年（1845），英国商人第一个到福州收购茶叶、销售布匹及呢绒等商品，随后其他外国商行纷纷来到福州。咸丰三年（1853），美国商人首先在福州开设旗昌洋行，接着怡和、宝顺与琼记等洋行亦纷纷进入福州。是年六月，福州洋行已增加到 7 家，其中 5 家为英国洋行，2 家为美国洋行。

福州自 1844 年开埠以来，虽然没有获得像上海那样的快速发展，但相比内地，福州获得长足发展，海上贸易尤其显著。在海外贸易方面，茶叶成为重要的外贸商品，福州也因此一度成为世界最重要的茶叶出口港之一。从 1866 年一直到 19 世纪 80 年代中期，福州港茶叶贸易处于鼎盛时期，出口超过广州，仅次于上海，个别年如 1859 年，出口 4659 万磅，超过上海。[2] 福州成为全国最大的茶叶出口地之一，每年出口量占全国 1/3

---

① 林庆元：《福建近代经济史》，福建教育出版社 1999 年版，第 216 页。

② 黄逸平：《近代中国经济变迁》，上海人民出版社 1992 年版，第 61 页。

以上。除茶叶外，木材、纸、竹笋、干鲜果等土特产品也多从福州出口。茶叶出口的发达，也刺激了闽江上游以及福州周边的茶叶生产，砖茶制造业也因此兴起。1872 年，俄国人在福州创办了第一家砖茶厂，两年后，第一家民族资本主义新式工业企业——悦兴隆砖茶公司成立。

在茶叶等出口贸易的带动下，为了更加靠近闽江，更加便利地承接上游来的货物，福州城市呈现"南进"的趋势。同时，随着外国势力的侵入，先后有 17 个国家在福州设领事馆。仓前、上下杭以及泛船浦等地成为福建大宗进出口货物集散地，商行云集，闽江两岸也逐渐成为福州近代工商业集中区。茶厂、锯木厂、电气公司、造纸厂、火柴厂等遍布闽江两岸。福州也由此形成了官宦集中的老城区，台江的工商业集中区，以及仓山的外国人居留区的格局。这些都大大推动了福州近代化进程。

经济基础决定上层建筑，经济的发展必然带动文化的繁荣，特别是福州开放的格局，催生了福州文化的包容、博大、开明与先进。到了近代，更是产生了变革图强的思想。福州文化在继承传统，坚持本来，吸收外来的过程中，书写了福州人勇于开拓进取、革新实践，又心怀社稷民生、家国天下的文化情怀和文化秉性，这些当为今天的我们所继承与弘扬。

第二节　文化教育与文学群星

福州传统意义上的文化教育起步较晚，这主要是因为福州地处东南沿海，与中原相距甚远，在文化教育交流传播缓慢的古代，受中原文化教育的熏陶相对较少。在两晋前，闽文化相对集中在闽江上游，而闽江下游的福州相对薄弱。南朝后，福州地区的人口结构、社会面貌和教育形态开始发生新变化。《三山志》载，刘宋元嘉二年（425），南渡士人阮弥之任昌国郡守，治晋安郡。其任上"兴学校，使家有诗书，市无斗嚣"。阮氏重视兴学校，始开教化，郡人感其恩德，建忠惠阮公祠以为纪念。阮氏继任者，延续了中原文化的传播，虽然成效比较有限，但毕竟开启了中原文化传播的进程。随后，特别是唐宋之后，福州文化教育快速发展，在与中原文化的交流融合中，创造了独特的闽都文化现象，进一步巩固了福州作为闽都的中心文化意义。

一、学校教育与私塾的起步与成效

福州文化教育的兴起，是在唐以后。隋唐后，科举应试，选拔人才，备受重视，特别是开闽第一进士薛令之以后，福州文教事业得以快步发展。据《三山志》载："唐制，县学立孔子庙……本州，唐以前诸邑故行之矣。"唐德宗建中元年（780），常衮罢相后被贬任福建观察使。他到任后，极力倡导教育，增设乡校，编写教材，亲自讲授，推动兴学活动。《新唐书》卷一五〇《常衮传》载："始，闽人未知学。衮至，为设乡校，使作为文章，亲加讲导，与为客主钧礼，观游燕饗与焉。由是俗一变，岁贡士与内州等。"

常衮兴学不仅力倡学校教育，而且奖掖勤学之人，推荐优秀举子北上应试，因此闽中尚学风俗大兴，士人感兴发奋，学业有成，福建每岁向朝廷举荐的士子，已与中原内州相等。

到晚唐，由于官学兴办和科举考试的推动，福州地区私家办学亦兴起。唐贞元年间，福州有陈通方、陈诩、邵楚苌三人进士及第。陈通方，闽县人，贞元十年（794）进士及第。陈诩，闽县人，贞元十三年（797）进士及第，官终户部员外郎、知制诰。邵楚苌，闽县人，贞元十五年（799）进士及第，官终校书郎。

唐宪宗元和年间，又有闽县人陈彦博、侯官人陈去疾进士及第。文宗开成三年（838），有闽县人李潙、侯官人萧膺等4人同榜登科，盛况空前，朝野轰动。当时朝士有诗云："几人天上争仙桂，一岁江南折四枝。"（徐松《登科记考》卷二十一）唐代进士的录取率不过百分之一二，每科录取人数少则几人十几人，多也不过三十人，因而时人称"桂树只生三十枝"。而开成三年一榜福建进士人数占居明显优势，着实令世人艳羡，闽中因此被誉称"文儒之乡"。

懿宗咸通年间，福建共有 6 人登进士第，全为福州人，分别是福唐人王棨，闽县人薛承裕、欧阳琳、连总、欧阳玭，长乐人林慎思。到唐末昭宗、哀帝时期，福州进士人数共 6 名，分别是连江张莹，闽县林崇，侯官黄璞，长溪曹愚，长乐卓云，福唐陈鼎。中唐以后，福州科第渐趋兴盛，历朝进士及第者史不绝书，据徐松《登科记考》记载，唐代全闽进士共 52 名，其中福州进士 34 名，约占三分之二，可见其时福州科举教育进步之迅速。

王潮、王审知治闽时，更为重视文化教育事业，先后在福州兴办"四门学""四门义学"，招收官宦及庶民子弟。"四门义学"由官方出资实行免费教育，招收优秀的官员和平民子弟入学，后不断扩大办学规模，将四门义学迁往九仙山麓，聘黄滔、陈郯等人授课。王审知还亲自按期考阅，论才授职。其间，王审知还命令"管城丞"周启文创办鳌峰书院，请进士吴勖任教授；并劝令地方广设乡学、义学及私塾，由政府拨给经费资助，士庶子弟因此多有入学机会，教育得到初步普及，福州文风也因此大振。唐五代时期，福州作为福建首府，其文化教育事业较其他州县更为发达，进士及第人数占全闽半数以上。

福州文学艺术起步相对较晚，但在文化教育兴起的大背景下，也结出了果实。唐贞元年间，闽县人陈通方、陈诩、邵楚苌等人成为福州历史上较早的一批文学之士。陈通方创作的诗歌有《赋得春风扇微和》《金谷园怀古》等。陈诩创作了大量诗歌，据《唐书·艺文志》著录，有诗集十卷，流传下来的有《寄邵校书楚苌》《登城楼作》等多首。邵楚苌的诗作有《题马侍中燧木香亭》等。其后，林杰、陈彦博、陈去疾、欧阳衮、林滋、詹雄等人，都是中晚唐时有名的福州籍诗人。到了晚唐五代时期，福州文学有了更大发展，在律赋、诗词、散文等方面均有一定建树。王审知主政时期，招纳、集中大批本土和流寓入闽的文学之士，创作了许多颇有影响的作品。

在律赋创作方面，王棨、黄滔等人影响最大，王棨与黄滔号称律赋

"两雄"。王棨，字辅文，福唐（今福清）人。唐懿宗咸通三年（862）进士及第，以律赋见重，著有赋集《麟角集》，收赋 45 篇，是闽中唐代流传至今唯一的赋集。其代表作有《江南春赋》《贫赋》《离人怨长夜赋》《曲江池赋》等。黄滔，祖籍侯官，后迁居莆田涵江，晚唐五代著名文学家，官至监察御史里行、威武军节度推官。辅佐王审知卓有贡献。礼遇中州来闽之士，因此"中州名士避地来闽，若韩偓、李洵数十辈，悉主于滔"。黄滔诗、文、赋都颇具特色，代表作有《马嵬》《馆娃》《景阳》《水殿》等。黄滔在福建文学史上占有重要地位，是当时闽中文坛的领袖人物，被誉为"闽中文章初祖"，现存有《黄御史集》10 卷、附录 1 卷。

晚唐五代，福州文坛诗词创作比较活跃，文学得到较大发展，在律赋、诗词、散文等方面，都出现一批优秀作品和代表作家，奠定了两宋时期福州文学兴盛的基础；此外，出现了《闽川名士传》《闽王列传》《闽中实录》等史书著作，为福州早期的历史留下了难得的记录。在文化教育的推动下，福州出现了林慎思这样的思想家。林慎思（844－880），字虔中，号仲蒙子。咸通十年（869）进士及第。次年，再中博学宏词科第一。他是福建历史上第一位思想家，传世著作有《仲蒙子》2 卷、《续孟子》2 卷，收入《四库全书》《百子全书》等丛书中，流传甚广，影响较大。林慎思的思想博采儒、道、法诸家，而自成一家之言。他的政治观崇尚儒家，社会历史进化论承袭法家，自然观与荀子相承，又从道家吸取朴素辩证法思想，其道德文章被后人誉为"吾闽千古不朽之高士"。

福州文化教育虽起步较晚，但有自己的书写方式。不管是本土的文化教育，还是由中原迁徙而来的，都在历史的沉积中，爆发出文化教育的家国情怀。文艺创作虽也讲述花草虫鱼，但大多关注人间事态，浸透着时代的痕迹，是福州文化的生动音符。

二、书院的兴建与人才的培养

宋代是福州地区文化教育发达的全面繁荣期。其时，书院林立，学者辈出。州县普遍设官学。宋初，闽县、侯官有陈襄、陈烈、周希孟、郑穆倡导心性之学，主张诚敬，开闽中理学之先河，后人称之为"海滨四先生"。南宋以后，朱熹曾流寓福州地区多个县，讲学授徒，躬亲传道，受其亲炙者甚众，影响极广。朱熹称福州为"东南全盛之邦"，还曾为福州题匾曰"海滨邹鲁"，悬于州城西门楼上。

北宋初年，朝廷发动三次兴学运动，特别是在北宋推行"三舍法"[①]以后至南宋中晚期，福建儒学在数量和规模上都有较大发展。福州作为八闽首府，教育事业亦有显著发展而达于鼎盛。梁克家《三山志》载："太平兴国中，转运使杨克让始作孔子庙。景祐四年（1037），权州事谢微表请于庙立为府学。"后来郡守范岞、许宗寿"踵其事，历五年乃成"。熙宁三年（1070），州学毁于火，郡人韩昌国、刘康夫等 200 人请自重建，郡守程师孟允许郡人重建之请，遂集钱 300 万，建成房屋 130 间。其后，郡守王祖道扩建州学，增建斋舍 20 间，岁补生员增至 500 人。崇宁二年（1103）后，王祖道再次扩建州学，拓展为 351 区，后屡经修葺、扩建，规制不断完备，相比于其他州县学，属规模较大者。朱熹在《福州府学经史阁记》中说："福州府学在东南为最盛，弟子员常数百人。"时，福州州学和闽县、怀安、长乐、连江、福清、古田、永福、长溪、罗源、宁德等县学相继建立，而且均附设小学。宋代小学生徒由州县兼管学事的官员选送。学生按自愿原则向官府报名，经审查与入学考试即可。

宋代文化教育的繁荣，除了与传统意义设立官学的督促有关外，还与私立书院斋舍的设立息息相关。当时书院遍及八闽，全路各州、军、府均有书院设置，福州府总数领先于其他州军，仅闽东地区见诸文字记载者就达 24 所，其中重点书院有：

---

① 所谓"三舍法"，即三舍考选法或三舍选察升补法，北宋熙宁四年（1071）始立于太学，将学生分为上舍、内舍、外舍三等，按考试成绩逐等升舍，上舍优秀生直接授官。元符二年（1099）以后，逐步推行于地方。宋宣和三年（1121），罢州、县三舍法，太学依旧；南宋太学继续实行。三舍法对于儒学教育推行较力。

古灵书院。创办于北宋庆历年间，位于城西南向古灵溪旁（今闽侯县南通镇古城村），周围有古灵山及文笔峰，原为宋监察御史陈襄读书处。陈襄，号古灵，侯官（今福州）人，北宋早期闽中理学的代表人物，有福建"理学倡道第一人"之誉。古灵书院不仅是福州，也是全闽最早创办的书院之一，影响很大。陈襄"有志于传道""以天下之重为己任"，早年在闽北、江浙等地为官时，即致力于兴学教化，从学者渐增，不少人千里负笈以从师。据《宋元学案》记载，陈襄在闽中倡学，入室弟子多达1000余人。《福建通志·陈襄传》称赞其"倡道之功，先于游、杨、罗、李，而媲于安定胡（瑗）先生"。

勉斋书院。原为黄榦旧宅，其门人赵师恕曾拓为精舍，元至正十九年（1359）建为勉斋书院。黄榦，字勉斋，长乐青山村人，出生于福州东郊浦下村，14岁起受业于朱熹门下，后为朱熹女婿，为朱熹得意门生和得力助手，为整理朱熹著述、宣传朱子学作出贡献，世称"朱门颜曾""闽学干城"。黄榦曾长期在各书院讲学授徒，据记载，在福州地区的有高峰书院、鳌峰书院、乌石山书院、连江贵安书院、长乐竹林精舍、古田蓝田书院等。在闽北有建阳的竹林精舍、潭溪精舍等。他在外地为官，亦讲学不辍，如隆兴东湖书院、汉阳凤山书院、湖南岳麓书院、江西白鹿洞书院等，所以门人众多，影响很大。

拙斋书院。位于衣锦坊西端，乃福建名儒林之奇与其徒吕东莱（祖谦）讲学之所。林之奇，号拙斋，侯官人，世人称三山先生，著名理学家，以治经名世。门下弟子多达数百人。"乡士大夫仰止二先生学行，遂相与修葺之"。[1] 黄榦早年也曾受教于林之奇，称赞曰："吾乡之士，以文辞行义为学者宗师，若李（李楠、李樗兄弟）、若林（之奇），其杰然者也。"[2] 林于传播理学有承上启下之功。

---

[1] 〔明〕黄仲昭：《八闽通志》（修订本，下），福建人民出版社2017年版，第63页。

[2] 卢美松：《福州通史简编》，福建人民出版社2017年版，第277页。

在书院兴办和讲学过程中，朱熹是其中的重要人物。据记载，淳熙十年（1183）和十四年（1187），朱子曾两度经过福州，由其门人陈孔硕与潘柄陪伴。绍熙五年（1194），朱熹曾到濂江书院（今仓山濂浦）讲过学。朱熹传播理学不遗余力，身体力行，与其门人在福建各地创办许多书院，规模大小不一。有学者考证，朱熹或其门人在福州地区开办的书院有：福州紫阳讲堂、竹林书院、贤场书院、高峰书院、濂江书院、龙津书院，长乐龙峰书院，罗源文公书院，闽县吟翠书院，连江丹阳书院，闽清梅溪书院等。正是由于朱熹不遗余力的讲学及弟子的追随，闽学声名不断远播，福州也因此成为全国理学之重镇。

在官学及书院兴办的催生下，宋代时期的福州科举也得以兴盛，人才辈出。"宋兴，闽八郡之士取名第如拾芥，相挽引居台省、历卿相不绝于世，举天下言得第之多者必以闽为首称。"① 教育事业的发达及士子自身的奋发努力，使宋代福建与福州成为当时有名的科举大省、大州。据统计，北宋、南宋时期，福州中进士及以上者为 2799 人，占福建路进士的39.2％。② 《北梦琐言》称："建安之贡，无岁无之，故曰：'龙门一半在闽川'，信斯言矣。"时人论全国"特产"，也称"福建出秀才"。另据《宋历科状元录》载，宋有状元 118 名，其中闽人 19 名，占 16％。③ 宋代福州科甲佳话连连，举国钦羡，最著名者当属永福县（今永泰）"连科三状元"，分别为乾道二年（1166）状元萧国梁、乾道五年（1169）状元郑侨、乾道八年（1172）状元黄定。福州同一家族登榜者也不鲜见，如宝祐四年（1256），长乐杨梦斗与胞兄杨琦、胞弟叔济、侄次郑同登进士榜，为一门同榜四进士，时称"闽中四凤"，传为佳话。据统计，两宋时期，福州甚至出现一个家族有 23 人登科或 28 人登科者；一个家族登科 11 人以上者计

---

① 〔明〕黄仲昭：《八闽通志》（修订本，下），福建人民出版社 2017 年版，第4 页。

② 卢美松：《福州通史简编》，福建人民出版社 2017 年版，第 278 页。

③ 卢美松：《福州通史简编》，福建人民出版社 2017 年版，第 279 页。

有 28 个家族。据统计，有宋一代，福州士人登进士科者居福建路首位。"自唐设举场，此州之才子登科者其众。"①

开放的宋代，催生了人的思想解放，加上官学、书院的推动，文学艺术也得以鼎盛。福建作为朱子学的故乡，理学气氛浓厚，对各地学术和士人文风影响很大，福州亦然。时有蔡襄、程师孟、曾巩、黄裳、李纲、陆游、梁克家、赵汝愚、辛弃疾、叶梦得等曾在福州主政或游宦的著名文学家，还有本土的文人如陈襄、陈烈、张元幹、李弥逊等。他们兴学重教，留下许多名篇佳作。

蔡襄，曾两任福州知州，其诗文多有记述在福州的仕宦经历与个人感受，撰写《荔枝谱》《茶录》。程师孟，以光禄卿出知福州，任内修城墙，浚河道，造桥梁，修庙学，兴文重教；善作诗，喜游览名胜，召集文人结社吟咏，在福州留下诸多题刻。曾巩，唐宋八大家之一，曾任福州知州兼福建路兵马钤辖，在福州留下 50 多篇诗文，以《道山亭记》最为著名。李纲，著名抗金英雄，晚年定居福州，工诗文，亦能词，写有不少爱国名篇。黄裳，两度出知福州，奏准在福州于山天宁万寿观刊刻《政和万寿道藏》，撰有《长乐闲赋》10 首及《长乐诗集序》等，表达对福州历史文化的喜爱。叶梦得，曾任福建路安抚使兼福州知州，在福州建设庵观亭台景观，结交文友，时常"命宾客觞酒赋诗"，聚合名贤与青年士子，切磋文学，主盟闽中文坛。陆游，曾任福州决曹，在闽撰有《度浮桥至南台》等多篇诗文。辛弃疾，曾知福州兼福建安抚使，填词 30 多首，有名篇赞美西湖："烟雨偏宜晴更好，约略西施未嫁""自是三山颜色好，更著雨婚烟嫁，料未必龙眠能画"。

福州本土文人也层出不穷，其中以张元幹最为出名。张元幹（1091—1161），字仲宗，永福（今永泰）人。政和初，为太学上舍生。宣和七年（1125）任陈留县丞。靖康元年（1126）金兵围汴，入李纲行营使幕府，

_____

① 〔宋〕乐史：《太平寰宇记》卷一〇〇。

参与守城。李纲罢，亦遭贬逐。绍兴元年（1131）以将作监致仕，返回福州。因作《贺新郎》词为胡铨送行，遭秦桧报复，追赴大理寺除名削籍。其后漫游江浙等地，客死他乡。存词180余首，极富时代感和身世感，其词风的转变最为典型，开拓新的境界，赋予新的生命。宋室南渡前，张元幹生活疏狂放荡，词风绮艳轻狭，清丽柔婉；南渡后，热望抗敌复国，投笔从戎，但壮志难酬，深感悲愤，词风也变为慷慨悲凉，抒发爱国情感，代表作有《石州慢》（"雨急云飞"）、《贺新郎》（"梦绕神州路"）等。

书院教育和理学，造就了福州文化的繁荣。在这繁荣的背后，是福州文化在历史的积淀中，不断关注人民生活、关注社会发展的结果，是文化秉承教育教化民众的结果。福州文化与全国文化一样，在南北融合中闪烁着自己的光芒。

三、教育教化催生文化多样态势

福州文化教育在宋代繁荣、元代短暂中落之后，明代进入恢复与发展时期。洪武年后，福州府县儒学普遍设立，规模不断扩大，呈现出多样的发展态势。有府县儒学、书院、社学，还有由闾里、乡党、宗族兴办的村学、书堂，以及官宦、富人或塾师自办的家塾、教馆等，形成了齐头并进的文化教育局面。科举经过几百年的发展，得到了整个社会的关注，进士尤受推崇，一人登科，举家荣耀。因此世家大族一般设族田、立族学、定族规，鼓励族人读书应考，从而形成许多世代应举、科名不断的家族。福州闽县濂浦林氏家族出现"七科八进士、三世五尚书"，成为显赫一时的科举望族。

明代福州是科名大府，在福建进士总数2395名中，福州府占650人，居全省第一位。据梁章钜《归田琐记》载：明代福建状元11人，其中福州府占6人，分别是闽县陈䢿、陈瑾，侯官翁正春，怀安龚用卿，长乐马铎、李骐。另据统计，明代福建共举行90次乡试，录取举人8325人，其中，福州府 2485 人，居首位。^① 由于科举考试，还造就了绅士阶层。绅士受传统儒学教育，要么走上仕途，要么留在地方，承担地方事务，捐资兴办学校、书院，或捐资修庙、先贤祠等，弘扬儒学的价值观念。乡绅也因此为增进家乡的社会福祉和民众利益作出贡献，在中国传统社会治理过程中扮演着重要的历史角色。

在文学方面，明代福州出现以进士、举人为主体的文人群体，创造出颇具特色的地域文化，体现了福州深厚的文化底蕴。其中"闽中十子"诗派影响甚大。

明代以林鸿为中心的诗人群落，号称"闽中十子"，作为明代第一个诗派出现在福州诗坛上，开启福建诗坛开宗立派的风气。林鸿（生卒年不详），字子羽，福清人。洪武初，以人才被荐，召试赋《龙池春晓》《孤雁》两首七律，受明太祖称许，闻名京师。林鸿与其朋友、弟子著名者高棅、王恭、陈亮、郑定、王褒、唐泰、王偁、周玄、黄玄九人，合称"闽中十子"，人称"闽派"。他们作诗旨趣相近，宗法盛唐，偏重于艺术形式方面的修习。

闽中十子后，有曹学佺、徐𤊹辈继起，谢肇淛、邓原岳和之，风雅复振焉。曹学佺（1573—1646），侯官人。先后任按察使、广西右参议等。据《明史》载，曹学佺著作有 16 部，1200 余卷。徐𤊹（1570—1642），闽县人。一生著述甚丰，有《鳌峰集》《红雨楼文集》《笔精》《榕阴诗话》《竹窗笔记》《竹窗杂录》等。这些诗作要么反映时代，要么关注民间疾苦，显示出较高的思想价值和文学艺术价值。

清初至清中叶，在大一统的背景下，福州的文化教育继续发展，科举应试，文化教育，在全国处于领先的位置，在全省更是长期处于最前列。据统计，清代福建中举人数共计 9967 人，其中福州府 10 县 4309 人，约占全省举人总数的 43%。闽县与侯官县以绝对优势分列全省各县的第一、二

---

① 卢美松：《福州通史简编》，福建人民出版社 2017 年版，第 388 页。

名。清代，福建共有解元 106 名，其中福州府 45 名，约占全省总数的 42％。① 另外，福州府三鼎甲的数量在福建省内也占绝对优势，清代全省共有 10 人名列三鼎甲之内，福州就占了 7 位。福州府进士数量不仅在省内占有优势，在全国也是名列前茅，居第三位。福州府闽县与侯官县合计进士人数，同样居全国各县的第三位。福州府不少名门望族出现父子叔侄同登科第，兄弟连捷，累世举人、进士、翰林的盛况，被世人传为佳话。如家住三坊七巷之黄巷的郭阶三与家住东街孝义巷的曾晖春两家，都出现"五子登科"；家住文儒坊的陈承裘，六个儿子也全部登第，号称"六子科甲"。

清代福州继续前代的人文兴盛，书院学堂教育发达，文人荟萃，才俊辈出，诗人结社唱和，活动十分活跃，编辑刊印众多诗文集，文风盛极一时。鸦片战争后，福州更是出现以林则徐、林昌彝为代表的爱国诗人群体，对福建乃至中国近代诗歌创作产生重大影响。"苟利国家生死以，岂因祸福避趋之"，已成为传世名句。

在文学创作上，小说也在福州兴起，其中最为著名者有《闽都别记》和《榴花梦》。《闽都别记》是福建文学史上第一部以乡土题材为主要内容的长篇白话小说，共 400 回，约 120 余万字。小说通过描写古代福州人的政治、经济及社会生活，展示福州历史文化，其对福州民俗学、方言学以及福州地方史、福州文学史的研究都具有重要的史料价值和认识价值。此外，20 世纪初，林纾在创作《金陵秋》《新官场现形记》《冤海灵光》《劫外昙花》《剑腥录》等小说的同时，还大量译介了欧美小说，产生了巨大影响。

林纾（1852—1924），中国近代文学家，字琴南，光绪八年（1882）举人，后在北京任五城中学国文教员。曾创办"苍霞精舍"——今福建工程学院前身。工诗古文辞，以意译外国名家小说见称于世。林纾翻译小说

---

① 卢美松：《福州通史简编》，福建人民出版社 2017 年版，第 527 页。

始于光绪二十三年（1897），他与精通法文的王寿昌合译法国小仲马《巴黎茶花女遗事》，二十五年一月在福州由畏庐刊行。这是中国介绍西洋小说的第一部，为国人见所未见，一时风行全国，备受赞扬。接着他受商务印书馆的邀请专译欧美小说，先后共译作品180余种，介绍有美国、英国、法国、俄国、希腊、德国、日本、比利时、瑞士、挪威、西班牙的作品。林译小说的译笔有其独自的特色和成功处。如所译《撒克逊劫后英雄略》，颇能保有原文的情调，人物也能传原著之神。当然，也有的作品存在不足。

在史学和方志方面，以私人著述为多，题材广泛，种类繁多。较为著名的是林春溥，作品丰富，著有《开辟传疑》《古史纪年》等。明清两代，福建修志进入全盛时期。据统计，清代编修《福州府志》1部76卷，县志15部，乡镇风物乡土志及史料58部，开乡土志书编纂的先河。① 除县志外，各县还注意编纂山水风物志，如《鼓山志》《乌石山志》《榕城考古略》等。到清末实行新政时期，福州地区编纂的乡土教材有《闽县乡土志》《侯官乡土志》《尚干乡土志》等。据统计，当时福州编写的乡土志达58种，数量之多在福建省首屈一指。②

有清一代，福州人在史籍文献编辑与方志编纂中贡献突出、名声最大的当数陈梦雷。陈梦雷（1650—1741），字则震，闽县人，受命主持编修《古今图书集成》3600卷，历时5年。该书内容繁富，区分详晰，刊印后，即受各方好评。清人张廷玉称："自有书契以来，以一书贯串古今，包罗万有，未有如我朝《古今图书集成》者。"外国学者亦赞誉该书为"康熙百科全书"。在这过程中，陈梦雷贡献了最大的智慧与力量。

甲午战争后，中国人自办的报刊开始在福州出现。光绪二十二年（1896），黄乃裳创办《福报》。到1911年，福州共有中国人自办的报刊7家，即《福建日日新闻》《福建日报》《福建新闻报》《福建公报》《商业公

---

① 卢美松：《福州通史简编》，福建人民出版社2017年版，第538页。
② 卢美松：《福州通史简编》，福建人民出版社2017年版，第538页。

报》《建言报》（后改为《共和报》）等。其中以《建言报》影响最大。该报由福州桥南公益社与宪政党人联合创办，内容积极鼓吹民主，倡导革命，被视为福建革命党人的机关报。[1]

在书院教育上，清代福州新建书院36所，比闽北延平、邵武、建宁三府新创书院的总和还多3所，成为全省的文化教育中心。福州先后创办了多所书院，如共学、西湖、鳌峰、考志、道山、嵩山、凤池、越山、正谊、致用等书院，其中鳌峰、凤池、正谊、致用四书院最为著名，均为全省性的大书院。福州书院的繁荣，不仅造就了大批人才，也使一大批有识之士云集福州。需要特别指出的是，福州书院的影响也波及台湾。清朝统一台湾以后，在台湾设立各种学校，有儒学、社学、义学等，各类教官及学校教师多从福建派去，其中不少是来自福州府的学者。据《重修台湾省通志》记载，自康熙二十三年（1684）至光绪二十一年（1895），清廷共计在台湾任命、延聘台湾府儒学教授80人，其中福州籍的有33人；台湾府县厅儒学教谕共有265位，其中福州籍的有79人；儒学训导299人，福州籍的78人。即总共在台湾任命各级学官644人次，福州籍的占190人次，约占30%。[2] 这些学者对台湾教育的普及、发展功不可没。

明清时代，由于资本主义的萌芽，在社会的变迁中，文化教育催生了人的思想解放，产生了多元多样的态势，在相对开放的东南沿海福州，新式教育被逐渐引入。凤池书院、鳌峰书院、格致书院等已有新式教育，格致物理等在渐进中得以开设并推进，福州船政创办的"求是堂艺局"就是新式教育。到了维新变法后，新式教育在福州更是开风气之先，一些官绅如陈宝琛夫妇等大力创办各类新式学堂，在全国首开近代教育的先河，产生很大的影响。"全闽大学堂""优级师范学堂"等，近代新式教育机构随之诞生，对福州乃至福建全省的近代教育产生了深远的影响，在中国近代史上留下浓彩重墨。此外，随着福州的开埠，西方的基督教随之传入，福

---

[1]　卢美松：《福州通史简编》，福建人民出版社2017年版，第545页。

[2]　卢美松：《福州通史简编》，福建人民出版社2017年版，第526页。

州成为近代中国教会学校兴办最早的地区之一。截至光绪二十年（1894），福州地区共设教会学塾 300 余所，学生约 6000 人以上。同时，教会学校进一步发展，小学几乎遍及福州城乡各地，而且在开设男女学塾的基础上，逐渐从小学向中学、书院，以至大学发展。

明清以来，福州文化更是站在中国历史的大格局中，展示了福州文化深厚的文化底蕴和思想深度，特别是近代以来，福州文化以深邃的思想，以开放的历史格局，产生了诸多引领时代的人物，推动了中国近代化变革。这是福州文化最为可贵的品质，当为我们后人所继承和弘扬。

第三节　近代开眼看世界与船政文化

近代福州，在中国历史上扮演着重要的角色，一座福州城，半部近代史。在中国近代史上，福州扮演着开思想风气之先、开眼看世界，行洋务运动之实，变革图强的角色。林则徐师夷长技以制夷，成为近代中国探索强国之路的典范。以林则徐为代表的早期探索者，不断耕耘，形成了望族鼎力、齐头并进的态势。林则徐祠堂所在的三坊七巷，更是人才辈出，在近现代史上堪称名人的就达一百五十多位。福州形成了福州文峰林氏，闽侯林氏、严氏、沈氏，螺洲陈氏、吴氏，龙山刘氏，雁门萨氏等八大家族。这些望族以其思想开明，务实进取，大大推动了近代福州的变革，加速了中国的近代化进程。

1866 年，清政府在福州马尾设立了福州船政局。福州船政作为近代中国道路早期探索的典范，在沈葆桢的主持下，进行了一系列近代化探索。福州船政开展了建船厂、造兵舰、制飞机、办学堂、引人才、派学童出洋留学等一系列"富国强兵"活动，培养和造就了一批优秀的中国近代工业技术人才和杰出的海军将士，曾先后活跃在近代中国的军事、文化、教育、科技、外交、经济等各个领域，紧跟当时世界先进国家的步伐，推动了中国造船、电灯、电信、铁路交通、飞机制造等近代工业的诞生与发展。他们引进西方先进科技，传播中西文化，促进了中国近代化进程。

在近代化的浪潮中，福州得以快速发展，1876 年，福州第一条电报线铺设完成；1879 年，福州仓山有了自来水系统；1900 年，福州地区首次引入电力，用于闽清县的教会医院和中学；1909 年福州的第一家私营电灯公司成立后，电力开始取代煤油为路灯等公共照明设施提供能源。晚清时期福州的现代化程度大大领先于其他中国城市。

一、侯官新学直指思想变革

近代福州之所以为后人所称赞，为后人所美誉，其中除了其近代化程度优于内陆外，其思想引领风气，变革图强，无疑是最为重要的。在睁眼看世界的引领下，在福州诞生了一批具有世界眼光，又心怀社稷、变革图强的思想家、实践者。这些历史名人，以其影响力和实践，为近代中国思想启蒙奠定了基础，他们因同为福州侯官人，史称侯官新学。

侯官新学作为福州在中西文化激荡交流中形成的一个文化学派，主要包括林则徐、沈葆桢、严复、陈季同、林纾等闽籍学人之思想。其思想主张虽有差异，但探求救国真理，主动向西方学习，致力于中西文化交流是主体。

林则徐（1785－1850），侯官县人，是清朝时期的政治家、思想家和诗人，曾任湖广总督、陕甘总督和云贵总督等，两次受命钦差大臣；因其主张严禁鸦片，在中国素有"民族英雄"之誉。林则徐一生力抗西方入侵，但对于西方的文化、科技和贸易则持开放态度，他主张学其优而用之。根据文献记载，他至少略通英、葡两种外语，且着力翻译西方报刊和书籍。1839 年主持编译的《四洲志》对晚清的洋务运动乃至日本的明治维新都具有启发作用。林则徐是"最先从封建的闭关自守的昏睡状态中觉醒，以全新的态度睁眼看世界"的近代先驱。林则徐在广州主持禁烟后，在与侵略者斗争的实践中意识到自己对西方知识的贫乏、国人对王朝之外世界的无知，于是，他想改变"沿海文武大员并不谙诸夷情，震于英吉利之名，而实不知来历"的状况，并开始有意识有目的地收集外文报刊、书籍进行翻译，以求获得有价值的情报，加深朝廷、国人对"西洋"的了解。通过分析外国的政治、法律、军事、经济、文化等方面的情况，他认识到只有向西方国家学习才能抵御外国的侵略，萌生出"师敌长技以制敌"的思想。他提出为了改变军事技术的落后状态应该制炮造船的意见；他亲自主持并组织翻译班子，翻译外国书刊，把外国人讲述中国的言论翻译成《华事夷言》等；他还适应当时对敌斗争和对外交涉的需要，着人迅速编译了《国际法》，这在中国国际法学史上是一个划时代的事件，它标志着西方国际法著作开始正式传入中国，标志着中国近代国际法学史的开端。

林则徐开眼看世界，为后人树立了榜样，在他的影响下，福州成为近代思想的发源地、活跃地，变革图强、救国复兴一度成为中国精英阶层的追求。

陈季同（1851—1907），早年入福州船政局，后去法国学习法学、政治学，历任中国驻法、德、意公使馆参赞。1866 年，15 岁的陈季同考入福州船政局附设的求是堂艺局前学堂读书，1875 年毕业，因"西学最优"而受船政局录用。同年，他随法国人日意格到英、法各国参观学习，后任驻德、法参赞，代理驻法公使并兼比利时、奥地利、丹麦和荷兰四国参赞，在巴黎居住 16 年之久。陈季同通晓法文、英文、德文和拉丁文。为了让西方人更好地了解和认识中国人、中国文化及其价值，他著、译了 7 种法文书，在当时的西方很有影响。他也译介了一些法国的文学作品和律法文献。

开拓的眼界，让陈季同得以站在更高的水平线上俯视中西文化，他曾明确告诫曾朴说，我们要把名作译进来，同样也要把我们的重要作品译出去。正是这种世界意识促成造就了陈季同的文化输出和输入活动。陈季同率先将中国文化、中国戏剧介绍给西方读者。在法国，陈季同用法文发表了《中国人自画像》《中国戏剧》《黄衫客传奇》《我的祖国》等，这些著作受到法国人民普遍的欢迎，也为陈季同在法国文学界赢得了声誉。作为中西文化交流的先驱，一方面，他将中国文化介绍给西方，是第一个出版西文著作并获轰动影响的中国人；另一方面，他也是西学东渐的使者，通过创办报纸和翻译西书，他将西方现代文学、政治、法律观念引入中国，促进了晚清文学观念的更新和西方现代政治思想的传播。

让侯官新学这个名称得以闪烁光辉的，严复（1854—1921）无疑是个重量级人物。严复先后毕业于福建船政学堂和英国皇家海军学院，曾担任过京师大学堂译局总办、上海复旦公学校长、安庆高等师范学堂校长，清朝学部名辞馆总编辑等，是北京大学首任校长。严复是新法家代表人物，他反对保守，力主复法维新。他信奉达尔文进化论和斯宾塞的庸俗进化论，以"物竞天择、适者生存""时代必进，后胜于今"作为救亡图存的理论依据，在当时产生了巨大的影响。严复呼吁变革图强，主张多办学校，"民不读书，罪其父母"，呼吁义务教育。他主张建立完整的学校系统来普及教育，以"开民智"。他根据资本主义国家的制度，提出中国的学校教育应分三段的计划，即小学堂、中学堂和大学堂。

严复提倡西学，反对洋务派"中学为体、西学为用"的观点。他曾多次将中学与西学作比较：中国最重三纲，而西人首言平等；中国亲亲，而西人尚贤；中国以孝治天下，而西人以公治天下；中国尊主，而西人隆民……其于为学也，中国夸多识，而西人恃人力。总之，西学"于学术则黜伪而崇真"，他还指出"中国之人好古而忽今，西之人力今以胜古""古之必敝"。他指出，救中国必须学西学和西洋"格致"："盖非西学，洋文无以为耳目，而舍格致之事，则仅得其皮毛。"他认为"中学有中学之体用，西学有西学之体用，分之则两立，合之则两止"。他还主张"体用一致"，要从政治制度上进行改革，"以自由为体，以民主为用"等。

作为中国近代翻译史上学贯中西、具有划时代意义的翻译家，严复选择并翻译的《天演论》，浸透着其西学的思想主张；翻译亚当·斯密的《原富》，也一样体现了他开阔的眼界和对西学的全方位认识。通过翻译，他对《原富》中赋税的职能、作用有较深刻的认识，认为纳税是公民的义务，而政府征税后要用之于民。他说："赋税贡助者，国民之公职也，取之于民者，还为其民。"在向谁征税的问题上，严复提出了"赋在有余"的原则，指出"国家责赋在民，必有道矣。国中富民少而食力者多，必其一岁之入，有以资口体、供事畜而有余，而后有以应国课"。他提出不能以"养民之财""教民之财"和"赡疾病待赢老之资"作为征税对象。这一主张反映了资产阶级的要求，适应资本主义经济发展的需要。严复作为侯官新学的典型代表，堪称"精通西学第一人"（康有为语），也是"中国共产党出世以前向西方寻找真理的一派人物"（毛泽东语）。他向国人翻译介绍西学，启蒙了几代中国人，同时又葆有一颗纯正的"中国心"。这些都当为我们后人所铭记、继承。

侯官新学，虽为区域性的文化学派，却指向中国思想变革，是近代中国思想变革的旗帜性学派。侯官新学因福州这块深厚的文化土壤孕育而生，是福州人秉承勇敢、开拓，又善于学习、勤于思索的文化品格的集中爆发，心怀社稷、家国天下，与时俱进。这些都为近代中国的思想变革，为推动中国社会的转型乃至制度的变革贡献了力量。这是福州文化的精华所在，当为我们所继承和弘扬。

二、近代中国早期探索的福州船政实践

苍苍鼓山，泱泱闽水。1866 年 12 月 23 日，左宗棠奏请清廷在福州马尾创办的船政局正式开工，尔后 40 年，马尾船政从无到有，从弱到强，开启了近代中国追寻进步、变革图强的又一创举。马尾船政也因此成为近代中国变革图强的一面旗帜，对近代中国的全面变革产生了广泛、积极的影响。

船政，是近代中国先进分子追寻国家强盛而进行努力实践的缩影。在 2012 年 11 月北京国家博物馆举办的"复兴之路"的展出中，就有来自福州船政的 11 件文物。这 11 件文物分别是：船政学堂使用的平面几何立体几何课本，电报学堂用的电报机部件，后学堂航海时使用的英制经纬仪等

3 件文物及复制品，扬武号在码头上舾装轮船，船政订购的克虏伯舰炮正在德国装船准备启运回国等 5 幅照片。

"天行健，君子以自强不息。"虽因时代局限，福州船政的辉煌只延续了 40 多年，但在历史的弹指一挥间，却展现了近代中国先进科技、文化、教育、工业制造的成果，孕育了诸多仁人志士及其先进思想，折射出中华民族特有的励志进取、虚心好学、博采众长、勇于创新、忠心报国的传统文化神韵。

福州船政作为爱国自强运动的起点之一，作为有识之士追梦民族复兴的起点之一，在近代中国历史上留下了自己的身影，并随着时间的推移，其中诸多的创举和实践为后来中国的近代化变革产生了深远的影响，也因此奠定了它在中国近代史上的独特地位。

从船政的技术革命上讲，它作为中国最早最大规模的造船工业企业，其技术的变革直接推动了中国工业技术的发展。福州船政创办之初，短短 5 年的时间，船政造船厂建造了大小轮船 15 艘，包含蒸汽机功率为 184 千瓦的 1 艘、110 千瓦的 9 艘、59 千瓦的 5 艘。其中自制的 110 千瓦的船用蒸汽机，其技术含量和做工精细程度可以与英国制造的相媲美。

福州船政的 40 多年时间里，共造各类兵商轮船 44 艘，历经了从木壳木肋船身无装甲（全木质结构），到铁肋（钢槽为肋）木壳、铁肋双重木壳无装甲，再到钢肋钢壳装甲舰；从明轮到暗轮（螺旋桨），从螺旋桨到双螺旋蒸汽机；从卧式单汽缸蒸汽机到卧式双汽缸蒸汽机；从排水量二百吨到排水量万吨；从零件全部依赖进口到部分仿制、部分零部件自制，再到全部自行设计建造；造船工艺从铁钉连接捻缝到全电焊工艺……中国近代造船史经历了木质轮船——铁肋快船——钢质军舰的发展阶段，造船技术也从技术引进实现了技术独立的跨越式发展。

从培养人才上讲，福州船政，特别是船政学堂对人才的培养，对近代中国教育产生了广泛的影响。船政学堂引进的是西方教育模式。前学堂学制造，采用法国军港士官学校的科目训练，修法语，设轮船制造、轮机设计两个专业；后学堂学驾驶，采用英国海军的培养方法训练，修英语，设驾驶、管轮两个专业。各专业学制初定为 5 年，实际延长到 100 个月，所以有"八年四"之称。各个专业都有比较完整的工程教学课程体系，都设有堂课（理论课）、舰课或厂课。堂课有内、外课之分。内课包括公共课、专业基础课和专业课。公共必修课程有外语（法文或英文）、算术、平面几何等。专业基础课程和专业课程，有的相通，有的则完全不同。这种课程体系打破了封建教育的传统模式，开创了近代教育的先河。

如果说福州船政学堂乃近代中国第一所高等教育之学院，可能会有不同的看法，因为一般认为：京师同文馆是中国近代最早设置的新式学校，也是中国近代第一所高等学校；天津中西学堂为中国第一所近代性质的高等学校；京师大学堂是中国第一所近代大学。但可以肯定的是，船政学堂是近代中国最早设置的具有高等教育性质的、最具影响力的院校之一。京师同文馆是 1862 年 8 月创办的，实际上是一所培养翻译人才的外语学校，招收年龄在 14 岁左右的八旗子弟入学；除学习中文外，学习一门外语（最初是英语，后增设法语、俄语）。它在开办时即申明"查旧例"，就是按原先的俄罗斯文馆旧例办理。俄罗斯文馆建于乾隆年间，其前身可追溯到明代的"四译馆"。因此说它是第一所"'新型'高等专科学校"显然缺乏根据。高等教育研究专家、厦门大学教授潘懋元分析得好，他认为京师同文馆"从学生水平或课程设置上看，都不具备近代专科教育的基本特征"。即使是 1867 年京师同文馆增设的天文算学馆"也不是中国近代第一所高等学校"，当年招生 30 名，退学 20 名，只剩下 10 名学生，大多是有了孙儿的老头，只好并入旧馆。所以"无论从创办时间、分科设置专业以及专业课程体系，都应让位于福建船政学堂"。[①] 而天津中西学堂、京师大学堂分别是在福建船政学堂诞生 29 年和 32 年以后才成立的，显然福建船政学堂是中国近代第一所高等院校。潘懋元还认为，"福建船政学堂在建立高等

---

① 潘懋元：《福建船政学堂的历史地位与中西文化交流》，《东南学术》1998 年第 4 期。

教育体制、为国家培养高级专门人才，促进中西文化交流上，比之清末许多高等学校，影响更深，作用更大"。[①]

从近代军事变革上讲，福州船政乃中国近代海军的摇篮，船政总理衙门职责范围便包括筹建海军，发展海上军事力量，维护国家海权。福州船政创办的初衷之一，就是整顿水师。左宗棠上奏清廷设立船政的奏折就讲到"欲防海之害而收其利，非整理水师不可"。船政造船，主要造的是军舰，武装海军；同时制炮，生产鱼雷，也是为了武装水师。福州船政学堂培养的人才，主要是造船和驾驶人才，也都是为造舰和水师服务。求是堂艺局章程明确规定"各子弟学成后，准以水师员弁擢用"。中国近代第一支舰队正是从船政开始的，要比南洋水师（1884 年创立）、北洋水师（1888 年创立）都早。因此，福州船政被誉为"中国海防设军之始，亦即海军铸才之基"。同时，船政学堂实行的是供给制和军事化管理。"饮食及患病医药之费，均由局中给发""饮食既由艺局供给，月给银四两"；学生管理由稽查、管理委员负责，学堂"派明干正绅，常川住局，稽察师徒勤惰"。在外人看来，福州船政造的主要是兵船，培养训练的主要是水师，是事实上的海军军事基地。在福州船政的熔炉里，中国海军人才得以培养，一代又一代的海军将领在这里产生，据不完全统计达 1100 多名，占中国近代海军同类人员的 60%。晚清和民国时期的多数海军高级将领，如总理南北洋海军兼广东水师提督的叶祖珪、曾一度代理北洋政府国务总理的海军大臣萨镇冰、领衔发表著名的《海军护法宣言》的海军总长程璧光、被孙中山任命为海军总长兼总司令的海军上将黄钟瑛、历任海军总长、交通总长、教育总长等职的刘冠雄，等等，都是福州船政的毕业生。

福州船政因为其主政者站位的高远奠定了其开阔的历史视域，加上一批又一批图强爱国者的不断努力与实践，在近代中国变革中产生了积极的推动力，也因此奠定了其在近代中国独特的历史地位。这是福州船政的骄

---

① 潘懋元：《福建船政学堂的历史地位与中西文化交流》，《东南学术》1998 年第 4 期。

傲，也是以福州船政为代表的近代中国奋发图强的历史的骄傲。

船政学堂创办的初衷就是"师夷长技以制夷"，从科技层面回应西方海上文明。从 1866 年左宗棠在福州马尾创办了福州船政始，在近半个世纪的时间里，船政轰轰烈烈地开展了建船厂、造兵舰、制飞机、办学堂、引人才、派学童出洋留学等一系列"富国富民"的活动，培养和造就了一批优秀的中国近代工业技术人才。他们紧跟当时世界先进国家的步伐，推动了中国造船、航空、铁路交通、矿业开采冶炼、电信、测绘、气象等近代工业的诞生与发展，促进了中国近代化进程，船政也因此成为近代科技的摇篮。

船政造船，配套设备必须自己制造，原材料必须自己加工，从而衍生出了机械制造等众多工业门类。而追求工程技术人才培养精益求精的船政学堂，开启了留学生制度，派出了一批优秀的毕业生。这些接触到西方先进技术文明的学子学成回国后投身民族工业，对近代中国众多工业领域，发挥了开拓和奠基作用。有学者曾说过：福州船政是中国工业化的第一次大规模尝试，在历史上意义重大，影响深远。

在近代科技史上，福州船政作为近代科技的滥觞，直接推动了近代电信业的发展。中国接触到电信工业，始于 1842 年英国大东电报公司在闽江口川石岛铺设川石—上海，川石—香港两线。此后，陆续有一些国外公司出于利益考虑，在国内擅自或强行铺设电报线。如福州泛船浦至马尾罗星塔的电报线就是 1874 年丹麦大北公司擅自架通并置机通报的。而中国人创建自己的电信业，则始于福州船政。1876 年 4 月，福州船政电报学堂正式开学，这是中国第一所电报高等学堂，开设了轮机、电气、电信、电报和制造电线专业；第一次招生 70 名，生源主要来自船政学堂毕业生及高年级已有数理基础的学生，如陈平国、苏汝灼都是前学堂第一届制造班的毕业生。电报学堂到 1882 年共培养出专业电信人员 140 人。这批学员毕业后，均能通晓"竖桩、建线、报打、书记、制造、电气等艺"。他们中的一部分人留在船政负责电报业务；少数成绩优异者，被学堂选派到英国、丹麦专造电气局留学深造；其余均被分配到全国各地当工程师，负责架设电报线或办电报学堂，培养新的电信人才，直接推动了中国近代电信事业的发展。

在近代教育史上，福州船政作为近代高等教育的典范，打破了中国数千年来的教育理念，并培育出新型、适合时代发展的近代教育精神——"爱国、学习、竞争"。这不仅符合当时对人才的基本要求，其中蕴含了"师夷长技以制夷"的学习精神，"苟利国家生死以，岂因祸福避趋之"的爱国精神，以及"物竞天择、适者生存"的竞争精神。另外，船政学堂的职业教育精神和侧重海洋、海防思想的教育宗旨，也是现代化教育理念的体现。福州船政重视新知育才，先后开办制造（造船）、绘图（设计）、艺圃（技工）、驾驶、轮机、电讯等专业，形成比较完整的教育体系，对近代中国教育事业的发展产生了深远的影响。

船政学堂作为中国近代引进西方教育模式的第一所高等院校，中国近代第一所海军军事院校，中国近代首创留学生教育制度的高等学府，中国近代第一个产学一体、多元结合的教育机构，近代中西方文化交流的一面旗帜，近代西方先进教育模式中国化的典范，可以说是"一个学堂引领一个时代"。船政把培养人才作为重中之重，培养的人才叱咤风云，成为中国近代化的栋梁，成为轮船、铁路、航空、天文等领域的权威，成为国家的高级军事将领，成为中国近代海军的主要骨干，成为救亡自强的启蒙思想家，成为第一批职业外交家，成为第一代翻译家。船政在近代中国发挥的作用举足轻重。

在近代思想史上，福州船政将开眼看世界提高到一个新的高度。林则徐、魏源等先进者开眼看世界，强调"师夷制夷"。但到了左宗棠、沈葆桢时，除了"师夷制夷"外，更多的"师夷长技以自强"。学西方之所长而强盛自己。这是开眼看世界新的认识。为此沈葆桢等船政大臣，自觉地把人才培养看成船政的重中之重，看到中西方的差距，实际上是人才的差距。这种认识和战略思想至今还十分难能可贵，在 150 年前的大变革时代，更显政治智慧和远见卓识。同时，为了能在引进西方教育模式的同时坚持权操诸我，把大权牢牢地掌握在中国人自己的手里，沈葆桢以他爱国忧民、勤政廉政、坚忍不拔、严谨务实的作风努力实践着。再者，为了真正开眼看世界，福州船政大力主张出洋留学，切实学习西方先进技术及思想。福州船政作为中国最早一批留洋学习的开创者，对近代留学事业及思想变革产生了深远影响。出洋留学无疑开拓了眼界，更切实了解了西方的政治、经济等制度，这为后来的思想引领起到了重要作用。晚清40多年，船政学堂共毕业学生510名（连同民国初期毕业的共629名），选送出国留学生四批及零星派出共111人。他们分赴法、英、德、美、比、西、日等国，学习的专业主要有造船、航海、飞机、潜艇、枪炮、鱼雷、矿冶、机械、无线电、天文等。他们学成回国，成为我国科技力量的主要骨干，典型的代表有"铁路之父"詹天佑，外交家罗丰禄、陈季同，造船专家魏瀚、郑清濂，矿务专家林应升、林日章，轮机专家陈兆翱、杨廉臣等。他们的影响之深，至今仍使福建的科技人才成为一道亮丽的风景线。再例如船政学子严复，在福州船政学堂毕业后，被派往英国皇家海军学院学习，系统接触西方社会，而后翻译了著名的《天演论》，系统介绍西方民主和科学，宣传维新变法思想，将西方的社会学、政治学、政治经济学、哲学和自然科学介绍到中国，倡导"物竞天择，适者生存"的主张。

在近代军事史上，福州船政成为中国海军的摇篮，培养了一大批高级将领，更为重要的是福州船政奠定了中国近代海防、海权意识及思想。福州船政的建立及其倡导的思想理念，本身就促进了近代中国海权意识的觉醒。左宗棠建立船政的目的是"防海之害而收其利"，达到"以大海为利"的目的。以福州船政而建立中国新式海军，更是近代海洋意识觉醒的一个重要理念，其根本是为了加强海防："闽之设船政也，原为天下海防之计""船政为海防第一关键""船政为海防水师根本"。建立强大的海军护卫中国海疆，是中国海防思想的大进步，也是福州船政对近代中国军事的重大贡献。福州船政建立了中国最早的兵工厂；建立了中国第一支海军舰队。

民国后，又设立了飞机制造工业工程处，采用国产材料成功地制成了我国第一架水上飞机。这些都对维护海权，推动中国军事近代化建设产生了深远的影响。

福州船政对于近代中国的影响是广泛而深远的，可以说：在思想上，引领了时代的变革；在技术革新上，是近代工业文明的窗口；在教育上，是近代中国教育的一面旗帜；在军事上，是中国海军的摇篮……

船政文化是福州文化的闪亮名片。福州船政的创办与实践，是近代福州有识之士的历史作为，也是福州文化积淀的结果。海纳百川，有容乃大，福州文化在历史积淀中，到了近代爆发出强大的感召力、影响力，为近代中国的历史进程留下了浓厚色彩。船政文化展示出来的图强进取、永攀高峰、创新变革、务实开拓、家国情怀等文化品格已经成为福州文化闪亮的组成部分，当为我们所继承并发扬光大。

第四节　绚丽多彩的表演艺术与巧夺天工的工艺美术

福州民间表演艺术历史悠久，特色浓郁。早在商周时期，福州的闽越先民就已使用鼓类乐器，用以祭祀农神，祈祷丰收。到唐代，福州的歌舞已经达到较高水准。据载，时福州观察使一次送十名乐伎到长安，经考核都进入号称"长安第一手"的音乐团队。到了唐末五代时，音乐、舞蹈、木偶、百戏等艺术活动在福州已十分普遍，甚至还出现了专门供演出的场所——歌楼。北宋时，闽清人陈旸著成《乐书》两百卷，全书1100多个条目，其中乐器条目530条，舞蹈条目170多条，歌条目140多条，还有杂技、魔术等。这"是我国也是世界上第一部表演艺术百科全书"。①

到了宋代，福州方言戏曲亦逐渐兴起，脱胎于"讲经"的福州评话基本形成。节庆演出时已有"福州歌""福清歌"等民间小调的曲牌，戏曲

---

① 王枝忠、杨式榕主编：《闽都文化读本》，福建教育出版社 2017 年版，第 156 页。

开始流行。到了明朝中后期，随着社会文化的发展，环境较为宽松，在文化熏陶推动下，戏曲创作和表演也因而繁荣兴盛。闽剧、评话、伬唱等具有福州特色的戏曲尤为流行。徐㷆的《红雨楼书目》第三卷，收有戏曲剧目140种，其中多为福州文人的作品。同时还出现一批颇有见地的戏曲评论家，如谢肇淛、陈第、曹学佺等，他们对于戏曲艺术特性、诸腔特点、历史与戏剧的关系等，都提出了自己的见解。从当时文人的剧目创作、演出活动，到戏曲理论探讨，都表明福州的戏曲环境已经比较成熟。

一、古汉语"活化石"的闽剧、评话

闽剧的发端应属曹学佺组织创办的曹家班（后称"儒林班"）。明万历三十二年（1604），曹府的"曹家班"参加洪塘乡金山寺普度演出，被称为"第一代儒林"。该班演唱的是流行于民间的"江湖""洋歌""小调"等曲调。到了光绪年间，儒林班从农村向城镇发展，出现了"梁父吟""醉春园"等戏班，合称为"十三家儒林班"。时，儒林戏以及在福州业已存在的"江湖戏""平讲戏"等结合融汇，俗称"三合响"，形成了今日闽剧的雏形。辛亥革命后，闽剧进入兴盛时期，福州先后出现了"旧赛乐""新赛乐""三赛乐""善传奇""赛天然""庆乐然"等闽班和"赛月宫""群芳"等女班，其中以"庆乐然"为最。与此同时，还涌现了郑奕奏、曾元藩、薛良藩、马狄藩等"四大名旦"。

闽剧的曲牌大部分从弋阳腔、四平腔、徽调和昆曲衍变而来，有不少唱腔仍保留有弋阳腔的特点，即"一唱众和"的帮腔和"夹滚"。成型后的闽剧唱腔有"逗腔""江湖""洋歌""小调""哆哕"和"板歌"六个部分，统称"榕腔"。其曲牌有190多首，音乐旋律与福州方言的音韵、声调有着极为密切的关系。

经过长期的发展，目前闽剧传统剧目有一千多种，大都取材于民间传说、历史演义或古代传奇、杂剧等，其中有的源于儒林班，有的源于江湖班，有的源于平讲班，还有的是从徽班继承而来。常见的代表性剧目有

《炼印》《荔枝换绛桃》《紫玉钗》《女运骸》《开封府》《珍珠塔》《储问记》《招姐做新妇》《孟姜女》《秦香莲》《杜十娘》《梁山伯与祝英台》《万花莲船》《邱丽玉》《秋兰送饭》等。从这些曲目我们可以看出，闽剧通过其舞台表演，用故事的形式展示人间真善美，弘扬正气，传播忠孝礼义。可以说，闽剧是福州历史文化积淀的展现，也是福州优秀传统文化的重要组成部分。

作为以福州方言讲述并有徒歌体唱调穿插吟唱的独特说书形式的评话，约形成于明末清初。福州评话的表演多以一人为主，分有高台演出、书场演出两种，讲究说、吟、做、花，以说为主、兼有吟诵。福州评话流行于福建省的十几个县市及台湾省和东南亚的福州籍华侨集居地。2006年，福州评话经中华人民共和国国务院批准列入第一批国家级非物质文化遗产名录。

福州评话的节目繁多，按题材通常分为长解书、短解书、半长短书、公案书和家庭书5种。长解书都是历史故事，有《三国》《隋唐》《精忠岳传》等；短解书是武侠故事，有《七侠五义》《彭公案》《施公案》等；半长短书有《水浒》等；公案书专讲清官为民请命和平冤决狱的故事，为福州评话独有且富于地方色彩，《王公十八判》《珍珠被》《长泰十八命》等为其中代表性的作品；家庭书多反映家庭伦理与悲欢离合的故事，如《甘国宝》《双玉蝉》《玉蝙蝠》等。福州评话是现存唯一用福州方言演唱、念白的戏曲剧种，在戏曲声腔流变史和福州地方文化发展史的研究中占有重要的地位。例如《甘国宝》，评话把甘国宝塑造成一个知错能改、奋发有为的传奇人物。甘国宝从小淘气捣蛋，长大后不学无术，嗜赌成性，被父亲、师父批评后，幡然大悟，决定前往台湾投军。随后，甘国宝在台湾打了胜仗，进京接受皇帝诰封，并被提拔为"九门提督"，同时，还搭救出了厚道的表姐夫。评话通过曲折的故事情节，生动的讲述，让乡土历史人物鲜活起来，同时弘扬正气，激励上进。

除闽剧、评话外，福州的串头戏（傀儡戏）、词明戏、伬艺等，也深受百姓喜爱。其中，伬艺是用福州方言表演的以唱为主的说唱艺术。它历史悠久，是由民间卖唱艺人搜集散曲、小令、山歌、小调，以传唱艺文和民间故事为主要内容，初期用以酬应堂会。其表演形式或装扮陆地行舟、打钱剑、踩高跷、台阁、肩头驮、莲花落等百戏杂耍，是从参加民间社火和民俗活动等演唱形式逐步演化而来的。需要特别指出的是，这些戏曲表演活动，多以福州方言演唱、说表、吟诵，成了存储福州方言的宝库。

福州方言是福州的乡音。它是历史演进过程中，由春秋战国的古闽越人语言，秦汉至三国早期移民带来的古吴语、古楚语，晋至唐末三次大规模中原汉人入闽带来的上古汉语和中古汉语，多源融汇，于五代时基本定型的。福州方言保留着相当丰富的古汉语语音词汇，有丰富的历史文化内涵，是古汉语的"活化石"。唐宋诗词用普通话朗读，往往感到平仄、押韵不合格律，而用福州方言朗读，则合符格律。[1] 这为语言的传承、韵味的表达等提供了媒介。闽剧、评话等，都将成为福州优秀传统文化的注脚。

二、工艺艺术精湛，能工巧匠辈出

福州的工艺美术历史悠久，技术精湛，很早就有"三山巧艺，四海独绝"的美誉。其中尤以脱胎漆器、寿山石雕、软木画最具特色，成就辉煌。

脱胎漆器是福州盛产的工艺品，历史悠久，器类繁多。据载，脱胎工艺早在战国时期就有使用。闽侯庄边山楚墓在两次发掘中均发现"漆器残迹和朱彩漆欧皮"。目前保存最为完好的唐代脱胎漆器是日本奈良唐招提寺的金唐主佛——卢舍那佛坐像，制作者为福建泉州超功寺僧昙静。这说明唐代时福建的脱胎工艺已十分成熟。五代时，福州城内设有"百工院"，汇集了包括漆工在内的各行各业能工巧匠。至明，曹昭《格古要论·古漆

---

① 王枝忠、杨式榕主编：《闽都文化读本》，福建教育出版社 2017 年版，第 160 －161 页。

器论》载："古剔犀漆皿，以滑地、紫漆为贵。""福州旧仿者，色黄、润滑地、圆花者谓福犀。坚且薄，亦难得。"说明其时福州的剔犀漆器已很精美。此外，福州还出现"雕漆"漆器，即艺人将旧建筑雕刻如窗花、屏风、摆件等木雕零件重新组合，配以新制的木雕器件，施以髹漆装饰，成为新的雕漆工艺品种。明代，福州的雕漆师傅欧阳云台东渡日本传艺，日本也有不少人来福州学习漆艺。

　　"脱去胎质，空余布胎"，这看似简单，但其中的技术含量非常高，需要有高超的技艺。福州漆器以麻布、木料、兽皮、竹子、陶瓷等为坯胎，经过上漆灰、打磨、髹漆、研磨、纹饰等数十道工序制作而成。在福州各类漆器工艺品中，以脱胎漆器最为著名。福州脱胎漆器与北京景泰蓝、江西景德镇瓷器，被誉为中国传统工艺美术"三宝"。"脱胎那用木和锡，成器奚劳琢与磨"，福州脱胎漆器的创造性贡献当属髹漆艺人沈绍安。乾隆年间，沈绍安（1767—1835）钻研自宋以来已经失传的"夹纻胎"技法，大胆创新，制作脱胎漆器。他请人塑造几尊泥神像，外用很细的夏布或丝绸涂上生漆逐层裱在泥像上，入房室阴干坚固后，再从底部打一个小孔，泡入水中，待泥像溶化后，便余下布胎，质地坚固，轻巧异常，造型清晰，故名"脱胎"。沈绍安的脱胎漆器在其后裔的努力下，更臻美善。时，沈家漆器店遍布福州，主要有沈正镐的"正记"（亦称"镐记"）、沈正恂的"恂记"、沈幼兰的"兰记"、沈正恺的"恺记"、沈正愉的"愉记"、沈正禧的"禧记"等。光绪二十四年（1898），沈正镐选送《莲花盘》《茶叶箱》脱胎漆器，参加法国巴黎国际博览会，获得头等金牌奖。沈正恂、沈幼兰等亦多次参加国内外展览会、博览会并获得各种殊荣。光绪三十一年（1905），闽浙总督许应骙以沈家兄弟所制脱胎漆器进贡慈禧太后，深得赏识，并鼓励出口。福州脱胎漆器在国际上遂名声大振。

　　寿山石雕是福州传统的雕刻艺术品种，是中国传统艺术宝库中的奇葩。它利用福州特有的寿山石材，经过精巧的设计和加工，形成雕刻工艺品。"天遣瑰宝生闽中"，寿山石也因此成为福州的一张名片。寿山石石质脂润，色彩斑斓，造型丰富，加上能工巧匠们精湛的手艺，让寿山石雕成为福州工艺美术的典范。早在南朝时，福州的寿山石雕就已经达到了相当水准。到了两宋时期，福州的寿山石雕已经成为宫廷的御品。到明代，民间流行用"花乳石"刻制印章，寿山石也因洁净如玉、柔而易攻故倍受书画家、篆刻家青睐。雕刻艺人继承古代玉玺、印章的文字与钮饰的雕刻艺术，创造了寿山石材的印文和印钮装饰艺术，而且汲取传统绘画技法，在印体上雕刻山水、花鸟、人物，形成独特的寿山石雕风格。寿山石雕的创作者运刀如笔，婉转流畅，刚柔相济，融画技、雕艺、书法于一体，使寿山石成为别具特色的艺术品。明代时，福州地区还出现了不少专业的雕刻艺术家与专业经营寿山石印章和各种雕刻品的商铺。至清代，寿山石雕更加昌盛，一是雕刻的品种多，有印章、文具、人物、动物、花果、山水风景、花瓶等；二是雕刻技法丰富且水平高，出现了阴刻和链条技法；三是雕刻名家多，形成"西门"和"东门"两个流派。西门流派以潘玉进、潘玉泉为代表，主要刻制各种印章；东门流派以林元珠为代表，雕刻题材涉及人物、动物、花鸟圆雕等。近代，寿山石雕技法有较大改进，林清卿的"薄意"雕刻艺术堪称独树一帜。

寿山石雕工艺是工艺制作者发现美、创造美、传播美的过程，浸透着几千年来福州工艺者一直秉承的工匠精神，以及不断创新、追求艺术精湛的文化情怀。寿山石，在能工巧匠的手下，一个个作品孕育而生，这里除了寿山石本身的价值外，还凝聚着工匠们的智慧与创造。他们在发现美、创造美的过程中，也给他人以美的享受。

软木画是福州工艺美术的另一朵奇葩。所谓软木画，就是用栓皮栎树的木栓层（树皮）做"雕"与"画"。内容或反映山光水色，或名胜古迹，或花鸟虫鱼，再现亭台楼阁、园林景色等，工艺精巧，形态逼真，古朴典雅，是家庭装饰难得的工艺品。民国初年，福州工艺传习所开设了木画科目，为福州培养了一大批木画人才，造就了以陈春润、吴启棋、郑立溪为代表的第一代软木画匠师。巧妙的构图，精巧的工艺，让软木画声名鹊起、销路日盛。到 20 世纪三四十年代，在吴启棋的推动下，软木画从业者不断增多，产品远销海内外。1946 年，吴启棋的弟子陈锟创作的《北京颐和园》，以布局严谨、雕刻精细、风格清新素雅而获得德国莱比锡博览会特等奖，更是在海外产生了较大影响。

除了脱胎漆器、寿山石雕、软木画外，福州的木雕艺术等也具有较大的影响力。在清代，福州形成象园、大坂、雁塔等以艺人聚居的乡村为名的三大流派。象园派，擅长雕刻人物，注重神韵，构思巧趣，手法多变，繁而不乱，作品既现实又夸张。大坂派，雕仙佛、仕女尤精，注重人物内心世界的刻画，不事矫揉造作，形象圆润清秀。雁塔派，以漆派为主，雕、漆融为一体，先攻雕花，后事脱胎漆器，雕刻框架花饰、图案板、屏风浮雕等，工艺娟秀精致，高雅大方，极大地丰富了漆器产品的装饰艺术。时过境迁，这些工艺流派在历史发展中有的不断变革、融合、提升，有的甚至消亡，但作为福州文化组成部分的福州工艺美术是福州人民热爱生活，不断创造生活，追求艺术，创造艺术的集中体现。

第五节　福州古厝的保存与保护

闽都福州山水相依，城中有山，山中有城，是一座天然环境优越、十分美丽的国家历史文化名城。福州的古建筑是构成历史文化名城的要素之一。福州古建筑，不仅是福州人民建设历史文化名城的写照，也是福州人民智慧的结晶。福州古建筑蕴藏着深厚的历史文化和人文气息，是先人追求科学技术与艺术结合的典型代表，而且结合了福州地域特点、地理环境等，形成了自己独特的古城风格、风貌。

一、科技与艺术的完美结合

福州古厝，狭义上指古屋子，广义上指古建筑。"城里三山古越都，楼台相望跨蓬壶。有时细雨微烟罩，便是天然水墨图。"在这样一幅水墨画中布局建筑，既要体现文化底蕴，又要便利生活，利于城市长远发展，这是需要智慧的。在交通方面，借助桥梁、古津渡、驿路、街亭，实现布局的完美统一。建于上元辛丑年（761）的仓山林浦连坂桥，已经有1200多年历史了。仓山阳岐的午桥，也曾一度繁华热闹，是闽南一代入福州的重要通道。这些桥梁的建造，凝聚了古代工匠的智慧和卓越创造。工匠们根据地理形势、水流特点、交通功能等，建造了各种不同功能的桥梁，有碇步桥、平梁桥、拱桥等。这些桥梁经过岁月的冲刷，有的已经荒废，有的已被填埋，但这些桥梁建造带给闽都城的发展却是久远的。如今我们漫步台江的万寿桥，依然能感悟曾经的繁荣与喧闹。

福州水陆交通发达，除了桥梁以外，还建造了许多渡口（码头），便于经济生活往来；此外，在城乡中开设了驿路，在城市中建造了街亭，这些都展示了先人的创造。

房子是人类赖以生存的、繁衍的基础，也是人类追求生活、享受生活的动力，房子是依靠，是保障，是港湾，更是家的化身。在房屋建造上，福州人讲究建筑科学与艺术人文的统一。福州的古房子，一般坐北朝南，便于采光、通风。在纵向的中轴线上，布置厅堂等主要建筑，两旁对称，加以布置房舍庭院。主座较为讲究，侧院则相对灵活随意。一些殷实的家庭，在建造房屋时，常在主座外，于两侧庭院灵活布置客厅、书厅等，有的还劈有假山、园池、杂屋等。

福州古厝，常聚集而建，这样易于形成文化熏染。比如著名的三坊七巷，就是福州人文思想汇集的地方。屋主之间，互通诗画，交流朝野，碰撞思想。街区内，也往往坊巷纵横、布局严谨，甚至缀以亭台楼阁，融人文、自然景观于一体，融物质与精神于一体。除了三坊七巷外，朱紫坊、濂浦村也大体如此。濂浦村位于南台岛东端，是个具有千年历史的村庄，村里有雄伟壮观的泰山宫、平山福地、林氏宗祠、濂江书院（文昌阁）等，居民大宅有著名的"濂浦炽"（林寿熙）。这些古屋子（宅院），大多经过科学设计，在讲究顺风顺水的同时，加入了时代的元素，体现了屋主的文化追求。比如"濂浦炽"由三列建筑组成，中间是主座。主座是土木砖石混合结构，而主座的左侧则是西式建筑，里面有宽敞的供宴饮、娱乐、会友的西式客厅。客厅的窗户是罗马式拱形门窗，厅内还有西式壁炉，体现了近代以来中西文化的渗透与碰撞。

二、福州古厝的保存与保护

福州古厝是福州人民劳动创造的结晶，现在已经成为福州市一张靓丽的名片。曾一度，我们对福州古厝的传承、保护不到位，特别是在城市大拆建中，一些古厝没有得到很好的保护与利用。上世纪 80 年代末 90 年代初，福州市有关部门计划对三坊七巷进行开发，准备拆除林觉民故居的部分建筑，转而建设商品房。刚刚担任福州市委书记不久的习近平得知这一消息后，立即到现场查看，并先后两次召开现场办公会，听取文保相关人士意见。在了解情况后，习近平要求暂缓拆迁，并对林觉民故居进行修缮。接下来，三坊七巷内其他的老房子，也陆陆续续被修缮、保护起来。正是因为有了习近平对福州古厝的保护，这片历史悠久的文化宝地才得以延续。2002 年，时任福建省省长的习近平还专门为《福州古厝》作序，指出"保护好古建筑、保护好文物，就是保存历史、保存城市的文脉、保存历史文化名城无形的优良传统"。

在习近平的倡导和关心下，福州致力延续城市文脉、保存城市风貌、焕发城市活力。福州市通过强化立法保障，夯实名城保护的法治基础，先后颁布了名城保护管理条例等十几部名城保护法规。通过完善规划，把名城保护融入城市总体布局。编制了《福州市历史文化名城保护规划》等三十多项专项规划。通过建设古城遗址公园，留住闽越族群的"根"。按照国家遗址公园的建设标准，新建冶山、新店等多处闽越古城遗址公园，完善提升新石器时代昙石山遗址公园。通过保护修缮文物和历史建筑，延续城市文脉。陆续修缮全国重点文物保护单位二十多处，古建筑、历史建筑一千一百多处。通过重塑传统城市格局，彰显古城韵味。改造屏山、于山、乌山和乌塔、白塔景观，打造上下杭、朱紫坊、烟台山等多处历史风貌区，让福州传统城市格局得以重现。通过挖掘特色历史文化，追溯城市文化的"源"。复活了鳌峰坊、苍霞、梁厝、南公园、温麻等十几处特色历史文化街区。通过保存传统市井文化，留住老城记忆。整治、保护传统老街巷二百三十多条，挖掘老故事，寻找老传说，让市井文化鲜活起来。

现在的福州，保护机制不断完善，历史街区正在恢复，文化基因得到延续，正以全新的姿态，焕发出新时代的绚丽风采。

第三章
莆仙文化

莆仙文化，一般也称"兴化文化"，指的是历史上通行兴化方言区域内的居民及其所产生的文化现象与特征。这一文化区域，其范围基本上与现在的莆田市相契合，主要包含由原莆田县所分设的荔城、城厢、涵江、秀屿四区和仙游等县区。

第一节　教育兴盛与科举辉煌

位于福建沿海中部的莆仙地区，见于记载的教育活动始于南朝。据载，梁、陈时期的郑露，与其弟庄、淑，"据南山之胜，构书堂以修儒业，时作篇章以训子弟，自是莆人化之，始兴学。……而后之十室九书堂，龙门半天下，皆以湖山之绝响振之。莆之衣冠文物，实自露兄弟开先之也"。[1] 这说明郑露三兄弟开创了莆仙文化教育的先河。此后莆仙地区逐渐形成兴学风气，自唐代以来，便成了福建的一个文化重心，科甲鼎盛，人才辈出，成为全国闻名的"进士之乡"。仅有两个县的莆仙地区，在人文科举方面领先于福建其他地区达一千年之久，直到明嘉靖以后，莆仙地区在科举及第方面的明显优势才逐渐减弱。

---

[1] 〔明〕郑岳：《莆阳文献列传》卷一，《续修四库全书》第五四八册《史部·传记类》，第 181 页。

一、"十室九书堂"

郑露三兄弟被后人称为"南湖三先生"。据称后来郑庄与郑淑定居仙游，各筑浔阳书堂（今菜溪乡菜溪村郑祠）和巩桥书堂（今赖店镇圣泉村郑宅），授徒训子。郑氏兄弟的兴学之举，一直为后人所传颂。南宋大儒朱熹赞其"倡学功高泽且宏"；明代黄仲昭称郑露兄弟"于莆人未知学之时……开先莆之儒学，其亦可谓豪杰之士也欤!"①明正德年间（1506—1521），提举刘玉倡建"开莆来学"坊，表彰南湖三先生在莆田开启教育之功。

自郑露兄弟倡建书堂后，"群贤继作，往往傍泉架壑，栖止幽深，以为读书之所。中间或志于功名，或志于道德，随其大小，各有成就"②。唐代所建的书堂主要有：

> 澄渚书堂，在莆田县东北十五里澄渚西南隅，旧号读书草堂，唐林蕴所建也。初，蕴与兄藻……读书十年，藻举进士，蕴擢明经。
>
> 福平书堂，在莆田县北二十里，欧阳詹读书之所也。……贞元八年（792），詹举进士。
>
> 北岩精舍，在莆田县西三里许，唐陈峤、许龟图、黄彦修同读书于此。五年业成……峤复卜筑于北平山下，至光启戊申（888），始举进士第云。
>
> 东峰书堂，在莆田县南五里……唐御史黄滔与里人陈蔚、黄楷、欧阳碣共茸斋读书于此十年。
>
> 漆林书堂，在莆田县东北五十里蒜岭之南（宋莆田县界至蒜岭

---

① 弘治《兴化府志》卷三四《儒林列传上》，福建人民出版社 2007 年版，第889 页。

② 弘治《兴化府志》卷一五《学校志》，福建人民出版社 2007 年版，第 443－444 页。

止），唐少府监翁巨隅之别墅也。巨隅尝创一堂，训督子弟。其子长谏议大夫承赞，昭宗乾宁三年（896）登进士第；次水部员外郎承裕，光化三年（900）明经释褐；次承检（改名袭明）初应童子试，及天祐三年（906）复第进士。①

以上所列只是当时比较著名的几所书堂。由于书堂为民间所设，有相当部分不为史籍所载，故当时所创办的书堂应远不止这些。在创办书堂的基础上，唐代莆仙地区形成了若干个以家族为核心的文化教育中心。如莆田林氏家族，先祖林披，天宝十一年（752）以明经擢第。林披子九人，除了前述林藻、林蕴先后举进士、擢明经外，披其余七子亦先后入仕，或为刺史，或为司马，或为长史，号称"九牧林氏"。②又如莆田涵江黄氏家族，其先光州固始人，晋时徙候官，"至璞始迁莆之涵江黄巷，登大顺二年（891）进士……子五人，仁藻，著作郎；仁渥，太子正字；仁滔，御史里行；仁谓，著作郎，与璞同时馆职，号一门五学士。庶子仁沨，擢武举"③。再如仙游郑良士，昭宗景福二年（893），献诗五百篇，授国子四门博士，累迁康、恩二州刺史，兼御史中丞。其子八人，"俱博读文典、坟典，文采华艳，仍工九成宫书，时人号曰'郑家八虎'"④。

宋代，莆仙地区有"三家两书堂"⑤之称。除了已有的书堂外，宋代又新建了许多书堂，如：

---

① 弘治《兴化府志》卷一五《学校志》，福建人民出版社 2007 年版，第 444—445 页。

② 弘治《八闽通志》卷七一《人物·林披》，福建人民出版社 2006 年版，第 979 页。

③ 〔明〕郑岳：《莆阳文献列传》卷四，第 184 页。

④ 〔宋〕黄岩孙：宝祐《仙溪志》卷四《唐及五代人物》，福建人民出版社 1989 年版，第 68—69 页。

⑤ 〔宋〕李俊甫：《莆阳比事》卷一，江苏古籍出版社 1988 年版，第 9 页。

东井书堂，在莆田县东二十里，地名红泉东井，宋林艾轩讲学之所也。……四方来游学者，岁不下数百人。……其他五侯山前有蒲弄草堂，或云金山草堂，谷城山有松隐、竹隐诸岩，皆艾轩与其徒讲道之所。

仰止堂，在白湖陈正献旧第之东偏，正献尝馆朱文公于此，俾子弟受学焉。……（黄）绩率同门友于郡城望仙门外筑东湖书堂……

郑氏书堂，在莆田县南惟新里木兰溪之旁，宋国子监簿郑耕老读书之所也。

上林义斋，在莆田县东北三十里，地连后黄，逸士黄问所建也。

寿峰义斋，在兴化县东南二十五里（今涵江区庄边镇仙寿峰）。旧经云，真宗天禧间（1017—1021），方朝议泳与其弟三礼洞以诗赋擅名，筑斋于此，以来四方贤士，岁不下五十余人。

澄渚梯云斋，在莆田县东北十五里，唐林蕴九世孙安中所建也。……将以教一族之英俊，来四方之明彦。

义塾，考《仙游县志》谓，在县西十余里，绍定间（1228—1233），通判洪（一作周）天赋之弟所建，仍拨田租七十斛，以供束修之费。

夹漈草堂，在兴化县东南三十五里（今涵江区新县镇），宋儒郑樵著书之所也。[①]

一经书堂，在城中东厢，宋方万与其友讨论经术处，朱子匾其堂曰"一经"。[②]

以上所举仅是宋代书堂中规模较大、影响较著的几座书堂，其他书堂

---

① 弘治《兴化府志》卷一五《学校志》，福建人民出版社 2007 年版，第 445—446 页。

② 万历《兴化府志》卷五四《杂事志》3b，福建师范大学图书馆藏抄本。

还有不少，限于篇幅，不再一一列举。①

书堂之外，当时民间设立的教育机构还有书院，史载"僻壤遐陬，遇先贤遗迹处所，往往建立书院"。② 如仙游枫亭的会元书院、大蜚山的大飞书院、永兴里温泉的双林书院，莆田奉谷里的考亭书院、城东南的朱坝书院等。③ 有些书院早在唐代便开始设立，如仙游九座山的东山书院，隋大业初建寺，唐咸通六年（865）改为禅学院，院前建文昌阁，俗称东山院，学事渐兴。唐末，杨在尧曾寄读于此而发迹，登唐天祐二年（905）进士第，终右补阙，致仕后来此讲学，扩建为东山书院。夹漈书院，址在今仙游县东北石所山麦斜岩，隋时建"麦庵"，唐时辟为文昌书堂，唐末扩建为书院。宋代，郑樵曾在此讲学，人们为纪念他，以其字改文昌书院为渔仲书院，又以其号称为夹漈书院。会元书院，隋为寺庙，唐时在寺中设讲堂，供士子游学、讲经，中和年间（881—884），改为枫江书堂，北宋时，蔡京、蔡卞兄弟曾在此修学，名士林迪曾聚众讲学于此；南宋绍熙二年（1191），朱熹在此讲学，并倡建会元书院。双林书院，址在今仙游赖店镇温泉，宋景祐四年（1037），国子学助教茅知至致仕后归隐于此，次年，改双林寺为双林书院，聚徒讲学。大飞书院，址在仙游县城北大蜚山上，宋绍定五年（1232），特奏名进士喻峙归隐于此，依石壁山门构筑讲堂，自镌"大飞书院"，以读书、为文自娱，讲学、唱酬为乐。④

宋代莆仙地区的书院大多由民间所建，但也有部分具有官办性质。如涵江书院，在莆田县东北二十里，"（宋）淳祐中，知军事杨栋与涵江镇官郑雄飞作书院并夫子庙，仍给田以供祀事及月廪之费。景定四年（1263），

① 参见周雪香：《莆仙文化述论》，中国社会科学出版社 2008 年版，第 125—127 页。

② 弘治《兴化府志》卷一五《学校志》，第 443 页。

③ 参见乾隆《莆田县志》卷九《学校·书院》，《中国方志丛书》（81），成文出版社 1968 年版，第 288—289 页。

④ 参见《仙游县教育志》第一章《县学、书院、学塾》，方志出版社 1997 年版，第 40—41 页。

知军事徐直谅请额，理宗御书'涵江书院'四大字赐之"。①

宋代的莆仙地区，不仅书堂、书院林立，兴化军学和各县县学亦"雄冠一时"。如兴化军学，历经多次重修和改建，其中以南宋绍兴年间的改建影响最为深远。在规制上，"东庙西学"，"凡庙学之制，细大毕具"；"又设县学于庙之东偏，傅以廪藏庖溷，为屋凡四百八十间"。这次改建，"非特制度宏伟，雄冠一时，而规划有理，虽百世不能改"。②仙游县学、兴化县学亦多次修建。兴化军、县学都有数量可观的学田，学田的丰厚为兴化军、县学的发展提供了可靠的经济保证，成为学校的主要经济支柱，使学校给食养士成为可能。它让家境清寒的士子在学期间经济上有了最低的保证，扩大了生员的来源和取士范围，推动了兴化地区科举盛况的出现。

元初，乌古孙泽任兴化路总管，"兴学校，召长老及诸生讲肄经义，行乡饮酒礼，旁郡闻而慕之"。③兴化各官学在元代大多得到修建或改建，唐宋时期建立的书院有一部分延续下来，如仙游的东山书院、夹漈书院、会元书院及莆田的涵江书院等。此外，还新建了瑶台书院和忠门义斋。瑶台书院，址在景德里（今荔城区黄石镇定庄村），建于元至正四年（1344）；④忠门义斋，在莆田县东南六十里，元崇福里忠门（今秀屿区忠门镇）陈氏所建，"有学舍以聚生徒，有学廪以赡师生"。⑤

入明以后，除了府、县学屡经重修和扩建外，莆仙地区在明代还设立了平海卫学。洪武十七年（1384）以后，规定科举必由学校，只有府州县学的科举生员才有资格参加乡试，因此全国各地的书院都不太兴盛。到明中叶以后，府州县学等官学教育日渐形式化，生员只埋首于八股举业而不

---

① 弘治《兴化府志》卷一五《学校志》，第443页。

② 〔宋〕黄公度：《兴化军学记》，弘治《八闽通志》卷八四《词翰·兴化府》，第1379页。

③ 《元史》卷一六三《乌古孙泽列传》。

④ 乾隆《莆田县志》卷九《学校》，第289页。

⑤ 弘治《兴化府志》卷一五《学校志》，第449页。

注重真实学问，学校的教学活动很少进行，往往只是月书季考的场所。在这种情况下，受王守仁、湛若水等人讲学和兴办书院的影响，全国出现了兴办书院的热潮，莆仙地区明代新建的书院大多是在正德、嘉靖年间设立的，参见表3-1。

表3-1　明代莆仙地区新建书院一览表

书院名称	院　　址	创　建　纪　要
水南书院	郡城东南二十里黄石街旧红泉宫地	正德年间（1506—1521），提学姚镆、知府冯驯建
立诚书院	今涵江区黄巷村	正德间（1506—1521），御史沈灼倡建
寿泽书院	涵江虎坡山	知府朱衮（嘉靖三年至七年任）建
朱坝书院	郡城东南十里厝坝（今荔城区新度镇厝柄村）	嘉靖年间，知县林冕修建。嘉靖壬戌（1562）毁，万历己丑（1589）本里诸生倡复，匾曰闽阳书院
明宗书院	郡城西门洞桥头（今城厢区梅峰街）	万历乙未（1595），分守徐即登接受郡人太守林鸣盛建议，改射圃为书院。清初迁界改为平海卫学。乾隆五年知府宫兆麟改为兴安书院
钟山书院	今荔城区黄石镇海滨村	隆庆（1567—1572）初，里人宪副曾光鲁倡建
文峰岩凌云书院	在莆田塘下天马山（今荔城区黄石镇）	旧祀朱子，明时建为书院
吉江书院	莆田县吉蓼城（今秀屿区忠门镇吉了村）	建于明朝
朝天书院	仙游度尾镇中岳街北	正德（1506—1521）中，邑尚书郑纪建
乐育书院	仙游乌石山（今大济镇）	建于明代中期
双林书院	今仙游县赖店镇	嘉靖三年（1524），知府朱衮在宋双林书院遗址建，后亦名崇正书院

书院名称	院　　址	创　建　纪　要
会心书院	仙游枫亭塔斗山	嘉靖四年（1525），知府朱衮倡建，知县萧宏鲁率众成之
紫阳书院	仙游县城北	嘉靖十年（1531），知县刘进修建于东岳庙旧址
庄山书院	仙游县园庄镇	万历二十五年（1597），当地士绅改建
屏山书院	仙游度尾屏山	崇祯七年（1634），乡人倡建

资料来源：万历《兴化府志》卷八《建置·书院》；乾隆《莆田县志》卷九《学校·书院》；乾隆《仙游县志》卷二四下《学校志四·书院》；《仙游县教育志》第一章《县学、书院、学塾》；《莆田市志》卷三三《教育》第一章《旧式教育》。

尽管明代前期书院不兴，明以前修建的一些书院仍然得到修葺，如莆田的涵江书院。而建于唐宋时期的仙游东山书院，到明中叶，"东学四园"攻学出仕，名重一时。"东园"郑纪累官至户部尚书，"西园"李鼐位及京都监察御史，"南园"余赐为理学名臣，"北园"郑璞为国子监侍讲，[1] 说明该书院学事之兴。明嘉靖以后，受政治斗争的影响，先后四次下令禁毁书院。据志书记载，莆仙地区明代所建的书院，到清乾隆年间，"半皆苔痕草色，陋室不如，甚且禾黍高低，蓁芜杂沓，有心者仅得就遗址以概举其名"，[2] 说明大多已废掉了。

入清后的一段时期内，书院仍然被抑制。但仙游的朝天书院、会心书院，莆田的涵江书院、水南书院，都相继重修；还新建了同兰书院[3]（址在仙游县城西关外，今仙游二中校门东侧）、海滨书院[4]（莆田笏石）。不过，清代莆仙地区新建的书院多在乾隆以后。乾隆元年（1736）六月的一

[1]　参见《仙游县教育志》，第40页。
[2]　乾隆《仙游县志》卷二四下《学校志四·书院》，第296页。
[3]　乾隆《仙游县志》卷二四下《学校志四·书院》，第300页。
[4]　乾隆《莆田县志》卷九《学校·书院》，第289页。

封诏令，把书院界定为官学的补充，"书院之制，所以导进人材，广学校所不及"。①受此影响，莆仙地区新建书院纷纷涌现，仅乾、嘉时期建立的书院就有 6 所：金石书院，在仙游县城东北金石山（今仙游一中旧址），乾隆十四年（1749），知县陈兴祚倡建；奋贤书院，在莆田县连江里东埭（今属黄石镇），乾隆三十五年（1770）建；霞峰书院，在莆田县崇福里（今忠门镇），乾隆五十八（1793）里人唐钟元舍地建；擢英书院，在莆田县城东门内（今莆田市实验小学），嘉庆十二年（1807）知县张均购宋参知政事龚茂良故宅建为书院，光绪三十二年（1906）改办为官立兴郡中学堂；开文书院，在今莆田北高中心小学旧址，嘉庆十五年（1810）建；凤岗书院，在今莆田秀屿前云初中旧址，嘉庆间（1796—1820）刘寒松倡建。除此之外，建于清代后期及具体修建年代不可考的书院尚有 24 所，其中莆田 14 所、仙游 10 所，②这样，莆仙地区清代重修和新建的书院有 36 所。此外，雍正年间还奉旨创立府、县正音书院，其中莆田县正音书院有 3 处。

此外，明清时期还有各类私塾。明正德年间，郡人御史姚鸣凤、进士冯文涛在家设塾，以经术教里中子弟。其后，官绅商贾多延师设塾，村塾、学塾、家塾、族塾逐渐增多。

二、进士之乡

科举既是一种文官考试制度，又具有教育考试性质。它创始于隋，经过唐宋的发展和完善，到明清发展到鼎盛时期。在中国古代，国家通过科举考试选拔人才，而学校教育的目的则是"储才以应科目"，科举成为整个教育制度的重心和人文教育活动的首要内容。因此科举活动的盛衰和中举及第人数的多寡便成为衡量一个地区文风高下和教育水平高低的最重

---

① 《清朝文献通考》卷七〇《学校考八》，浙江古籍出版社 2000 年影印本，第 5504 页。

② 周雪香：《莆仙文化述论》，中国社会科学出版社 2008 年版，第 144 页。

要、最客观的评价指针。①

史载，"莆人读书自陈郑露始，科目出身自唐林蕴及藻始"。② 唐代的科目有进士科、明经科、秀才科、童子科、三史科等，以进士科地位崇高，进士登科被比喻为"登龙门"。关于唐代莆仙地区中进士的人数，史籍记载不一。据宋嘉定《莆阳比事》卷一和宝祐《仙溪志·进士题名》记载，唐代莆仙地区的进士应为 11 人，其中莆田籍 8 人，仙游籍 3 人；此外，五代莆田籍进士 2 人，参见表 3－2。此外，贞元八年（792）进士及第的晋江人欧阳詹，青少年时游学莆田，在今荔城区西天尾镇福平山下筑福平书堂，与林藻、林蕴兄弟在灵岩精庐（今广化寺）读书、讲学，还是莆田林家东床快婿，死后葬于灵岩精庐浮图之阴。欧阳詹的成才，与莆田这一方水土的哺育也是分不开的。

表 3－2　唐代莆仙进士表

姓　名	及第年代	籍贯
林　藻	贞元七年（791）	莆田
许　稷	贞元十七年（801）	莆田
陈　峤	文德元年（888）	莆田
徐　寅	乾宁元年（894）	莆田
陈　乘	乾宁元年（894）	仙游
黄　滔	乾宁二年（895）	莆田
翁承赞	乾宁三年（896）	莆田
杨在尧	天祐二年（905）	仙游
陈光义	天祐三年（906）	仙游
翁袭明	天祐三年（906）	莆田

---

① 参见刘海峰、庄明水：《福建教育史》，福建教育出版社 1996 年版，第 3 页。
② 弘治《兴化府志》卷一六《科目》，第 455 页。

姓　名	及第年代	籍贯
陈　淑	天祐四年（907）	莆田
陈　沆	开平二年（908）	莆田
郑希闵	开平二年（908）	莆田

宋代，莆仙地区科举兴盛。莆田，"科名之盛，甲于闽中"；[①] 仙游，"科第蝉联，簪缨鼎盛，甲于他邑"，有"一门两公相，五里三待制"之谣。[②] 根据统计，宋代莆仙各县的进士、诸科、特奏名人数如表3－3。

表3－3　宋代兴化军各县进士、诸科、特奏名人数表

		莆田县	仙游县	兴化县	兴化军总计
进士	北宋	333	98	37	468
	南宋	414	103	40	557
	合计	747	201	77	1025
诸科	北宋	50	9	4	63
特奏名	北宋	88	19	6	113
	南宋	348	95	31	474
	合计	436	114	37	587

资料来源：宝祐《仙溪志·进士题名》，弘治《兴化府志·科目》、万历《兴化府志·选举》、弘治《八闽通志·选举》、正统《游洋志》卷三。

美国学者John Chaffee（中文名贾志扬）《宋代科举》一书详细统计了地方志所载全国各地进士数，北宋共有进士9630名，南宋进士18694名，未能判明年代的进士609名，合计28933名。其中福建共有进士7144名，排名全国第一，其分布如表3－4。

---

① 弘治《兴化府志》卷一五《风俗志》，第436页。
② 〔宋〕黄岩孙：宝祐《仙溪志》卷三《衣冠盛事》，第54页。

表 3-4　宋代福建进士分布表

	福州	建宁府	兴化军	泉州	南剑州	漳州	邵武军	汀州	总计
所辖县数（个）	12	7	3	7	5	4	4	5	47
进士数（人）	2799	1318	1026	926	532	268	195	80	7144
在全省的比例（%）	39.18	18.45	14.36	12.96	7.45	3.75	2.73	1.12	100
县均进士数（人）	233	188	342	132	106	67	49	16	152

资料来源：贾志扬著《宋代科举》附录三《表二十六　根据方志名录编列的宋代各州进士总数》，台北东大图书股份有限公司 1995 年版。

从表 3-4 可以看出，就进士总数而言，兴化军在福建六州二军中，位于第三，但其县均进士数却在全省遥遥领先。据《宋史·地理志》记载，崇宁年间兴化军的户数占全省总户数的 5.95%，但其进士数却占全省总进士数的 14.36%，由此亦可见宋代莆仙地区科举之盛。

宋代莆仙地区不仅进士及第人数众多，在科举考试中名列前茅者也很突出。在宋代籍贯可考的 113 位状元中，福建籍状元共有 19 位，其中莆仙地区有 5 位，他们分别是：熙宁九年（1076），徐铎，莆田籍；绍兴八年（1138），黄公度，莆田籍；乾道五年（1169），郑侨，兴化籍；端平二年（1235），吴叔告，莆田籍；咸淳四年（1268），陈文龙，兴化籍。后郑侨、陈文龙官至副宰相，徐铎官至尚书。状元之外，据《莆阳比事》载："以诸科魁天下者，嘉祐八年（1063）刘景阳；以特奏魁天下者，宣和三年（1121）郑测、绍兴十五年（1145）林洵美、淳熙十四年（1187）方镐；以武举魁天下者，熙宁九年（1076）薛奕；特魁，绍熙元年（1190）陈从龙；正魁，端平二年吴叔告、咸淳四年陈文龙；特魁，端平二年王声叔、淳祐七年（1247）彭彝甫、开庆二年（1260）林济孙。"①

由于元代科举录取名额少，且具有民族色彩与区域配额，莆仙地区以至整个福建在经历了宋代的科举盛况后，一度中落。

明代，莆仙科举步入鼎盛时期。志书记载，"莆之科目，肇于唐，盛于宋，而极盛于我朝（即明朝），每科与试者，视闽居半，与计谐者，视解额恒得三之一"，故云"科目得人之盛，天下鲜俪"。②根据《明清历科进士题名碑录》，明代的进士籍贯有户籍和乡贯之分。若以户籍计，根据道光《重纂福建通志·选举》记载，明代福建全省进士 2416 人，其中兴化府 538 人，占全省进士数的 22.27％；举人 8384 人，其中兴化府 1767 人，占全省举人数的 21.08％。在兴化府内的分布，进士，莆田县 517 人，仙游县 20 人，平海卫 1 人；举人，莆田县 1597 人，仙游县 80 人，兴化故县 19 人，平海卫 71 人。③可见，莆田、仙游两县进士、举人数极为悬殊，这主要是因为两县的户口悬殊以及莆田作为兴化府治所在地的优势。④

明代莆仙地区不仅考中进士和举人者多，而且在乡试和会试中取得高级科名者也多。有明一代，莆仙地区共产生 2 名状元、4 名探花、1 名会元、11 名会魁（会试前五名）、31 名解元。在 31 名解元中，有 30 名为莆田县人，占明代福建 90 名解元的 1/3。此外，莆田县还有经魁（乡试前五名）75 人，其中乡试第二名者 29 人，第三名者 28 人，第四名者 12 人，第五名者 6 人。⑤

关于明代莆田的科举盛况，有许多佳话，如"一科两解元"：永乐六年（1408），福建解元杨慈和应天解元黄寿生都是莆田人；宣德七年（1432），莆田人林同和宋雍又一举夺得福建省解元和顺天解元。"一科五魁"：嘉靖二十二年（1543）福建解元黄继周、第三名林仰成、第四名黄

---

① 〔宋〕李俊甫：《莆阳比事》卷一，第 29—30 页。
② 弘治《八闽通志》卷三《地理·风俗》上册，第 67 页。
③ 周雪香：《莆仙文化述论》，中国社会科学出版社 2008 年版，第 160—165 页。
④ 周雪香：《莆仙文化述论》，中国社会科学出版社 2008 年版，第 185—188 页。
⑤ 周雪香：《莆仙文化述论》，中国社会科学出版社 2008 年版，第 166—168 页。

谦、第五名江从春，皆为莆田人，唯第二名陈应为福州人。然是科莆田林文宾以柳州府训导中式广西第二名，仍合五魁之数，郡立五魁坊。"一邑半榜"：景泰四年（1453），福建省中额137名，其中莆田一县占了41名，加上仙游县学的林越、平海卫学的庄贤及镇海卫学的周瑛均为莆田人，该榜共有44名莆田人中举，被誉为"一邑半榜"。

入清以后，莆仙宋、明两代的科举盛况已一去不复返了。根据统计，清代兴化府进士共64名，其中莆田县56名，仙游县8名；举人共571名，其中莆田县479名（包括副举人12名），仙游县92名（包括副举人2名）。随着进士、举人数的急剧衰落，莆仙士人在乡试和会试中取得高级科名者锐减。清代福建乡试共产生106名解元，其中莆田县籍的只有5名，加上仙游县和平海卫各1名，整个兴化府清代只有7名解元。在清代的112科殿试中，兴化府没有一人进入三鼎甲，与明代的盛况形成巨大反差。兴化府进士、举人数在全省所占比例的变化也反映出清代莆仙科举的衰落：进士数在全省所占的比例由明代的22.27%下降到4.59%，下降了将近18个百分点；举人数在全省所占的比例由明代的21.08%下降到5.50%，下降了将近16个百分点。[①]

综上所述，莆仙地区的科举始于唐代中期贞元年间进士及第的林藻，有宋一代科举兴盛，到明代中期达到鼎盛。但自明嘉靖后期开始，倭寇之乱、明清鼎革和"迁界"，给莆仙地区带来了深重的灾难，受其影响，莆仙科举一落千丈，辉煌不再。[②]

第二节　著述繁盛与名家辈出

莆仙地区不仅以"进士之乡"闻名全国，还以"文献名邦"享誉内外。自唐中叶以来，历代学者勤于著书立说。据莆田地方史专家陈长城先

---

① 周雪香：《莆仙文化述论》，中国社会科学出版社2008年版，第169—172页。
② 周雪香：《莆仙文化述论》，中国社会科学出版社2008年版，第180—183页。

生考证，各代涌现的作者人数，唐代 16 人，宋代 251 人，元代 27 人，明代 465 人，清代 270 人。著作种类和尚存数量，唐代 25 部，存 12 部；宋代 2632 部，存 61 部；元代 60 部，存 6 部；明代 944 部，存 125 部；清代 470 部，存 132 部。① 其作者之众、著述之繁，不仅在闽中名列前茅，在全国也不多见。

一、文献名邦

由清代纪昀等人编纂的《四库全书总目》，是我国古代最巨大的官修图书目录，又称《四库全书总目提要》，或简称《四库提要》。全书 200 卷，著录图书 3461 种、79309 卷，加上存目 6793 种、93551 卷，总共 10254 种、172860 卷，基本上将全国各地乾隆以前的主要著作包括在内。因此，各地著作收入《四库全书总目》的情形，在一定程度上反映了这一地区文化发展的大致轨迹。

《四库全书总目》收录和存目的莆仙人著作的种类和卷数，不同学者由于统计方法不同，得出的结果也各有差异。根据朱维幹纂辑、李瑞良增辑的《四库全书闽人著作提要》②，《四库全书总目》著录的莆仙人著作有 50 部 882 卷，存目的有 67 部 983 卷，两者合计 117 部 1865 卷，参见表 3—5。③ 这个数量在全省是首屈一指的，在全国也不多见。以省城福州为例，根据学者统计，福州（包括历史上的闽县、侯官）收入《四库全书》（含著录和存目）的著作为 63 种 962 卷④，与莆仙相距甚远。

① 金文亨：《文献名邦——莆田》，收入金文亨主编：《莆田历史文化研究》，厦门大学出版社 1996 年版，第 7 页。

② 福建人民出版社 2001 年版。

③ 周雪香：《莆仙文化述论》，中国社会科学出版社 2008 年版，第 190—197 页。

④ 陈元熙：《从〈四库全书闽人著作提要〉看莆仙的璀璨文化》，福建省炎黄文化研究会、中共莆田市委宣传部编：《莆仙文化研究》，海峡文艺出版社，2003 年，第 67 页。

表 3—5 收入《四库全书总目》的莆仙人著作的年代分布 单位：部/卷

		唐	宋	元	明	清	合 计
著录	经部	—	5/70	—	1/6	—	6/76
	史部	—	3/235	—	2/26	—	5/261
	子部	—	6/119	—	3/18	—	9/137
	集部	2/13	15/217	2/24	11/154	—	30/408
	合计	2/13	29/641	2/24	17/204	—	50/882
存目	经部	—	1/1	—	7/29	1/5	9/35
	史部	—	1/1	—	13/552	—	14/553
	子部	—	—	—	13/146	4/20	17/166
	集部	—	4/13	—	16/120	7/96	27/229
	合计	—	6/15	—	49/847	12/121	67/983
总 计		2/13	35/656	2/24	66/1051	12/121	117/1865

说明：无卷数的著作以一卷计，彭致中《鸣鹤余音》八卷列入明代计算。

二、名家辈出

莆仙文教兴盛，不仅造就了众多的文章著述，而且涌现出许多在全省乃至全国有影响的名家。"开莆来学"的郑露，不但是莆仙，而且是福建第一位见诸文献记载的诗人。《全唐诗》收录莆仙 16 位诗人诗作 436 首，其中有郑露《彻云涧》诗："延绵不可穷，寒光彻云际。落石早雷鸣，溅空春雨细。"莆田黄滔、徐寅、翁承赞等人在晚唐五代的福建文坛上，均享有盛名。

黄滔（840—911），字文江，莆田人，唐乾宁二年（895）进士，曾任四门博士。返闽后，长期任王审知的推官，威武军节度使幕府中的重要文章，大都由他起草。史载："王审知据有全闽而终其身为节将，滔规正有力焉。"[①] 黄滔著有《泉山秀句集》30 卷、《黄御史文集并诗》15 卷、《东

---

① 弘治《八闽通志》卷七二《人物·黄滔》，第 999 页。

家编略》10卷，^① 其中《泉山秀句集》为福建第一部诗歌总集。黄滔的赋、诗、文章均享有盛誉，与福唐（今福清）的王棨被称为晚唐律赋之"两雄"。^② 其律赋，多警句、丽句，曾为《黄御史集》作序的宋人洪迈，其《容斋四笔》卷七"黄文江赋"条就列举以古事为题的律赋"有情致"者数十联，如《明皇回驾经马嵬坡赋》取材唐玄宗、杨玉环故事，有云："褒云万叠，断肠新出于啼猿；秦树千层，比翼不如于飞鸟。"^③ 黄滔的诗意境开阔，寓意深远，既注意词句之工，又平淡自然，似与友人亲切交谈。宋代大诗人杨万里认为，黄诗中的佳句，与韩偓、吴融相伯仲。^④ 黄滔在文学见解和诗歌理论上亦有一定建树。无论是诗歌创作的成就，还是诗歌理论所达到的水准，在唐末五代之际闽中的诗坛上，没有第二个人可以同黄滔相比拟。他是当之无愧的唐末五代之际闽中诗坛的领袖。^⑤ 黄滔的文章也写得很好，洪迈称赞他写的传文"悲怆激越"，富有感染力。黄滔由于在文学上的突出成就，被后世尊为莆田文章的"初祖"。^⑥

徐寅（864—928），字昭梦，莆田人，乾宁元年（894）进士。著有赋5卷、《探龙集》5卷、《雅道机要并诗》8卷，^⑦ 收入《四库全书》的《徐正字诗赋》仅存赋1卷，计8首；诗1卷，多达368首，为唐五代闽人之冠。徐寅赋今存40多篇，《四库全书总目》卷一百五十一称，"其赋句雕字

① 〔宋〕李俊甫：《莆阳比事》卷三，第148、152页。

② 〔清〕李调元：《赋话》卷四《新话》，《续修四库全书》第1715册《集部·诗文评类》，第664页。

③ 〔宋〕洪迈：《容斋四笔》卷七，《四部丛刊续编》子部第52册。

④ 〔宋〕杨万里：《〈黄御史集〉序》，〔唐〕黄滔：《莆阳黄御史集》，中华书局1985年版，第6页。

⑤ 参见陈庆元：《福建文学发展史》第二章第三、四节，福建教育出版社1996年版。

⑥ 弘治《八闽通志》卷七二《人物·黄滔》，第999页。

⑦ 〔宋〕李俊甫：《莆阳比事》卷三，第148、152页。清代顾櫰三《补五代史艺文志》尚列有徐寅著述：《温陵集》10卷、《钓矶集》3卷、《书》20卷、《别集》1卷，《续修四库全书》第916册《史部·目录类》，第162页。

琢，不出当时程式之格。而刻意锻炼，时多秀句"。徐寅在长安时，撰写过多篇名赋，其中《过骊山赋》《斩蛇剑赋》《御沟水赋》《人生几何赋》最有代表性。据云：《人生几何赋》"四方传写，长安纸价为高三日"。渤海国使者高元固曾说，其国人得《斩蛇剑》《御沟水》《人生几何》三赋，"家皆以金书，列为屏障"。可见徐寅的赋当时流播极广，很受人喜爱。徐寅不仅善赋，诗也写得不错，《四库全书总目》称其诗"不出五代之格，体物之咏尤多"，并引集中若干佳句，五言如"白发随梳少，青山入梦多"，七言如"丰年甲子春无雨，良夜庚申夜足眠"等。

翁承赞（859—932）（生于莆田竹啸社，一说生于福清漆林），字文尧，莆田人，乾宁三年（896）进士，后再中宏词科。著有《谏议诗前后集》（又称《宏词前后集》）、《昼锦堂诗集》，[①] 大都散佚，现传世的仅有《昼锦堂诗集》计48首，收入《全唐诗》的有37首。《唐才子传》卷十云："承赞工诗，体貌甚伟，且诙谐，名动公侯。"翁承赞不仅"工诗"，而且对闽国的教育有推动之功。他曾"劝太祖建四门学，以教闽之秀士"，这一建议为王审知所采纳，王审知于后梁龙德元年（921）在福州设置四门学。因此，《十国春秋》在评论陈峤、黄滔、徐寅、翁承赞四人时指出："陈、黄、徐、翁，皆闽产也。峤以老成为邦司直，滔负威凤之才，寅擅雕龙之质，分镳竞爽，要云无愧。承赞荣施乡里，兴学右文，其亦大有造于闽也。"[②]

宋代，莆仙名家辈出，其中不乏在闽中甚至全国居于先导的人物和著述，如理学大家林光朝、史学名家郑樵、文学名家蔡襄、刘克庄等。

林光朝（1114—1178），字谦之，号艾轩，莆田人，隆兴元年（1163）进士。他先后在"红泉义学"、蒲弄草堂、松隐、竹隐诸岩及福清海口龙山书院等地讲学。由于他博学笃志，精心授徒，四方响应来学者甚多，在南宋初期东南一带有较大的影响，人称"南夫子"，是南宋著名的教育家、

---

① 〔宋〕李俊甫：《莆阳比事》卷三，第148页。
② 〔清〕吴任臣：《十国春秋》卷九五，中华书局1983年版，第1377页。

理学家。理学集大成者朱熹年轻时，曾慕名前来红泉听林光朝讲学，受到一定影响。林光朝对宋代理学的形成、传播有过重要贡献，特别是宋室南渡后对东南半壁发展理学，是个决定性的人物。故《宋史·林光朝传》云："南渡后，以伊、洛之学倡东南者，自光朝始。"林光朝"不但道学倡莆，诗亦莆之祖，用字命意无及者。后村虽工，其深厚未至也。"① 林光朝的著作，据南宋《莆阳比事》卷三记载：《文集》30 卷，《易解》《论语中庸解》《诗书语录》《庄子解》。但是，可能当时大多未刊行，散佚严重，收入《四库全书》的《艾轩集》是明人郑岳所辑，共 9 卷，附以遗事 1 卷。② 陈宓在序中称"其森严奥美，精深简古，上参经训，下视骚词。他人数百言不能道者，先生直数语，雍容有余"；刘克庄亦评价道"高处逼檀弓穀梁，平处犹与韩并驱"。③ 说明林光朝的诗文亦颇具特色。

郑樵（1104—1162），字渔仲，号溪西逸民，兴化县人（今属涵江区），是中国历史上影响深远的历史学家和文献学家。他 16 岁开始闭门研读，凭借自己惊人的毅力和不懈的追求，经历了 10 年访求图书、30 年著书的艰苦历程。他兴趣广泛，对经史、礼乐、文字、天文、地理、虫鱼、草木以及方书、校雠、目录等学问均有十分深入的研究与独到的见解，著述达 62 部 810 余卷。④ 其中对后世影响最为深远的是《通志》。全书 200 卷，500 余万言，记事起于三皇，迄于隋末，诸"略"部分下及唐朝，是继司马迁《史记》之后的又一部通史力作。其中"二十略"是全书的精华，其氏族、六书、七音、都邑、草木昆虫五略，为旧史之所无。《四库全书总目提要》卷一百五十九称："南北宋间记诵之富，考证之勤，实未有过于樵者。"清代著名史学家章学诚称郑樵"独取三千年来遗文故册，

---

① 《宋诗钞·艾轩诗钞》，中华书局 1986 年版，第 2371 页。

② 朱维幹、李瑞良：《四库全书闽人著作提要》，福建人民出版社 2001 年版，第 336 页。

③ 弘治《兴化府志》卷三四《儒林列传上·林光朝》，第 891 页；《艾轩文集·旧序》，《四库全书》第 1142 册《集部·别集类》，第 553 页。

④ 周雪香：《莆仙文化述论》，中国社会科学出版社 2008 年版，第 205 页。

运以别识心裁，盖承通史家风，而自为经纬，成一家言者也"①；所著《通志》"卓识名理，独见别裁，古人不能任其先声，后代不能出其规范"②，可谓推崇备至。近代学术大师梁启超把郑樵誉为对中国史学的成立与发展最有贡献的三位史家之一（另两位是唐代刘知幾和清代章学诚），"史界之有樵，若光芒竞天之一彗星焉"，③ 充分肯定了郑樵在中国古代史学史上的地位以及对中国史学的深远影响。郑樵不仅是史学名家，其诗文也不同凡响。《四库全书总目提要·集部》称："其诗不甚修饰，而萧散无俗韵。其文滉漾恣肆，多类唐李观、孙樵、刘蜕，在宋人为别调。"

蔡襄（1012—1067），仙游人，宋仁宗赐字君谟，仕至端明殿学士，谥忠惠，是北宋名臣，在书法、文学等方面亦成就斐然。蔡襄的书法为历代书家所称颂。《宋史》本传称"襄工于书，为当时第一"。蔡襄书法"备众体而后能成一家"，欧阳修认为蔡襄"八分、散隶、正楷、行狎、大小草，众体皆精"，因而"独步当世，然谦让不肯主盟"。④ 苏轼认为蔡襄"天资既高，积学深至，心手相应，变态无穷，遂为本朝第一"。⑤ 据学者考证，宋四大书家"苏黄米蔡"中的"蔡"即是指蔡襄，蔡襄书法凭其才学、品望和独特风格高居四大家之首。⑥ 蔡襄在文学上亦有很深的造诣，《四库全书总目提要·集部》称："襄于仁宗朝危言谠论，持正不挠。一时号为名臣，不但以书法名一世，其诗文亦光明磊落，如其为人。"《宋史·艺文志》载，《蔡襄集》60 卷，又《奏议》10 卷；收入《四库全书》的

① 章学诚：《文史通义》卷五《内篇五·申郑》，上海书店 1988 年影印版，第 2 册，第 45 页。

② 章学诚：《文史通义》卷四《内篇四·释通》，上海书店 1988 年影印版，第 2 册，第 16 页。

③ 梁启超：《中国历史研究法》，《中国历史研究法五种》，里仁书局 1982 年版，第 66 页。

④ 《欧阳修全集》，《试笔·苏子美蔡君谟书》，中国书店 1986 年版，第 1049 页。

⑤ 〔宋〕董史：《皇宋书录》中篇，《丛书集成初编》第 1631 册，中华书局 1991 年版，第 20 页。

⑥ 参见林懋义：《蔡襄书品论略》，收入《莆仙文化研究》，第 270－283 页。

《蔡忠惠集》36 卷。在北宋，蔡襄是仅次于欧（阳修）、梅（尧臣）、苏（轼）、黄（庭坚）的第二流诗人，而在福建范围内，他却是第一流的名家，是闽中最早确立宋调（以文为诗和以议论为诗等特点）的诗人，开启了闽诗一代的新风。[①] 蔡襄还撰写了两种记录闽地物产的著作——《茶录》和《荔枝谱》。《茶录》被列为中国茶叶工艺史上一部划时代的科学著述，流传至今。《荔枝谱》内容丰富，《四库全书总目提要·子部》称："荔枝之有谱自襄始。叙述特详，词亦雅洁。"现已被译成英文、法文，流传世界。英国李约瑟在《中国古代科技史》中誉之为世界第一部果树分类学著作。

刘克庄（1187—1269），初名灼，字潜夫，号后村居士，莆田人。淳祐六年（1246），赐同进士出身。先后担任建阳知县、漳州知州、建宁知府、福建转运副使、权工部尚书兼侍讲等职。著有《后村集》，《后村诗话》前、后、续、新集和《后村别调》。刘克庄一生写下 5000 多首诗，是宋代江湖诗派的重要代表人物。其诗作广泛吸取诸家之长，同时又能"自为一宗"，[②]"写景、言情、论事，绝无一习见语，绝句尤不落旧套"，[③] 因而享有很高的声誉。《四库全书总目》称刘克庄为江湖派领袖；清代闽人叶矫然《龙性堂诗话》续集认为，"南宋人诗，放翁、诚斋、后村三家相当"，虽推挹稍过，也可见刘克庄在南宋诗坛地位的重要。刘克庄还是南宋后期著名的豪放派词人。他非常欣赏辛弃疾词，共创作 200 多首词，继承和发扬了辛词的爱国传统，抒情、写景、叙事、议论，豪迈奔放，纵横排宕。清代学者冯煦《宋六十一家词选·例言》云："后村词与放翁、稼轩，犹鼎三足，其生于南渡，拳拳君国似放翁；志在有为、不欲以词人自域似稼轩。"[④] 把刘克庄誉为与陆游、辛弃疾鼎足而立的南宋三大词人之

---

① 参见陈庆元：《福建文学发展史》，福建教育出版社 1996 年版，第 109－116 页。

② 《宋诗钞·后村诗钞》，中华书局 1986 年版，第 2506 页。

③ 陈衍：《宋诗精华录》卷四，巴蜀书社 1992 年版，第 635 页。

④ 龙榆生编：《唐宋名家词选》，上海古籍出版社 1980 年版，第 287 页。

一。刘克庄在诗歌评论方面亦成就斐然，其《后村诗话》"论诗则其有条理"，"皆采摘菁华，品题优劣"，其评论"精核者多，固迥在南宋诸家诗话上也"①。故《行状》说他"擅一世重名，使言诗者宗焉、言文者宗焉、言四六者宗焉"，虽有虚美之处，但不无根据。

蔡襄、刘克庄之外，在宋代莆仙文坛上值得一提的还有黄公度、王迈、蔡伸及蔡絛、黄彻、吴泾等人。②

在元代莆仙的文坛上，最值得称道的是洪希文和陈旅。

洪希文（1282—1366），字汝质，号去华山人，莆田人。其父德章，字岩虎，号吾圃，宋末曾为教谕，著有诗集《轩渠集》。希文曾为训导，其诗得自于父亲的熏陶，因名其集曰《续轩渠集》，并搜集其父残篇附录于卷末。收入《四库全书》的《续轩渠集》包括诗369首、词33首、杂文18首。《四库全书总目》评曰："今观其诗，纯沿宋格，于元末年华缛之风，明中叶堂皇之体，迥焉不同。……实则清道激壮，亦足落落独行也。"③ 可见，洪希文的诗作浑厚朴质，清道激壮，在元末华绮之风中，落落独行，自成一家。

陈旅（1288—1343），字众仲，号荔溪，莆田人。曾任国子监丞，阶文林郎。著有《安雅堂集》13卷。④ 元末李性学列举本朝"以文而知名者"18家，陈旅即其中之一。⑤ 林泉生《〈安雅堂集〉序》云："元兴以质治天下，国初之文之盛，不十年而众仲之文满天下矣。"⑥ 林泉生或有夸大，但

---

① 《四库全书总目》卷一九五，朱维幹、李瑞良：《四库全书闽人著作提要》，福建人民出版社2001年版，第464页。

② 周雪香：《莆仙文化述论》，中国社会科学出版社2008年版，第209—212页。

③ 朱维幹、李瑞良：《四库全书闽人著作提要》，福建省人民出版社2001年版，第361页。

④ 《元史》卷一九〇《儒学列传二》认为14卷，郑岳《莆阳文献列传》卷四七《陈旅传》及《四库全书总目》卷一六七均认为是13卷。

⑤ 陈庆元：《福建文学发展史》，福建教育出版社1996年版，第258页。

⑥ 〔元〕陈旅：《安雅堂集·林泉生序》，《四库全书》第1213册《集部·别集类》，第3页。

陈旅之文在当时确实影响很大。《元史·陈旅列传》称："旅于文，自先秦以来，至唐、宋诸大家，无所不究，故其文典雅峻洁，必求合于古作者，不徒以徇世好而已。"陈旅能广泛吸收经史百氏、先秦以来散文的长处，故能自成一家，超迈时人，为天下所重。

明代，莆仙著述继宋代辉煌之后再度兴盛，在哲学、史学、文学等领域均写下浓墨重彩的篇章。

林兆恩（1517—1598），字懋勋，号龙江，莆田人。出身于官宦家庭，30岁之前醉心于科举功名，但多次参加乡试均名落孙山，转而"锐志于心身性命之学"，遍叩三门，寻师访道，于嘉靖三十年（1551）开始创立三一教。不久，开始招收门徒。他继承了明代中期王阳明心学理论，倡导"释道归儒，三教合一"的理论体系。林兆恩博学多才，学贯三家，著述颇富，国内外现存不同版本的林兆恩全集有16种，其中《林子三教正宗统论》是现存较好的集子，由林兆恩亲自选定的接班人卢文辉编集，林兆恩审阅了全稿，所以此书能较全面准确地反映林兆恩的思想主张。[1] 林兆恩的堂弟林兆珂，字孟鸣，接受了堂兄"三教合一"的理论，将其作为一种学术思想来探讨，成为明代后期莆仙人著述最多的学者，仅《四库全书》所录的存目中，就有8种85卷。

黄仲昭（1435—1508），名潜，字仲昭，以字行，号未轩，莆田人。登成化二年（1466）进士，选庶吉士，授编修，官至江西提学佥事。史载，仲昭"前后所居官不满三考，家居之日最久，儒雅酝藉，为乡邦仪表。平生刻苦为学，于书无所不读，精于校阅"，[2] 先后编修《八闽通志》《延平府志》《邵武府志》《南平县志》，又与周瑛共修《兴化府志》。《八闽通志》是福建第一部全省性的地方志，全书87卷，《四库全书总目》称"其书于舆记之中较为详整"，保存了大量的珍贵史料，体例也比较齐整，为我省编纂各级地方志之所本。黄仲昭和莆人周瑛（1430—1518）合修的

---

① 参见林国平：《林兆恩与三一教》，福建人民出版社1992年版，第16—21页。
② 〔明〕郑岳：《莆阳文献列传》卷六九《黄仲昭传》，第336页。

《兴化府志》，全书54卷，是继宋绍熙三年（1192）后300余年以来的第一部郡志，世称"弘治府志"。黄仲昭在文学和经学方面亦有很深的造诣，还著有《未轩文集》《读〈尚书〉》《读〈毛诗〉》《读〈春秋〉》《纲目书法》等著作。林瀚作仲昭墓志，称其文章"浑厚典重、无艰深聱磈之语"；郑岳《莆阳文献列传》称其"文词雅正"；《四库全书总目》亦称："今观其集，虽尚沿当日平实之格，而人品既高，自无鄙语。颉颃于作者之间，正不以坦易为嫌矣。"①

柯维骐（1497—1574），字奇纯，莆田人。举嘉靖二年（1523）进士，授南京户部主事，未赴，辄引疾归，专心读书，讲学著述，著有《宋史新编》《史记考要》《续莆阳文献志》及《艺余集》等。其中《宋史新编》200卷，合宋、辽、金三史为一，以宋为正统，辽、金附之，列益、卫二王于本纪。《明史·柯维骐列传》称："褒贬去取，义例严整，阅二十年而始成。"《宋史新编》的主要史学功绩，是订正了《宋史》的一些错误。邑人康大和在《后序》里赞其"得叙""得要""得体"，连批评他以宋为正统的《四库全书总目》也承认他"可谓精勤之至"，"纠谬补遗，亦颇有所考订"。

郑岳（1468—1539），字汝华，莆田人。弘治六年（1493）进士，官至兵部左侍郎。柯维骐《郑山斋公传》云：郑岳"所著《山斋净稿》《吟稿》《奏议》《驳稿》《莆阳文献》《莆阳志略》"。②其中《莆阳文献》取莆田、仙游二县自梁陈迄明著作诗文，为文13卷，又取名人事迹为列传74卷，成为明代中期以前莆仙文化成果的集成。《四库全书总目》称岳书"采摭繁富，义例颇仿史裁"，因而把其列入史部存目。《山斋集》24卷，乃万历中郑岳曾孙炫搜辑重锓，凡诗7卷、文17卷。柯维骐《郑山斋公传》称其"为诗文畅达酝藉"。

---

①　朱维幹、李瑞良：《四库全书闽人著作提要》，福建人民出版社2001年版，第375页。

②　〔明〕郑岳：《莆阳文献列传》卷七五，第345页。

柯潜、彭韶与黄仲昭被称为是明中叶重要的台阁体闽籍诗人。① 柯潜（1423—1473），字孟时，号竹岩，莆田人。景泰二年（1451）状元，官至少詹事，兼翰林院侍读学士，主掌院务。《四库全书总目》称："潜在当时，负词林宿望，流风余韵，荫映玉堂。"著《竹岩集》，董士宏序其集，将柯潜与杨士奇、陈循并提。康大和序则云："其为诗冲澹清婉，不落蹊径，庶几登陶、谢、王、孟之堂；其为文，平妥整洁，不事浮葩艳藻、佶屈聱牙之习，而风神气格迥出凡近。"②

彭韶（1431—1496），字凤仪，莆田人。天顺元年（1457）进士，官至刑部尚书。《明史》本传称"韶嗜学，公暇手不释书"，所著见于《明史·艺文志》记载的有：《名臣录赞》2卷、《成都志》25卷、《彭韶奏议》5卷、《文集》12卷。《四库全书总目》卷一百七十云："其文虽沿台阁之体，而醇深雅正，具有根柢，不同于神瘠而貌腴"；"韶之风节虽不藉文章以传，然文章亦足以不朽"。特别是他巡视浙江、兼理盐法上疏言灶户之苦所作的8首诗，在诗歌史上首次出现这种题材，可谓重要的突破，《四库全书总目》评曰："具有元结《舂陵行》、郑侠《流民图》之意，又不仅以词采工拙论矣。"

林俊（1452—1527），字待用，莆田人。成化十四年（1478）进士，官至刑部尚书，谥贞肃，著有《见素文集》《西征集》。《四库全书总目》评曰："俊为文，体裁不一。大都奇崛博奥，不沿袭台阁之派。其诗多学山谷、后山两家，颇多隐涩之词，而气味颇能还俗"，奏议"无不委曲详尽，通达事机"③。杨石淙评其诗曰："诗宗唐杜，晚乃出入黄山谷、陈无

---

① 陈庆元：《福建文学发展史》，福建教育出版社1996年版，第342页。

② 〔明〕柯潜：《竹岩集·康大和序》，《四库全书》第1246册《集部·别集类》，第468页。

③ 朱维幹、李瑞良：《四库全书闽人著作提要》，福建人民出版社2001年版，第376页。

己间。初视之，若有隐涩语，久而咀嚼悠然，有余味焉。"①

清代，随着莆仙地区进士、举人数的急剧衰落，莆仙著述锐减。清代著述中，对莆仙文化影响最为深远的是郑王臣的《莆风清籁集》。郑王臣，字慎人，号兰陔，又号黄石山人，莆田人，生卒年月不详，乾隆二十一年（1756）顺天乡试中式副贡，官至甘肃兰州府知府。郑王臣著述颇丰，主要有：《莆风清籁集》《兰陔诗话》《兰陔诗集》《兰陔四六》《黄石山人诗集》《南湖风雅》《兰社诗稿》《黄石山人全集》《毛诗识小录》等。《莆风清籁集》60卷，是一部历代莆仙人的诗歌总集，编选莆仙自唐至清乾隆年间3000多首诗，作者1900多人。是集仿金元好问《中州集》的体例，于选诗的开头介绍作者之里居、出处、生平著作；并采用清初学者朱彝尊编《明诗综》的体例，在作者之后附以各家评语，并把自著《兰陔诗话》附在其后。《莆风清籁集》既保存了莆仙历代的诗歌，成为一部集成性著作，又保存大量莆田历代文人资料，是了解莆田诗歌发展的重要文献。而《兰陔诗话》"评吾莆之诗，记吾莆之事，叙吾莆之风情，为吾莆极珍贵文献"，对研究福建文学，特别是莆田的文学发展有着重要的作用。②

第三节　妈祖文化及其向外传播

妈祖可说是莆仙地区影响最大的神祇，也是福建土生土长的神灵中唯一在全国乃至世界有影响的一位。

一、妈祖文化的形成

妈祖信仰发祥于宋代莆田，因契合海洋经济勃兴的时代，适应航海者祈求顺风顺水的信仰需要而产生。妈祖，莆田湄洲屿人，林姓，相传生于宋建隆元年（960），卒于雍熙四年（987）。民间传说妈祖出生一个月，不

---

① 〔清〕钱谦益：《列朝诗集小传》丙集引，上海古籍出版社1983年版，第257页。

② 参见蔡小燕：《郑王臣及其著述略论》，《莆田学院学报》2006年第4期。

哭不啼，因而称之为"林默"或"林默娘"。林默年仅28岁便去世，百姓称之为"妈祖"，莆仙方言中的"妈"是对女性年长者或德高望重者的最高尊称，"妈祖"的称呼表达了百姓对她的无限敬重之意。

据宋代有关文献记载，妈祖生前为女巫，"初，以巫祝为事，能预知人祸福"。① 相传，妈祖自幼聪敏，富有爱心。她熟习水性，又洞晓天文气象，能在渔民出海前预测天气变化，避免海难发生。每逢有人遇难，妈祖总能尽己所能救助。由于妈祖生前为百姓做了许多善事，声名传于乡野，去世后被当地人奉为神灵，"众为立庙于本屿"祭拜。② 虽然当时湄洲妈祖庙规模很小，但由于妈祖能满足百姓祈福禳灾诉求，所以香火很盛，"祈祷报赛，殆无虚日"。③

妈祖信仰最初仅限于湄洲屿及其附近传播，影响范围有限。在妈祖去世后100年的宋元祐元年（1086），其信仰扩大到距湄洲屿百里之外的涵江三江口一带。当地人在宁海圣墩（今镇前村）建庙奉祀，"岁水旱则祷之，疠疫祟降则祷之，海寇盘亘则祷之，其应如响。故商舶尤借以指南，得吉卜而济，虽怒涛汹涌，舟亦无恙"。④ 宁海位于木兰溪下游，江宽水缓，是北宋时莆田的主要港口之一，妈祖信仰在这里扎下根来，成为新的传播中心。廖鹏飞《圣墩祖庙重建顺济庙记》明确指出："神女生于湄洲，至显灵迹，实自此墩始。"

圣墩庙是第一座获得皇帝赐额的妈祖庙，为妈祖信仰争取到合法的身份，对后来妈祖信仰的传播和发展具有重大的意义。据文献记载，宋宣和五年（1123），路允迪奉命出使高丽，船队在海上遇到大风暴，八只船中

---

① 〔宋〕廖鹏飞：《圣墩祖庙重建顺济庙记》，《福建宗教碑铭汇编·兴化府分册》第16号。

② 〔宋〕廖鹏飞：《圣墩祖庙重建顺济庙记》，《福建宗教碑铭汇编·兴化府分册》第16号。

③ 《天妃显圣录·湄山飞升》，《台湾文献丛刊》第77种，第25页。

④ 〔宋〕廖鹏飞：《圣墩祖庙重建顺济庙记》，《福建宗教碑铭汇编·兴化府分册》第16号。

有七只沉没，唯独路允迪乘坐的那只船因"有女神登樯竿为旋舞状，俄获安济"。路允迪询问众人，在此船上担任保义郎的莆田人李振，平时信奉圣墩妈祖，遂报告路允迪。路允迪将此神奇经历上奏朝廷，皇帝宋徽宗赐予圣墩妈祖庙"顺济"匾额。① 这次赐额虽然存在着某种"历史的机缘巧合"，但对妈祖信仰的发展意义重大，刘克庄就敏锐地指出："妃以一女子与建隆真人同时奋兴，去而为神，香火布天下，与国家祚运相为无穷。"② 道出了妈祖信仰与宋徽宗、王朝兴衰的内在联系。

南宋绍兴二十七年（1157），白湖港（位于阔口村）建立顺济庙。白湖地处木兰溪与海潮交汇处，宋代是内外海舟集泊之地，有水市，因而白湖顺济庙逐渐取代圣墩祖庙成为妈祖信仰传播的中心。陈宓在《白湖顺济庙重建寝殿上梁文》中写道："昔称湘水神灵，独擅南方，今仰白湖香火，几半天下。"③ 刘克庄也写道："妃庙遍于莆，凡大墟市、小聚落皆有之。"④ 丁伯桂也说道："莆人户祠之，若乡若里悉有祠，所谓湄州、圣堆、白湖、江口特其大者尔。"⑤

与莆田邻近的仙游在宋代也出现了妈祖祠祀。位于县城的三妃庙，奉祀妈祖、尤溪女巫与仙游县西庙神，"殿宇之盛，为诸庙冠"。⑥ 在邻近秀屿湾的枫亭，也开始出现妈祖庙。刘克庄《风亭新建妃庙记》载，枫亭有溪达海，"元符初，水漂一炉，溯流而至，里人咸感梦曰：'湄洲之神也。'迎置锦屏山下，草创数楹祀之"。⑦ 此后，枫亭庙规模扩大，"庙貌甚壮"。地方精英还积极为妈祖争取新的褒封，据黄岩孙《仙溪志》载："妃之正

---

① 〔宋〕廖鹏飞：《圣墩祖庙重建顺济庙记》，《福建宗教碑铭汇编·兴化府分册》第 16 号。

② 〔宋〕刘克庄：《后村先生大全集》卷九一《风亭新建妃庙记》。建隆为宋太祖第一个年号，所谓"建隆真人"，即宋太祖。

③ 蒋维锬：《妈祖文献资料》，福建人民出版社 1990 年版，第 7 页。

④ 〔宋〕刘克庄：《后村先生大全集》卷九一《风亭新建妃庙记》。

⑤ 咸淳《临安志》卷七三《顺济圣妃庙记》。

⑥ 〔宋〕黄岩孙：宝祐《仙溪志》卷三《祠庙》，第 64 页。

⑦ 〔宋〕刘克庄：《后村先生大全集》卷九一《风亭新建妃庙记》。

庙在湄洲，而父母封爵自枫亭。"枫亭妈祖庙之所以重要，与枫亭的地理位置有关。枫亭，"为仙游闹市，商贾贸易颇盛……南通泉州，北通郡城，东通黄石、平海，西通本县，为四达之衢"。[①] 优越的地理位置和商业贸易的繁盛，使得枫亭庙成为妈祖信仰发展中的重要一站。

元代以后，莆田妈祖信仰的中心再次转移。元统二年（1334），在涵江白塘镇镇前村与黄石镇桥兜村之间建立了宁海桥，是古代莆田最大的滨海桥梁工程。宁海桥的建立，虽然方便了陆上交通，但航路受到阻碍，白湖港逐渐淤塞荒废。白湖的交通地位下降，而白湖顺济庙距离莆田城大约有五里路程，官府失去了以往出城到白湖祭祀妈祖的兴趣。元至正十四年（1354），原来城内的万安水陆院改为天妃宫，因面对凤凰山文峰岭，故名文峰宫，[②] 把原来供奉在白湖顺济庙的妈祖神像恭迎到这里奉祀，并把官方祭祀妈祖活动转移于此举行。后来，文峰宫多次重建，规模扩大，成为官方祭祀妈祖的宫庙之一，影响逐渐扩大。

明代妈祖信仰在莆仙地区继续传播，有学者推算出明代莆田共新建妈祖庙51座，绝大多数分布在木兰溪以南，这些妈祖庙的创建与海运密切相关。清代莆田新建的妈祖庙更多，达到126座，且主要沿交通线传播。[③] 时至今日，妈祖信仰已成为莆仙一带最为兴盛的民间信仰，据近年来的调查统计，莆仙地区妈祖宫庙至少有880座，[④] 数量之多令人惊奇。

二、妈祖文化的向外传播

宋代妈祖信仰形成后，不但在莆仙地区得到较快发展，而且传播到福建各地乃至省外许多地方。宋人刘克庄说：妈祖"非但莆人敬事，余北游

---

① 弘治《兴化府志》卷九《户纪三·里图考》。

② 乾隆《莆田县志》卷四《建置》，第168页。

③ 参见郑衡泌：《妈祖信仰传播和分布的历史地理过程分析》，福建师范大学2006年硕士论文，第55—59页。

④ 中华妈祖文化交流协会等编：《莆田妈祖宫庙大全》"序"，海风出版社2012年版。

边、南使粤，见承、楚、番禺之人祀妃尤谨，而都人亦然"①。丁伯桂也说："神虽莆神，所福遍宇内。故凡潮迎汐送，以神为心；回南簸北，以神为信；边防里捍，以神为命；商贩者不问食货之低昂，惟神之听。……神之祠不独盛于莆，闽、广、江、浙、淮甸皆祠也。"②

元代，妈祖信仰因海路漕运得到较快发展和传播。自至元十九年（1282）开始，由海上运输江南米粮到大都（今北京）。由于航道不熟悉和气候变化无常，在海路漕运的最初几年中，时常发生海难，损失惨重。为了保证南粮北调，元朝统治阶级接受漕运官员和船工的建议，推崇汉人所崇拜的妈祖，祈求漕运安全。漕运沿途港口码头纷纷兴建妈祖庙。如海漕起点刘家港（今江苏太仓浏河镇）、海漕终点大直沽（今天津）分别建造了天妃灵慈宫，南北相望，遥相呼应，祈求在漫长的漕运行程中，能自始至终得到天妃娘娘的庇佑。妈祖的神格从宋代的"圣妃"上升为"天妃"，成为中国影响最大的海神和中国航海活动的精神支柱。《元史》称："惟南海女神灵惠夫人，至元（1264—1294）中，以护海运有奇应，加封天妃，神号积至十字，庙曰灵慈。直沽、平江、周泾、泉、福、兴化等处皆有庙。"③

明清以来，妈祖随着渔民、航海者、移民、商人、官员履职、军事活动等足迹，传遍除新疆、西藏、宁夏等少数民族地区之外的中国大地，妈祖不但成为航海者信仰的神明，在中国绝大多数江河流域甚至内陆地区也有众多的妈祖庙和信众。有清一代，朝廷褒封妈祖多达15次，为历代之最，封号也从"天妃"升格为至高无上的"天后"，还把妈祖正式列入国家祀典。妈祖信仰还伴随着闽人经商、移民的足迹传播到世界各地。据不完全统计，在日本、朝鲜、马来西亚、新加坡、越南、菲律宾、泰国、印尼、柬埔寨、缅甸、文莱、印度、美国、法国、丹麦、巴西、阿根廷等26

---

① 〔宋〕刘克庄：《后村先生大全集》卷九一《风亭新建妃庙记》。
② 咸淳《临安志》卷七三《顺济圣妃庙记》。
③ 《元史》卷七六《祭祀志·祭祀五》。

个国家和地区，妈祖庙达 2500 座左右。[①]

以日本为例。根据日本学者的调查考证，当今在日本长崎、鹿儿岛、冲绳、茨城、青森、千叶、神奈川、大阪、兵库等地都有妈祖信仰。日本的冲绳县，19 世纪 70 年代以前是琉球王国，与明清王朝友好往来频繁，该地明清时期建立的妈祖庙有 3 座：那霸下天妃宫，创建于明永乐二十二年（1424）；久米村上天妃宫，建于明嘉靖年间（1522—1566）；姑米岛天后宫，建于清乾隆二十一年（1756）。日本列岛对妈祖的信仰，以明末清初长崎早期华侨社会更为典型。旅居长崎的华侨三江帮船主于明末天启三年（1623）创建了兴福寺（俗称南京寺），泉漳帮船主于崇祯元年（1628）创建了福济寺（俗称泉州寺或漳州寺），福州帮船主于崇祯二年（1629）创建了崇福寺（俗称福州寺）。长崎史籍称为"唐三寺"，寺内均设妈祖堂，供奉妈祖。清康熙十七年（1678），长崎华侨广州帮又创建了圣福寺（俗称广州寺），内祀关帝、天后圣母和观音，与"唐三寺"合称"唐四寺"。此外，乾隆元年（1736），在长崎华商指定住所"唐人坊"内，建造一间小规模的天后宫；18 世纪末，长崎华侨泉漳帮建造八闽会馆（后改名福建会馆），内供奉天后圣母。[②]

又如马来西亚，据不完全统计，共有天后宫 35 座，其中马六甲 8 座，槟城 6 座，霹雳 6 座，雪兰莪 1 座，彭亨 4 座，柔佛 5 座，沙巴 1 座，砂捞越古晋 1 座，丁加奴 1 座，吉兰丹 2 座。[③] 此外，马来西亚兴安会馆总会属下有 27 个地方性兴安会馆，每个会馆的最高一层都设有专门供祀妈祖

---

① 董家洲：《日本、东南亚华侨华人的妈祖信仰》，收入《莆仙文化研究》，第 366 页。

② 董家洲：《日本、东南亚华侨华人的妈祖信仰》，收入《莆仙文化研究》，第 367－369 页。

③ 宋元模：《天后宫在马来西亚各地》，朱天顺主编：《妈祖研究论文集》，鹭江出版社 1989 年版，第 182 页。

的神龛或殿堂。①

不过，妈祖信仰的基本文化圈是中国海的周边区域，而且以福建与台湾两省最盛。台湾的妈祖庙现已达到九百多座，是台湾全岛最多的神灵庙宇。② 妈祖信仰成为维系两岸同胞的文化桥梁和纽带，也成为广大海外侨胞的精神家园。妈祖文化中的平安、和谐、包容特质，和所体现出来的进取、拼搏、正义、勇敢、护国、庇民、大爱的文化内核，得到世界人民的认同，因此"妈祖信俗"于 2009 年 9 月被联合国教科文组织列入《人类非物质文化遗产代表作名录》，成为全人类共同的文化遗产。

第四节　莆仙方言与戏剧

一、莆仙方言

莆仙方言是闽方言五种次方言之一。语言是历史的产物，莆仙方言的形成是各种因素综合作用的结果。

（一）北方汉民的南迁和莆仙方言的形成

莆仙方言的形成首先和汉民的迁入密切相关。莆仙地区的早期土著居民和福建其他地区一样，是闽越族。汉民迁入莆仙地域，似可追溯到汉代，只是人数极为有限。西晋末年永嘉之乱后，迁移到莆仙的北方汉人逐渐增多。到了唐代，北方汉民入迁莆仙已形成一定的规模。尤其是唐末五代时，随着王潮、王审知率部入闽及建立地方政权，出现了汉人入闽的又一次高潮，一些北方汉民也在这个时期迁入莆田、仙游。历次中原汉人的迁入，带来了丰富的中原汉语，在莆仙话中，保留了数量丰富的上古和中古汉语遗存。

上古汉语遗存，从语音特点来看，唐以前轻唇读为重唇，史称"古无

---

① 董家洲：《日本、东南亚华侨华人的妈祖信仰》，收入《莆仙文化研究》，第370 页。

② 徐晓望：《妈祖信仰及其文化精神》，收入《莆仙文化研究》，第 349 页。

轻唇"，莆仙方言至今仍将许多轻唇音字读为重唇音声母，如中古轻唇"非敷奉微"，今莆仙方言仍读为 p 或 p'。韵母方面，《莆田县志》第三十七篇《方言·古音遗迹》列举了莆仙方言与上古之、微、物、支等十八韵部读音相同或相似之处。词汇方面，如锅叫作鼎，杯叫作盅，书叫作册，洗米的水叫作"潘"，冷水叫作清水，鼻梁叫作"鼻颎"，下雨叫作落雨等。中古汉语遗存，如"床"，义为"桌子"；"姐"，义为"母亲""妈妈"；"佐"，义同"做"；"算"，义为"思""想"；"一上"，义为"一下子"；"眇"，义为"漂亮"等。

（二）行政区划与地理环境对莆仙方言的影响

莆仙方言之所以能成为闽方言中的一种独具特色的次方言，与莆仙地域的历史行政区划以及地理环境因素是分不开的。周振鹤、游汝杰在《方言与中国文化》一书中谈到行政区划对莆仙方言的影响："在唐代（莆田、仙游）这二县归泉州管辖，到北宋时才分置兴化军。后来的莆仙方言也应该是在当时晋江一带方言的基础上发展起来的，一直到今天它的文白异读系统还是与闽南话基本一致。不过，由于北宋以来木兰溪流域始终自成一个二级政区（宋兴化军、元兴化路、明清兴化府），所以它的方言也变得很有特色。"① 李如龙在《福建方言》中也有类似的论述："莆仙话是宋以后分化出来的，当时（指中唐——引者注）应和漳泉音无明显差别。""宋代之后，那里的行政管辖已与泉州无关，经济上自成一统，地理上更加接近省城福州，因而与闽东往来更多。莆仙话原本应是和泉州话同类的，后来受到不少福州话的影响，成了一种混合变种的闽方言。"② 在这里，李如龙还谈到了地理因素（"更加接近省城福州"）对莆仙方言的影响。

从现代的莆仙方言来看，总体而言，莆仙话有些特点与闽南话相同，有些特点又与闽东话吻合，带有某种过渡性质。如语音方面，"既有与闽

---

① 周振鹤、游汝杰：《方言与中国文化》，上海人民出版社 1986 年版，第 69 页。
② 李如龙：《福建方言》，福建人民出版社 1997 年版，第 28、65 页。

南话大体相当的文白对应，又有类似闽东话的声母类化规律"。^① 词汇语法方面，李如龙、陈章太在《论闽方言内部的主要差异》^② 一文中，列举了214 条闽方言五种次方言的各代表性方言点的材料。经过仔细比对，发现其中莆仙话与泉州话说法相同者有 133 条，占 62％；莆仙话与福州话说法相同的有 84 条，占 39％。此外，莆仙话中有不少词语兼有闽南、闽东两种说法，如莆田话"书"，既有闽南话说法"册"，又有福州话说法"书"；房子"低"可说"下"（闽南话），也可说"矮"（福州话）等。

(三) 莆仙方言中的古越语和古吴楚语

莆仙古为"七闽"地，秦属闽中郡，西汉初属闽越国。汉武帝统一闽越后，虽然采取"虚其地"的统治方法，但是他不可能把全部闽越人都迁走，大量的闽越族土著遁逃山谷间繁衍了下来，后来逐渐与南迁的北方汉人同化、融合，而南迁的汉人因与闽越土著交错杂居，语言上不能不受其影响。赵日和在《闽语辨踪》中指出：虽然"越语在中原汉语的不断冲击下逐渐解体，逐渐丧失其黏着语的形态特征，但其语言成分却仍然保留了下来，作为闽方言的一个来源"^③。在莆仙方言中，有一个独特的声母，即边擦音 [ɬ]。这个声母，在福建其他方言中尚未发现。大体上，其他闽方言念 [s] 的字，莆仙方言皆读 [ɬ]。这个声母在汉语方言中较少见，应该是古百越人的语音遗存。在词汇方面，莆仙话称鞋子、筷子、袜子等成双物件之一只、一支为 [kɒ¹]，称牲畜居处为"栏"，称侄儿、孙子都是"孙"等；语法方面，莆仙话的动词、形容词、名词、数词、能愿动词等都可以重叠，如坐坐一下（坐一坐）、芳芳（很香）、柴柴（干瘦如柴貌）、三三角（三角形的样子）、敢敢做（很敢干）等，以及修饰成分后置，如

① 李如龙：《福建方言》，福建人民出版社 1997 年版，第 246 页。
② 李如龙、陈章太：《论闽方言内部的主要差异》，原载《中国语言学报》第 2 期，商务印书馆 1985 年，后收入陈章太、李如龙：《闽语研究》，语文出版社 1991 年版，第 58—138 页。
③ 赵日和：《闽语辨踪》，《福建文博》1984 年第 2 期。

菜腌（腌菜）、面线（线面）、鸡公（公鸡）等，应是古越语遗存。

从族源关系说，闽越与吴楚都有关系；加之东汉末年以来，东吴经营福建多年，因而在今天的闽方言中仍保留了一些古吴语和古楚语，莆仙方言也不例外。刘福铸《莆仙方言中的古代吴楚方言词语》[①] 一文，对莆仙方言中的古代吴方言语词、古代楚方言语词和古代吴楚方言通用语词作了较详实的考证，文章最后指出："从以上初步搜集的这批莆仙方言与吴楚语同源词来看，古吴语和古楚语应都是莆仙方言也是闽方言的重要源头之一，它们之间具有源流关系。但是比较起来看，莆仙话中的吴语词数量大大超过楚语词，不管是古代的文献记载还是近现代的口语记录，这似乎又可证明闽越的关系远比闽楚的关系密切。"

（四）莆仙方言中的英语和印尼、马来语借词

近代以来，随着与海外交流渐趋频繁，莆仙方言中也吸收了一些英语以及印尼、马来语的语词。这些借词有两种类型：一类是纯音译词，如：硼［p'ɛŋ²］：洋漆，借自英语 paint；绿啼［lɔt⁷t 'i²］：面包，借自印尼语 roti；镭［lui¹］：钱，借自马来语 duit。另一类是半音译半意译或在音译语素前后加注汉语语素，如：风榜［hɒŋ¹pɒŋ³］：打气筒，"榜"为英文 pump 音译；木鸡车［pɒʔ⁷ke¹lia¹］：专用车，"木鸡"系音译印尼语 pake，加"车"语素组成；大珠律［tua¹¹tsut⁶luʔ⁷］：雪茄烟，"珠律"为马来语 serutu 音译等。[②]

综上所述，莆仙方言是多源的，是各种因素综合作用的结果。莆仙方言主要来源于古汉语，但在形成发展过程中融合了一些古越语和古吴楚语的成分。它原与闽南方言泉州话同类，但宋以后，由于莆仙地域政治、经济上自成一体，又不断接受闽东方言的影响，因此逐渐形成具有一些过渡性质又具有自己特色的一种次方言。

---

① 刘福铸：《莆仙方言中的古代吴楚方言词语》，《莆田高等专科学校学报》2001年第 2 期。

② 参见《莆田市志》卷四三《方言》，方志出版社 2001 年版，第 2771 页。

莆仙方言通行的范围主要在今莆田市的一县四区。此外，与莆仙相邻的福清市西南部，永泰县南部，泉州、南安北部，永春东部及平潭的部分村落也有操莆仙话的。另一方面，自宋代以后，特别是南宋以后，不少莆仙人向广东、海南、江浙、台湾及省内其他县和海外迁移，莆仙方言因而向外流播。如广东潮州、雷州和海南琼州，直到现在仍把桌子称为"床"，和莆田话的说法毫无二致。在浙江，玉环县城关镇犁头咀和陈屿镇福昌基村还讲莆仙方言。[①] 莆仙人在省内各县的迁移，形成了若干方言岛，如福安市湾坞镇白马村和下白石镇蠶尾村，福鼎市沙埕镇的呇腰村和后港村等地。

二、莆仙戏及其成就

莆仙戏原名兴化戏，1952 年经福建省文化局批准改称莆仙戏，是福建五大地方剧种之一，用莆仙方言演唱，流行于今莆田市所辖的四区一县及邻近的福清、永春、永泰、泉港等县区的莆仙方言区，并流播东南亚新加坡、马来西亚等华侨聚居地。莆仙戏历史悠久，源远流长。它源于唐，成于宋，盛于明清，闪光于现代，是中国现存最古老的地方戏剧种之一，素有宋元南戏"活化石""遗响"之称，2006 年被列入第一批国家级非物质文化遗产名录。

莆仙戏的源头可以追溯到唐代的"百戏"。据《景德传灯录》记载，唐咸通年间（860—873），福州玄沙宗一大师南游莆田，"县排百戏迎接"。[②] 宗一大师法名师备，是当时禅界很有名望的高僧，莆田官民僧众排演"百戏"迎接他，说明唐末莆田民间"百戏"盛行。百戏，是对秦汉至隋唐历代音乐、歌舞、杂技、角抵戏、参军戏、傀儡戏等的总称，自隋末起日益盛行。因此，唐咸通年间莆田县排演的百戏，当也是俳优歌舞杂

---

① 参见《莆田市志》卷三《人口》，方志出版社 2001 年版，第 239 页。
② 〔宋〕沙门道原：《景德传灯录》卷一八，《四部丛刊三编》子部第 58 册，上海书店 1985 年版。

奏，其中必有音乐、歌舞、杂技和俳优戏弄的表演，为莆仙戏的孕育提供了厚实的艺术积淀。

宋代，莆仙民间歌舞百戏吸收、融合北方杂剧的表演艺术，形成了用兴化方言演唱，以唱、做、念、舞表演人物故事的戏剧，时称杂剧，亦称优戏。南宋中叶，兴化杂剧在兴化民间非常盛行。刘克庄经年目睹民间庙会演出兴化杂剧的盛况，写下许多有关兴化杂剧的诗篇，从中可以看出当时兴化杂剧演出的剧目故事、行当角色、表演艺术、伴奏乐器、服装化妆、演出场所和观众的情况。据诗中记述，当时演出的剧目故事有"楚汉割鸿沟"的《鸿门会》，"听到虞姬直是愁"的《霸王别姬》（《田舍即事十首》其九）；有"渠能七步追险韵"的《曹植赋诗》（《观社行·用实之韵》）等。诗中还记述当时伴奏的主要乐器是鼓、笛管、箫，如"丛祠十里鼓箫忙"（《闻祥应庙优戏甚盛二首》），"棚上鼓笛姑同乐"（《观社行·用实之韵》）等。南宋时兴化杂剧多在宫庙、广场的戏场或戏棚上演出，观众很多，刘克庄诗中记述："抽簪脱褒满城忙，大半人多在戏场"（《即事三首》其一）。综观刘克庄的记述，南宋时兴化杂剧的演出，不仅已有固定的剧目人物故事，而且已有扮演人物的行当，已综合唱、念、做、舞的艺术手段以表演人物故事，根据演出需要有了服饰和化妆，有戏场或戏棚的演出场所。因此，兴化杂剧已基本具备了中国戏曲的艺术特征。与此同时，兴化杂剧大量吸收了来自南宋都城临安的南戏的剧目、唱腔曲牌和表演艺术，并融化形成兴化杂剧的表演艺术和表演体制，从而发展成为日臻成熟的一个南戏剧种。[①]

明清时期，兴化戏发展很快，不仅在兴化府所属的莆田、仙游、兴化三县的民间流行，而且还流传到福州府的福清、永泰及闽南的泉州、惠安、永春、德化等州县。演出活动的区域扩大了，演出的剧目也增多了，演出的艺术水平也提高了，形成繁荣兴盛的局面。正如清光绪间莆田进士

---

① 参见周雪香：《莆仙文化述论》，中国社会科学出版社 2008 年版，第 393—395 页。

关陈谟在《闽中杂记》中称："兴化戏剧始于宋而盛于明。"[1] 据 1962 年福建省戏曲研究所统计，莆田、仙游两县从 1950 年以来，共挖掘收集莆仙戏传统剧目 5619 个，其中有剧本的 5326 个，有舞台演出"总簿"共 8000 多本（包括同一剧目的上下集和重复者），在"总簿"封面上标明清道光至宣统年间的演出年代的就有 1357 本。这 1357 本中，有相当部分是宋元明以来的南戏传统剧目和来自明代诸声腔尤其是弋阳诸腔的传奇剧目。[2] 就收藏的莆仙戏剧本数字来说，"全国以至全世界，还没有别的剧种可以与之相比。它是迄今收藏世界戏剧艺术作品最丰富的一个图书馆和博物馆"。[3]

新中国成立后，陈仁鉴于 1956 年和 1960 年先后创造性改编而成的《团圆之后》和《春草闯堂》，不仅是莆仙戏创作的第一个高峰，"实际上它们既是当代福建戏曲创作的高峰，也是当时全国戏曲创作的高峰。……《团圆之后》是可以转变时代艺术观念的大作，《春草闯堂》是可以传衍剧种生命的精品"。[4] 莆仙戏能名扬全国，除了它自身古老精湛的传统艺术，与这两个戏的传扬是直接关联的。

1959 年，仙游鲤声剧团的《团圆之后》和莆田大众剧团的《三打王英》被选作赴京参加建国十周年演出的献礼剧目。赴京演出途中，《团圆之后》先在杭州、上海、南京、济南演出，引起了轰动。到了北京，莆仙戏代表队先后被安排在首都戏院等十来个剧场演出，《团圆之后》还到中南海怀仁堂为中央首长演出。上海文化局和《剧本》杂志社相继召开座谈会，对《团圆之后》展开热烈的讨论，上海、北京的各大报刊都发表评论文章，田汉、郭汉城、李希凡等写文章称之为中国的莎士比亚式的大悲

---

① 〔清〕关陈谟：《闽中杂记》，莆田市图书馆收藏。

② 参见郑尚宪、王评章主编：《莆仙戏史论》，中国戏剧出版社 2006 年版，第 123—125 页。

③ 刘念兹：《南戏新证》，中华书局 1986 年版，第 89 页。

④ 郑尚宪、王评章主编：《莆仙戏史论》，中国戏剧出版社 2006 年版，第 164 页。

剧。回闽途中，《团圆之后》在郑州、武汉、南昌等大城市演出，又引起热烈反响。这个戏引起轰动和热烈讨论的主要原因在剧本。"它思想的深刻与艺术的创新，对当时戏剧的人物概念化、冲突简单化、主题先行等时弊，产生巨大的冲击，有一种高屋建瓴的横扫气势。它的思想与艺术的成就，达到当时文学作品的最高水平。"[1] 仙游县鲤声剧团和莆仙戏剧种也驰名全国。1960 年，长春电影制片厂把它拍成舞台艺术片，向全国发行。

《春草闯堂》1962 年在福州一炮打响，连演 30 多场，场场爆满，同时被省内外剧团移植演出，剧坛上出现"春草热"。[2] 只是由于中共华东局书记柯庆施 1963 年元旦提出"写十三年"的口号，《春草闯堂》随之受到冷遇。"文革"结束后，恢复演出传统戏，《春草闯堂》先是在仙游县连演 60 多场，又在福州爆满两个多月。1979 年 2 月，鲤声剧团再度晋京参加国庆 30 周年献礼演出，《春草闯堂》分别获得演出和剧本一等奖，《人民日报》《光明日报》《戏剧报》等首都各大报刊纷纷发表赞扬文章。返闽途中，该剧又在上海、杭州应邀巡回演出一个多月，上海电视台作实况转播。随后，全国六百多个剧团竞相移植演出。[3]《春草闯堂》誉满京、沪、杭，主要在于它"充分显示了中国传统戏曲的智慧，充分展示了古老的莆仙戏优美、独特、古雅的表演艺术，以及令人惊奇的独特的艺术想象力和表现力"。[4]

1979 年《春草闯堂》在京、沪取得辉煌成功，使莆仙戏进入了一个新阶段。此后，莆仙戏多次晋京演出。其中，到 2019 年 10 月，仙游鲤声剧团已先后十三度晋京献演，[5] 还走出国门，先后受邀在法国巴黎、泰国曼

① 郑尚宪、王评章主编：《莆仙戏史论》，中国戏剧出版社 2006 年版，第 162 页。

② 李国庭：《陈仁鉴评传》，中国戏剧出版社 1988 年版，第 324 页。

③ 李国庭：《陈仁鉴评传》，中国戏剧出版社 1988 年版，第 326 页。

④ 郑尚宪、王评章主编：《莆仙戏史论》，中国戏剧出版社 2006 年版，第 164 页。

⑤ 陈国孟：《古老的莆仙戏邂逅古典的园林 仙游鲤声剧团国庆献演北京园博园》，《莆田侨乡时报》2019 年 10 月 11 日，http://www.0594xyw.com/news－52421. html，检索日期：2020 年 8 月 27 日。

谷等地展演，这在全国县级剧团中，是独一无二的。莆仙戏在福建省内影响更大，特别是 20 世纪 80 年代，起到引领潮流的作用，在福建省组织的各种戏剧会演中，屡屡得奖。[①] 在获奖的剧目中，对创作界影响最大的是郑怀兴 1981 年创作的《新亭泪》和周长赋 1985 年创作的《秋风辞》。"它们开福建新时期史剧创作的先河，并成为最成功的作品。《新亭泪》是福建新时期戏曲精神意义上的发轫、引领之作，《秋风辞》是福建史剧的高峰。它们同时是新时期全国史剧的代表性作品。它们以崭新的史剧观念，对 80 年代全省甚至全国的史剧创作，都产生过重要的影响。"[②]《秋风辞》与《团圆之后》被收进王季思教授主编的《中国当代十大悲剧集》，《春草闯堂》被收进《中国当代十大喜剧集》。一个地方剧种有 3 个优秀剧目同时列入全国 20 大剧目，这在其他剧种里是不多见的。

---

① 参见郑尚宪、王评章主编：《莆仙戏史论》，中国戏剧出版社 2006 年版，第 168－169 页。

② 郑尚宪、王评章主编：《莆仙戏史论》，中国戏剧出版社 2006 年版，第 169－170 页。

第四章
闽南文化

　　闽南文化是中华文化的一个重要分支，也是中华文化尤其是闽文化中一个具有鲜明特色的地域文化。闽南文化是指闽南人及其后裔共同创造、以闽南方言为主要载体、以闽越文化为基础、以中原文化为主体、以海洋文化为特色，在传承与融合的过程中逐渐形塑而成的具有共同的思维意识、共同的风俗习惯和共同的生活方式的区域性文化。

　　"闽南"一词出现于汉文典籍中，最早见于唐代韩愈的《唐故中散大夫少府监胡良公墓神道碑》："使人自京师南走八千里至闽南两越之界上请为公铭刻之墓碑于潮州刺史韩愈。"① 不过此处"闽南"之所指，要比今日所辖之区域更为广阔。即使是到明代，仍有以"闽南"指称整个福建的观念，杨士奇在《送杨参政致仕归永嘉兼简宗豫》中就提到："施政不亟亦不徐。春风披拂，枯槁苏，时雨沾洒惠化敷。闽南八郡五十邑，咏歌鼓舞连道途。列圣相承三十载。"此处"闽南八郡"，显然是指福建的福州、建宁、延平、邵武、兴化、泉州、漳州、汀州八府。逮至晚明以降，"闽南"才逐渐缩小在泉州、漳州两府范围，这也便成为我们今日所经常提到的泉州、厦门、漳州三市作为一个相对固定的文化区。

　　闽南文化的发源地是闽南，中心区是闽南和台湾，亚中心区是福建其他地区及其周边省区的闽南人聚居地，散播区是东南亚及其世界各地的闽

---

　　① 〔唐〕韩愈著，马其昶校注、马茂元整理：《韩昌黎文集校注》，上海古籍出版社 2014 年版，第 522 页。

南人聚居地。闽南文化的孕育、形成、发展与播迁，经历了漫长的历史过程，也是在独特地理空间与环境的影响下，在与海外文化相互交融中逐渐形成的既富有地域特色，又具有世界意义的文化共同体。

第一节　海洋文化气质与海上丝绸之路

一方水土养一方人，地理环境是人类赖以生存和发展的基础，也是地域文化得以孕育和生成的场域，人群与地理在特定历史时空下的交互作用也便形成各具特色的区域文化，而这种文化也成为地方历史进程与经济发展的内在动力。闽南依山面海的地理环境也最终促成了闽南人向海而生、开拓进取的海洋文化气质。

一、地理环境与交通

闽南位于福建南部，其主要范围包括泉州、厦门、漳州三市，其中泉州市现辖鲤城、丰泽、洛江、泉港4个区，晋江、石狮、南安3个县级市，惠安、安溪、永春、德化、金门（待统一）5个县和泉州经济技术开发区、泉州台商投资区；厦门市所辖有思明、海沧、湖里、集美、同安、翔安6个区；漳州市则辖有芗城、龙文、龙海、长泰4个区，漳浦、云霄、诏安、东山、南靖、平和、华安7个县。

闽南依山面海，地势呈西北高而东南低的特点，西北横亘有戴云山脉与博平岭山脉，戴云山脉更有"闽中屋脊"之称，其主峰位于泉州市德化县赤水镇戴云村，名为迎雪山，海拔1856米。戴云山脉南北纵贯，北隔闽江中游，与鹫峰山区丘陵、河谷平原区相望；西隔闽江上游沙溪，与闽西武夷山区山地、丘陵、河谷平原区毗邻；南隔九龙江，与博平岭、九龙江中游丘陵、河谷平原区相接；东邻闽东沿海丘陵、台地、平原岛屿区，这也成为闽南与闽中、闽西的天然屏障。

闽南全境地形结构多样，山岭耸峙，丘陵连绵起伏；地貌为山地、丘陵、台地、平原交错相杂，河谷、盆地点缀其间，总体呈现出中山—低山一高丘—低丘—台地—平原延伸递变的趋势，其中山地丘陵约占土地总面积的 80%。发源于戴云山脉与博平岭山脉的两大水系晋江与九龙江夹带着泥沙顺流而下，在江海交汇处分别淤积形成泉州平原与漳州平原。其中漳州平原更是福建四大平原中的第一大平原，其面积达 566 平方公里；地势平坦，气候湿润，河网密布，土地肥沃，灌溉方便，光热资源丰富，农耕条件十分优越，盛产粮食、佳果、名花等，素有"闽南谷仓"之称，也成为福建最负盛名的鱼米与花果之乡。

发源于博平岭山脉西北坡孟头村的九龙江，又名漳州河，是福建省仅次于闽江的第二大河流，也是闽南境内第一大河，其由干流北溪和支流西溪、南溪汇合，过漳州至嵩屿，于厦门港对岸注入台湾海峡，全长 1923 公里，流域面积 14741 平方公里。发源于戴云山东南麓的晋江，是福建四大河流之一，也是闽南第二大河，上游有东、西两溪，东溪发源于永春县，又称桃溪；西溪源于安溪县，为晋江正源；两溪至南安县双溪口汇合，经鲤城区与晋江市流入泉州湾，全长 302 公里，流域面积 5629 平方公里。

闽南的海岸属于基岩港湾淤泥质海岸，蜿蜒曲折的海岸线和发达的陆域水系形成许多天然良港，其中较为主要的港湾有泉州湾、深沪湾、围头湾、厦门港、东山湾、诏安湾等。这些港湾大多港阔水深，外有岛屿列峙环卫，内有码头可供停泊，浪小风弱，特别适宜商渔船只躲避风浪、安全靠泊、装卸货物，这也为闽南的海洋活动提供优越的条件。

历史上的泉州曾以三湾十二港闻名于世；现如今的泉州，更有万吨以上泊位 10 个，最大泊位达 10 万吨级。马可·波罗曾在游记中描述泉州港帆樯林立的盛况："刺桐港即在此城，印度一切船舶运载香料及其他一切贵重货物咸莅此港。"[①] 他还提到，泉州的地形是海洋蚀入内陆，与内陆河汇合形成了天然良港。摩洛哥旅行家伊本·白图泰在其游记中也盛赞刺桐港为"世界上最大的港口之一，甚至可以说就是世界上最大的港口。我看

---

① ［法］沙海昂注，冯承钧译：《马可波罗行纪》，商务印书馆 2017 年版，第 341 页。

到港内有上百条大船，至于小船可谓多得不可胜数"。① 曾以俄国使节身份出使中国的罗马尼亚人尼·斯·米列斯库，在《中国漫记》中也写道："城市位于海滨，海湾伸入城内，因而大船能直接进入城市。海湾沿岸还有一些大镇，其富庶程度毫不逊色于府城。"② 通过这些文字，我们不难想象当时的泉州港风樯鳞集的繁忙景象。

闽南独特的地理地貌环境，也影响到区域内港城腹地间的陆海交通发展。早期的内陆交通，多赖驿道、桥梁及舟渡连接，明代黄汴的《天下水陆路程》中就记录下当时"福建布政司至所属府"的距离与沿途驿站情况："福州府三山驿。百里大田驿，属闽县。四十五里宏路驿，四十五里蒜岭驿，并福清县。六十里兴化府莆田县莆阳驿。六十里枫亭驿，仙游县。五十里锦田驿，惠安县。五十里泉州府晋江县晋安驿。五十里康店驿，南安县。七十里大轮驿，六十里深青驿，并同安县。五十里江东驿，龙溪县。四十里漳州府龙溪县丹霞驿。南京至此三千五百一十里。"③ 及至清代《天下路程图引》一书，在其所记录的"福建省城至漳州府水路程"中，这条驿道仍十分稳定，不过多了泉州往漳州的水路情况："泉州府一百二十里至龙骨渡搭船，一日到海澄县，又四十里至漳州。"④ 显然，驿道的开通对于区域内部的联通，信息的传递，物资的运输，人员的往来起到重要的促进作用，而这其中桥梁的修造，更是大大推进了往来的便利与安全保障。

宋元时期，迅速发展的海外贸易和社会经济，为闽南尤其是泉州地区

---

① ［摩洛哥］伊本·白图泰口述，伊本·朱甾笔录，李光斌译：《异境奇观：伊本·白图泰游记》，海洋出版社 2008 年版，第 543 页。

② ［罗马尼亚］尼·斯·米列斯库（N. Spataru Milescu）著，蒋本良、柳凤运译：《中国漫记》，中华书局 1990 年版，第 148 页。

③ 〔明〕黄汴著，杨正泰校注：《天下水陆路程》，山西人民出版社 1992 年版，第104 页。

④ 〔清〕憺漪子选辑，杨正泰校注：《天下路程图引》，山西人民出版社 1992 年版，第 426 页。

带来了巨额的财富。为了适应货物转运和商民往来的需要，连接港口和腹地的许多桥梁应运而建，宋代泉州掀起了史无前例的"造桥热"，顾祖禹在《读史方舆纪要》一书中便写道："郡境之桥，以十百丈计者不可胜纪。"这一座座石桥托举起陆海联运的大动脉，桥梁两端村落也形成了繁华的商贸集市和商品集散地。如此浩瀚的工程既得益于海洋贸易带来的财富积累，也得益于社会各群体的合力参与。桥梁建设连接起码头、海港、城区、村镇与腹地的联系，有效地促进了泉州海外贸易的发展。时至今日，这些留存下来的桥梁仍发挥着重要的交通功能。

洛阳桥原称"万安桥"，建于1053年，经数年努力，至1059年太守蔡襄总成其事。蔡襄《万安桥记》记载道："泉州万安渡石桥，始造于皇祐五年（1053）四月庚寅。以嘉祐四年（1059）十二月辛未讫功。累趾于渊，酾水为四十七道，梁空以行。其长三千六百尺，广丈有五尺，翼以扶栏，如其长之数而两之。靡金钱一千四百万，求诸施者。渡实支海，去舟而徒，易危而安，民莫不利。职其事者，庐锡、王实、许忠、浮图义波、宗善等十有五人。既成，太守、莆阳蔡襄为之合乐宴饮而落之。明年秋，蒙召还京，道繇是出，因纪所作，勒于岸左。"① 洛阳桥建桥时由于洛阳江出海口潮狂水急，江底为滩涂淤泥，桥基屡被冲垮。于是，建桥匠师巧思妙想，先在江底抛置大量石块，形成矮堤，然后用条石丁顺交错叠砌形成船型桥基桥墩，可有效减轻水力的冲击；同时利用潮涨船高的规律，将一条条重达数吨的大石板浮运横架于桥墩而成桥梁；并在桥墩上大量养殖牡蛎，利用牡蛎附着石头的胶合作用将桥基石和桥墩石凝结成牢固的整体。

关于造桥经过以及技术的运用，清道光《晋江县志》也记载道："蔡襄守泉州，因故基修石桥。两岸依山，中托巨石，桥岸造屋数百楹为民居，以其傯直入公帑。三岁，度一僧掌桥事。春夏大潮，水及栏际，往来者不绝，如行水上。十八年桥乃成。即多取蛎房散置石基，益胶固焉。元

① 惠安县文化体育局编：《惠安县文物志》，惠安县文化体育局 2003 年印制（内部出版），第 73 页。

丰（1078—1085）初，王祖道知州奏立法：'辄取蛎房者，徒二年。'"①
洛阳桥在中国桥梁史上首创了"筏型基础""浮运架梁""养蛎固基"等先进造桥技艺。洛阳桥作为泉州北上福州乃至内陆腹地的交通枢纽，在泉州运输网络的发展中具有开拓性的里程碑意义，也是中国第一座跨海梁式石桥，素有"海内第一桥"之誉，是古代"四大名桥"之一。它是官方主导、全民合力建造大型交通设施的典范，体现了官方、僧侣等社会各界对商贸活动的推动和贡献，也是宋元时期泉州海洋交通设施发达、海洋贸易活动繁盛的历史见证。在桥南的蔡襄祠内，还保存有大书法家蔡襄所撰的《万安桥记》，记述建桥过程，此碑因文章精练，书法遒丽，刻工生动，世称"三绝"。

安平桥，又名五里桥，始建于南宋绍兴八年（1138），于绍兴二十一年（1151）建成，桥长约 2255 米，桥面宽 2.9－4 米，因桥长五华里，俗称"五里桥"。《安平志》引《清源旧志》曰："安平桥在修仁里石井镇安海渡，界晋江南安，溪相望六里。往来先以舟渡。绍兴八年（1138），僧祖派始为石桥，镇人黄护与僧智渊各施钱万缗为之倡。功将半，派与护殁，越十四载未竟。二十一年（1151），太守赵公令衿卒成之。其长一千三百四步，广一丈六尺三步有奇，疏为水道三百六十有二，自为《记》，榜曰'安平桥'。"② 其桥墩创新性采用"睡木沉基"法，并因地制宜设置长方形、单尖船型及双尖船形三种不同桥墩，是世界上中古时代最长的梁式石桥，为中国现存最长的跨海梁式石桥，享有"天下无桥长此桥"的美誉。安平桥扼晋江、南安两地水陆交通的要冲，是泉州与广阔的南部沿海地区的陆运节点。清泉州知府张无咎在《重修安平桥西桥碑记》中也高度评价安平桥对地方之贡献："泉之有安平桥，自宋绍兴时郡守赵公令衿率

---

① 〔清〕胡之鋹修，周学曾、尤逊恭等纂：道光《晋江县志》卷十一《津梁志》，中国地方志集成·福建府县志辑（25），上海书店出版社 2000 年版，第 136 页。
② 〔清〕佚名：《安海志》卷三《桥渡》，中国地方志集成乡镇志专辑（26），上海书店 1992 年版，第 521 页。

泉之父老子弟为之者也。泉地濒海，桥当南北孔道，跨两溪之流，其长八百有十一丈，其直如绳，其平如砥，隐然若长虹卧波。行旅往来，民间负载，熙熙攘攘，习而安之。阅元而明，以至国朝，盖数百年于兹矣。民免徒涉之险，人由坦道之遵，厥功甚伟，直与莆阳蔡端明之万安桥（即洛阳桥）争烈焉。"① 安平桥之修造，体现出海洋贸易推动下泉州水陆转运系统的发展，反映了海洋贸易给泉州社会带来的经济繁荣和财富积累。

顺济桥遗址位于泉州古城南门德济门外，横跨晋江两岸，由南宋泉州郡守邹应龙主持建造于 1211 年，因比上游的石笋桥迟建，俗称"新桥"。明黄仲昭在《八闽通志》中曾提到："顺济桥在（府治南）德济门外。宋嘉定四年（1211），郡守邹应龙始建石桥，长一百五十一丈。"② 清道光《晋江县志》也载："顺济桥，在德济门外，笋江下流。《闽书》：旧以舟渡。宋嘉定四年，郡守邹应龙造石桥，长一百五十丈余，翼以扶栏。以近顺济宫，因名顺济。以其造于石笋桥后，俗呼'新桥'。"③ 顺济桥原结构基础采用全河床抛填块石和条石，桥墩为干砌条石，上部结构为石梁，该桥一直沿用至 20 世纪。顺济桥作为泉州古城与晋江南岸的陆运节点，是伴随海洋贸易发展而建设的出入古城商业区的主要通道，完善了泉州水陆转运系统，见证了泉州商业拓展对交通系统的促进。

在相当漫长的历史岁月中，闽南先民便善于造船航海，是海洋活动的先驱者和探索者。关于闽南地区最早的海外交通记录，始见于唐代释道宣在《续高僧传》中关于印度高僧拘那罗陀于南朝陈天嘉二年（561）到访泉州的记载："又泛小舶至梁安郡；更装大舶欲还西国。……三年九月发自梁安，泛舶西引，业风赋命，飘还广州。"当时拘那罗陀由丰州的梁安港登岸，准备换乘大船返回故乡。受当时泉州太守及信众的挽留，拘那罗

---

① 粘良图选注：《晋江碑刻选》，厦门大学出版社 2002 年版，第 125 页。

② 〔明〕黄仲昭修纂，福建省地方志编纂委员会旧志整理组、福建省图书馆特藏部整理：《八闽通志》卷十八《地理·桥梁》，福建人民出版社 2006 年版，第 489 页。

③ 〔清〕胡之鋘修，周学曾、尤逊恭等纂：道光《晋江县志》卷十一《津梁志》，中国地方志集成·福建府县志辑（25），上海书店出版社 2000 年版，第 132 页。

陀一边等候季风，一边在丰州九日山下的延福寺翻译《金刚经》。拘那罗陀也成为文献中出现的第一位到访泉州的外国人。

唐朝"安史之乱"以后，随着亚欧大陆腹地政治格局的变化，从长安到西域的丝绸之路受阻。此时的海路畅行无阻，加之船舶载重量大，因此，东西方交流的主要渠道便由陆上丝绸之路转向海上丝绸之路，唐代的泉州由此与广州、扬州、交州并称为中国四大港口城市。伊本·胡尔达兹比赫在其著名的《道里邦国志》一书中，就提到"鲁金、汉府、汉久、刚突"这四大中国港口，其中汉久即是泉州。

五代时，闽国积极推动海外贸易，促进地方经济的飞速发展。有着"招宝侍郎"之称的王延彬在泉州积极推行"多发番舶以资公用"的海贸政策，开启了海上的"泉州时代"。

宋元时期的泉州不仅是一个充满活力的港口城市，更是当时中国的世界海洋商贸中心。根据当时海洋文献的记载，依靠季风航行，商船自泉州港出发，每年3—4月乘西南季风向北可航行至高丽、日本的东北亚地区，每年10—11月在东北季风的推动下向南可达东南亚、南亚、波斯湾，一直延伸到东非沿岸。宋代泉州港与海外诸国进行通商的国家有58个，元代增至99个国家和地区。赵汝适任泉州市舶司提举期间，于1225年撰《诸蕃志》一书，书中记录下多条以泉州为基点，通往南洋、西洋、东洋诸国的航线。

至顺元年（1330）和至元三年（1337），元代著名航海家汪大渊两次跟随远洋商船从泉州出发旅行于东、西二洋。他在《岛夷志略》中罗列了他游历所经的220个地名，该书再现了汪大渊远航印度洋、波斯湾、北非、东非的全程，是元代以泉州为中心的东南沿海地区与南海以至印度洋海域的贸易网络的实录。

明清时期实行海禁政策，使福建沿海民众不得不以"走私"的形式冒险出海，漳州月港也由此而悄然发展成为民间海外贸易基地。1567年，隆庆新政准设月港"洋市"，作为唯一合法港口与东西洋贸易，至此月港获得官府的认可，成为"商贾云集，洋艘停泊"的"闽南一大都会"。从月港出发的海上航线，东达日本，南通菲律宾，西至马六甲，进而与欧洲人开辟的新航路相连接，这也就构成了一个完整的环球航线闭环。

二、海上丝路的形成及其意义

公元前2世纪张骞出使西域的"凿空"之行，开通了丝绸之路。虽然早在张骞之前"丝绸之路"就已存在，但是张骞出使西域作为中西交通史上的重要事件，仍被赋予了标志性的意义。"丝绸之路"，既是政治外交之路，也是商贸往来之路，还是文明对话之路；既包含陆上通道，也涵盖了海上航路。

1877年，德国地理学家费迪南·弗莱赫尔·冯·李希霍芬（Ferdinand Freiherr von Richthofen，1833—1905）在其《中国——亲身旅行和据此所作研究的成果》一书中，首次提出了"丝绸之路"（die Seidenstraße）的概念，以指称从中国长安到中亚之间的交通路线。1903年，法国汉学家爱德华·沙畹（Emmanuel-èdouard Chavannes，1865—1918）在其所著的《西突厥史料》一书中首次明确了"丝绸之路"既有陆路，又有海路，认为"丝路有陆、海二道：北道出康居，南道为通印度诸港之海道，以婆庐羯讹为要港。"

1967年，日本学者三杉隆敏出版的《探索海上的丝绸之路》[①]一书，正式使用了"海上丝绸之路"这一名称。1988年，联合国教科文组织发起了《对话之路：丝绸之路整体性研究》（Integral Study of the Silk Roads：Roads of Dialogue），旨在推动东西方不同文明间的交流与对话，以维护世界和平。1990年10月23日，联合国教科文组织的"海上丝绸之路"综合考察队从马可·波罗的故乡意大利威尼斯启航，沿途访问了希腊、土耳其、埃及、阿曼、巴基斯坦、印度、斯里兰卡、泰国、马来西亚、印度尼

---

① ［日］三杉隆敏：《海のシルクロ——ドを求めて》，创文社1967年版。

西亚、文莱、菲律宾、中国、韩国、日本等 16 个国家的 21 个港口及有关城市，其中也包括中国的广州和泉州，本次考察活动最终于 1991 年 3 月 3 日抵达日本大阪，海上航程 15500 海里。该项目对于人们了解历史上国际间海上交流的重要性，促进不同文化背景的人相互理解历史上的交往等方面均起到重要的推进作用，同时也使"海上丝绸之路"被国际学术界与社会民众所普遍接受。

古代海上丝绸之路是指中国与东亚、南海诸国、印度、非洲、欧洲之间进行贸易往来和文化交流的古代（1840 年前）海上大通道，它极大地推动了中国与海上沿线各国之间的共同发展。

秦汉时期是海上丝绸之路的形成期，这一时期我国与日本、中南半岛及印度东海岸建立起文化与贸易联系。

魏晋南北朝至唐朝时期是海上丝绸之路的发展期，我国已经和东亚、东南亚和南亚的 20 多个国家和地区有海上贸易往来，这一时期比较有名的海上活动包括法显印度求法回航、广州"通海夷道"的开通以及日本遣唐使的交流。公元 6 世纪，闽南地区中的泉州已有与南海国家友好往来的文献记载。唐代的泉州港已是南海番舶常至、岛夷斯杂的重要港口。何乔远在《闽书》中就提到穆罕默德的两位门徒来到泉州的历史，"唐武德中来朝，遂传教中国，一贤传教广州，二贤传教扬州，三贤、四贤传教泉州，卒葬此山"。①

宋元时期是海上丝绸之路的繁荣期，这一时期的泉州与海外的联系日趋密切，在马可·波罗、伊本·白图泰、马黎诺里、鄂多立克等著名旅行家的著作中，都记录着当时泉州的繁盛与开放。当时从泉州出口的商品有陶瓷器、纺织品、金属及金属制品、日常生活用品、农产品和副食品等 90 多种。

这一时期，海上商民开辟了多条泉州通往异国邻邦的海上贸易航线。

---

① 〔明〕何乔远编撰，厦门大学古籍整理研究所、历史系古籍整理研究室《闽书》校点组校点：《闽书》卷七《方域志》，福建人民出版社 1995 年版，第 165－166 页。

南宋吴自牧在《梦粱录》中就提到："若欲船泛外国买卖，则自泉州便可出洋。……若有出洋，即从泉州港口至岱屿门，便可放洋过海，泛往外国也。"① 当时泉州往海外诸国航线，大致有如下几条。

泉州至交趾、占城、真腊航路：从泉州出发，舟行十余日可达交趾。由泉州港启航，通广州，过万里石塘，经交趾，顺风舟行 20 余日可达占城。

泉州至三佛齐、阇婆、渤泥等国航路：三佛齐在泉州之正南，冬天自泉州港启航，经凌牙门，由马来半岛往南可至三佛齐，或循占城航行往南亦可达。

泉州至菲律宾航路：泉州至菲律宾航路有两条，一条从泉州出发，经广州、占城、渤泥至麻逸；一条由泉州出发，经澎湖、琉球（台湾）至麻逸。由于后一条航路要横渡台湾海峡，风险较大，宋代主要还是走前一条航路。

泉州至印度蓝无里、故临及阿拉伯半岛航路：自泉州港放洋，经三佛齐，穿过马六甲海峡，沿孟加拉海岸，航抵故临。泉舶四十余日可到蓝无里，必须过冬后，等南风到来时才能出发进入波斯湾。

泉州至亚丁湾和东非弼琶罗（今东非索马里）、层拔（今桑给巴尔）航路：从泉州港出航，经南海、三佛齐、故临至波斯湾；再由波斯湾沿阿拉伯海岸西南行，即可到达弼琶罗、层拔等地。单程顺风需 160 天，往返一趟大概需要 2 年时间。

泉州至朝鲜、日本航路：从泉州沿东海北上至明州，经定海过普陀山、蓬莱山，入白水洋，过黄水洋后，横渡黑水洋，至夹界山，经五屿、排岛、白山、黑山诸岛，沿海岸线北行，至礼成港入海口，至高丽。泉州至日本航路，从泉州至明州，然后横渡东中国海，到肥前的值嘉岛（今五岛），再转航到筑前的博多（今九州福冈）；或者取道高丽航线，循西南海

---

① 〔宋〕吴自牧：《梦粱录》，浙江人民出版社 1980 年版，第 112 页。

岸南下，穿过济州岛，东行至对马岛、壹岐岛，抵博多。

明清时期，闽南的海外交流范围更广，尤其是私商贸易的兴起，往来国家与地区更多。据《东西洋考》记载，当时与月港有贸易往来的东西洋国家和地区达 40 多个，从月港出发的闽南海商也直接参与大航海贸易中。这一时期泉州安平商人也迅速崛起，当时的安平海商行商范围广泛，足迹遍及大江南北，而且与海外国家交流密切，"宋元于今，商则襟带江湖，足迹遍天下；南海明珠，越裳翡翠，无所不有；文身之地，雕题之国，无所不至"。① 其中尤以郑芝龙郑成功父子为重要代表，直接影响着东亚海域的政治与商贸格局。在东南亚国家中，菲律宾华裔商人以泉州群体为最多，史称："安平俗好行贾，自吕宋交易之路通，浮大海趋利，十家而九。"②

及至清代收复台湾，海禁逐渐放开，并于康熙二十三年（1684）在广州、厦门、云台山、宁波等处设立通关，管理对外贸易与征收关税，厦门也成为闽海关之所在，为福建通洋正口。及至清末五口通商，厦门又成为对外口岸，厦门与世界海洋贸易市场的联系也更为密切，其在闽南地区的地位日益凸显。

2013 年 10 月 3 日，习近平主席在印度尼西亚国会发表题为《携手建设中国—东盟命运共同体》的重要演讲，倡议筹建亚洲基础设施投资银行，与东盟国家共同建设"21 世纪海上丝绸之路"。2013 年 11 月，十八届三中全会通过的《中共中央关于全面深化改革若干重大问题的决定》明确提出："加快同周边国家和区域基础设施互联互通建设，推进丝绸之路经济带、海上丝绸之路建设，形成全方位开放新格局。"这也成为"一带一路"倡议的重要组成部分。

---

① 〔清〕佚名：《安海志》卷之二《士风民俗》，中国地方志集成·乡镇志专辑 (26)，上海书店 1992 年版，第 515—516 页。

② 〔明〕李光缙撰，曾祥波点校：《景璧集》卷一四《二烈妇》，福建人民出版社 2012 年版，第 684 页。

自 2013 年秋天提出共建"一带一路"倡议以来，越来越多的国家热烈响应。我们除了看到现实经济交往带来的物质繁荣的一面，同时还需看到在"海上丝绸之路"历史传统中不同文明交流互鉴的一面，这既是国家间交流合作的需求，也是历史文化的传承。如果说古代海上丝绸之路打开了各国各民族交往的窗口，书写了人类文明进步的历史篇章，那么共建"一带一路"深厚的文明底蕴、包容的文化理念，则为沿线国家相向而行、互学互鉴提供了平台，促进了不同国家、不同文化、不同历史背景人群的深入交流，使人类超越民族、文化、制度、宗教，在新的高度上感应、融合、相通，共同推进构建人类命运共同体。"海上丝绸之路"作为人类历史上跨文明交流互鉴、对话共存的典范，具有重要的历史价值与现实意义。

经由海上丝绸之路，历史上的闽南地区一直与海外保持着十分密切的联系与交流。宋元时期，迅速发展的海外贸易和社会经济，为泉州带来了巨额的财富。往来泉州的海商借助季风与洋流，利用传统的航海技术，沟通起不同海域与不同地区的文明，编织起古代东西方世界的交流网。他们依托古代海上丝绸之路展开了跨海交流。来自东西方的商队、使节、学者、旅行家、工匠等，在这一海上交通网上川流不息，使海上丝绸之路沿线国家的商贸活动、物产交换及人文交流得到前所未有的发展，从而揭开了泉州作为宋元中国的世界海洋商贸中心的序幕。千年岁月沉淀，给予泉州生生不息的力量。千年前，外国蕃商云集，留下了"涨海声中万国商"的繁华图景。千年后，多元文化共存，展现了"海纳百川"的开放气度。现如今，泉州正以高度责任感和使命感，向创建世界遗产典范城市的目标前行。

三、爱拼敢赢的进取精神

闽南地少人多，传统农耕并不足以生养，这使得很多闽南人只能背井离乡，积极向外谋求发展，这也培养了闽南人开拓进取的精神；而濒临大海的便利以及海洋贸易活动的频繁，也使得闽南人很早就具有走向世界的胸怀。正如乾隆《泉州府志》中所提到的："地隘而硗瘠，濒海之邑，耕四而渔六。山县田于亩者十三，田于山者十七。岁入谷少，而人浮于食。"[1] 是故濒海生民只能耕海为田，或出海捕鱼，或放洋贸易，积极向海洋拓展生存空间，并通过海上贸易获得生存资本。也正因这样的地理位置与自然环境，使得闽南人在惊涛骇浪中只能凭借自己的才智谋生，也由此逐渐形成"爱拼敢赢"的进取精神。正如闽南民间谣谚中经常被提到的"三分天注定，七分靠打拼"，所以很多闽南人也信奉"三分本事七分胆""少年不打拼，老来无名声"。

关于闽南人积极出海贸易习俗的形成，还与宋元以来闽南地区海外贸易繁盛密切相关。随着大量外国海商的持续到来，闽南商人从外国海商习得先进的知识和技术，包括开始熟悉国际海洋世界的市场状况和商业习惯，观察外国人建造与驾驭帆船的技术等。南宋诗人刘克庄有诗曰："闽人务本亦知书，若不耕樵必业儒。惟有桐城南郭外，朝为原宪暮陶朱。"所谓桐城指的就是泉州，而南郭即是城南，这种白天读书晚上做生意的"亦儒亦商"的生活形态，便是当时泉州人日常的真实写照。这种海贸习俗的形成，也使闽南海商得以逐渐建立起亚洲海洋商业网络，即便是在后来明清时期的海禁政策下，也未能阻止闽南人出海谋生的步伐，虽然屡屡犯禁，也要贩海出洋，所以也便出现"亦商亦盗"的情况。当开放海禁时，他们便是从事海贸的正当商人；而当海禁政策收紧时，仍要突破禁海封锁的这群人便由商转盗。这种强悍的进取作风，也使大量下南洋的闽南人得以在海外开辟出新的天地，即使是在异邦他乡的漂泊生活中经历苦难，仍能保持着积极开拓的精神。这也是闽南商人能在侨居地立足并成功的原因所在。

闽南这一独特的地理环境与人文条件，为海上丝绸之路的发展与繁荣

---

① 〔清〕怀荫布修，黄任、郭赓武纂：乾隆《泉州府志》卷二〇《风俗》，中国地方志集成·福建府县志辑（22），上海书店出版社 2000 年版，第 487 页。

奠定了文化基础，而海丝文化中的开放性、包容性以及多样性，也进一步丰富了闽南文化中的海洋精神，同时对闽南文化的建构与发展提供源源不断的内在动力。千百年来，古波斯、阿拉伯、印度和东南亚诸多文化在闽南得到广泛传播，并与古闽越文化、中原文化交汇交融、多元共生。"秋来海有幽都雁，船到城添外国人""苍官影里三州路，涨海声中万国商""缠头赤脚半蕃商，大舶高樯多海宝"等诗句就是对中古时期闽南海外贸易兴盛，蕃商云集的最好写照，他们也为闽南带来充满异国情调的风俗习惯与建筑艺术，开阔了人们的视野，令宋元时期以来的闽南变得多姿多彩、魅力无限。也正是在这个时期，闽南海商在海上丝绸之路沿线国家及地区留下了拼搏进取的足迹，也勾画出闽南与海外商贸往来的盛景，同时演绎着海丝传奇故事，并孕育了海纳百川、多元荟萃的闽南文化。

第二节　民风与民俗

正所谓"百里不同风，千里不同俗"，民风民俗是特定社会文化空间内历代人们共同形成、传承并遵循的行为方式，也是地域文化特色的重要表现。闽南僻处中国东南的地理环境与逐渐融入华夏文明的历史进程，使得闽南民风民俗中既保留了早期闽越族遗风，又继承了中原文化，同时还不断吸纳了海外文化，最终形成多元而又具有鲜明特色的闽南民风民俗。

一、闽南特有的生活习俗与民风

广泛流传于闽南地区的拍胸舞，又称"打七响"，是福建最有代表性的民间舞蹈之一。舞者头上套有稻草扎成的草绳箍，形似蛇状，舞者赤膊、跣足，舞步粗犷，其基本动作综合了头、颈、手、脚的协调性，随着舞步拍击胸、肋、腿、掌，故有"打七响"的说法。拍胸舞配合着节奏呈现出原始的力度与活力，有着极强的表现力，保留有原始、粗犷、古朴、诙谐而又热烈的古闽越族祭祀舞蹈的遗风。时至今日，在集会庆典、文艺踩街、迎神赛会、婚丧喜庆等活动中，仍随处可见拍胸舞表演者的身影，可见其强大的生命力。

据乾隆《泉州府志》载："濒海者恃鱼盐为命，依山者以桑麻为业，大抵皆崇俭朴。好佛法，重婚姻，丧祭以俭薄为耻。泉之为郡，风俗醇厚，其人乐善，素称佛国。"[1] 从闽南地区所沿袭下来的人生礼俗、岁时风俗、行业习俗中，既保存了中原古礼，又具有地方特色的民风习俗。人生礼俗贯穿着一个人的出生、成长、结婚、去世等重要环节。

闽南地区的婚礼沿袭中原古礼，即纳采、问名、纳吉、纳征、请期、亲迎等六礼，同时还有"送嫁妆"的习俗，即女家在嫁女前夕或数日，将陪嫁物品送至男家。陪嫁有被褥（即合欢被）、衣服、橱柜、箱凳、梳妆台、桌椅、脚盆、马桶、蚊帐等物，但不论贫富，嫁妆中必有马桶一只，内装红枣、花生、橘子等，也称"子孙桶"，以兆出嫁女"早生贵子"，这些物品俗称"彩头"。此外，在准备新房时，还会请一位"好命的"（家境好，多兄弟，最好生肖属龙）不满七岁的男孩在新被席上打滚或睡觉，即使溺尿也不介意，叫作"翻床铺，生乾埔（男）"，寓意早生贵子；一般床上放有男孩的新衣服、糖果与钱，用来酬谢男孩。婚礼结束后隔天，新娘回娘家时，女方父母要张罗请女婿，宴席结束后新郎要和伴郎先回家，而新娘则要等到即将天黑后跟挑甘蔗的小女孩（取"甘蔗"寓为甜蜜和节节高）回婆家，取义为"入门乌，生乾埔"（天黑入门可以生男孩）。

昔时闽南地区"顺月"得子的人家，还要做"三朝"（即小孩出生后第三天）、"满月"（生后一个月）、"四月日"及"度晬"（一周岁）。做"三朝"时，要备油饭、全鸡、酒菜，祭神、拜佛、敬祖先；以豆腐、肉、鸭蛋、韭菜、油饭祭"床母"，另备油饭、全鸡、瓮酒、油炸饼等礼品，送往外家。做"满月"时，祭神祖、床母与做"三朝"相同，有向"注生娘娘"或其他神明求子的人家，还要赴宫庙还愿祭谢。做"四月日"时，要把 12 个或 24 个酥饼用红丝绳串起来，挂在婴儿脖子上，拿着其中一个

---

① 〔清〕怀荫布修，黄任、郭赓武纂：乾隆《泉州府志》卷二〇《风俗》，中国地方志集成·福建府县志辑（22），上海书店出版社 2000 年版，第 482 页。

在婴儿嘴唇上抹抹口水说："收涎收离离，明年抱小弟。"做"度晬"，也要祭神、拜祖、请客、送礼。遇婴儿生病，"富贵家延医诊视，余皆不重医而重神。不曰星命衰低，辄曰触犯鬼物。牲醴楮币祈祷维虔，至抬神求药，尤为可笑"。如婴儿夜哭不止，便将写有"天皇皇，地皇皇，我家有个夜哭郎，仁人君子念一遍，一觉睡到大天亮"的红纸条贴在路边的墙上、树上，迷信这样可以治好"夜哭症"。闽南地区小孩还有吃"百家饭"，穿"百家衣"，戴"百家锁"的习俗。遇到小孩体弱多病或有冲忌，恐其夭折，也有将孩子寄名于神或僧、尼前为弟子，直到成年完婚后才结束"寄名"关系。

除了人生礼俗外，闽南人在参与海洋活动中，也逐渐形成一套特有的行业习俗。风作为木帆船时代的主要航行动力，也是船只遭风漂流沉没的最大威胁，其中又以风暴对船只的危害最大，所以闽南人常以出海经历的风暴信期，附以神明故事，便于记诵。正如道光《厦门志》所提到的："月别有暴，或先期即至，或逾时始发，不出七日之内。大约按其信期，系以神明故事，便于省记。"[1]

在古代，闽南地区大型木帆船出洋远航，在出港前还要举行隆重的"放洋"仪式。所谓"放洋"，是船只在开洋前，事先要用竹篾和布糊制一艘与本船样式相同的布船，其长丈余，以篾为骨架，以布糊为船身，并漆上桐油，画上龙目。船上伙计水手各司其职，在彩船上准备好各种相对应的工具，如桨、橹、锅具等物，由艄公定下罗盘方位。此仪式过程颇为肃穆，船上任何伙计都不能询问或观看。出海时，先将布船顺流放出，即为"放洋"，取出洋顺风顺流，一路平安之意。[2]

舟人海上遇险时，除了祭祷神灵护佑外，也会通过"作彩舟"、上"龙神免朝"书、"划水仙"等作为禳厌破解之法；要是在航行中捞到骸骨

① 〔清〕周凯修、凌翰 等：道光《厦门志》卷四《防海略》之"风信"条，成文出版社 1967 年版，第 91 页。

② 刘浩然：《闽南侨乡风情录》，香港闽南人出版有限公司 1998 年版，第 258 页。

或浮尸时，还要通过"做海醮"的仪式来安置亡故之人；而如果是出现"不得尸葬"的情况，则需要以"引水魂"的方式来接引亡魂。

在闽南地区，船民会将那些从海中网取的大鱼骨、大兽骨，尤其是人的骨头进行特别安置，这些骸骨一般都会在返航回港后被供奉于海边的神庙中。因为船民认为既然捞到这些骸骨，那就说明有缘，也会认为这是"彩气"，不可随意丢弃。当地人将这种骸骨称为"好兄弟""头目公""阴公"等。而沿海各村落这些安放海上遗骸的小庙，又被称为阴公庙、海头宫。随着宫庙中骸骨的增加，每隔几年就会举行"做海醮"的仪式，安葬这些"好兄弟"。逢年过节，附近民众也会在海滩上用五味碗、银服焚烧供奉这些"好兄弟"。在厦门一带，除称"好兄弟"外，还有称"好姐妹"的。

据刘浩然先生调查，在闽南地区，如果船只出洋发现浮尸，必须先烧些纸头钱，即将尸体捞起放在甲板上，待船行至海岸登陆后，再加以埋葬。凡船只载有尸体的，要进港时，须事先派人通知全港各船，均用黑布把船目蒙上，以表示哀悼之意。要是船行海上，碰到船上有人突然亡故，则须将其尸体用被单包裹，在船尾将尸体放入海中，俗称"水葬"，亦有将尸体转入麻袋之中，并加入一些煤块，然后沉入海底者。对于出洋满载而归的船只来说，船主还要备办廿四味筵碗孝敬天公和妈祖，并备香、金、烛、炮敬献。敬神之时，需另备一大海碗，并从廿四味中各夹取一些放入大海碗中，待敬献礼毕烧金纸之时倒入海中，以孝敬"好兄弟"。焚烧金纸时，金纸要卷成圆筒形，称为"一卷金"，放在甲板上边烧边说"让好兄弟得"，然后艄公高喊："满载！顺风！"[①]

对于海上罹难而"不得尸葬"的亡故者，则需要以"引水魂"的仪式来接引亡魂。关于"引水魂"仪式的具体过程，是先将死者的姓名、生辰及出事时间写在招魂幡上，同时竖一根带叶子的青竹，竹顶挂一面小锣或

---

① 刘浩然：《闽南侨乡风情录》，香港闽南人出版有限公司1998年版，第258—259页。

放一只白公鸡，同时在竹上挂白布与死者的衣服。前面摆设五果六斋、三牲酒醴及纸船等物。这种仪式还要请道士作法念咒或请和尚唱念经文，同时要抬出当地境主或者其他神佛前来协助，并让死者的亲人抓住青竹转动。如果青竹倒了或者白公鸡飞走了，就被认为可能是溺死者的魂被引回来了，经占卜确定后，即可以将纸船焚烧，再把青竹烧成灰装在缸里作为骨灰，捧回祖厝。① 这样死者就能入土为安，而不会成为无主孤魂，且可在祖厝立神主牌位。闽南人对那些海上遗骸的妥善安葬，是人本主义的体现，是对逝者的尊重，更是一种人心向善的关怀，时至今日，我们仍可以从这些海上信仰的传播与交流中得到许多有益的启示。

二、闽南民俗（外来宗教的影响、家族信仰）

宋元时期的泉州以"刺桐"之名闻名于世，作为当时东方最大的海上贸易港口，泉州也就成为印度洋和西太平洋海上航运和贸易线路上的重要节点城市。在这一时期，泉州的国际航海与贸易联系范围十分广泛，伴随着海贸活动，大量来自阿拉伯、波斯、印度、犹太和欧洲等地区的商人与传教士纷纷来到泉州，"涨海声中万国商"的诗句就是这一时期泉州港繁盛的生动写照，泉州也由此成为宋元中国杰出的对外经济与文化交流窗口，以及影响当时世界的海洋商贸中心。

"泉，七闽之都会也。番货远物、异宝珍玩之所渊薮，殊方别域富商巨贾之所窟宅，号为天下最。"② 这是元代著名学者吴澄对当时泉州港盛况的精彩描述。元大德六年（1302），庄弥邵在《罗城外壕记》中也曾写道："泉本海隅偏藩，世祖皇帝混一区宇，梯航万国，此其都会，始为东南巨镇。……一城要地，莫盛于南关，四海舶商，诸番琛贡，皆于是乎集。"③

---

① 陈垂成主编：《泉州习俗》，福建人民出版社 2004 年版，第 95－96 页。

② 〔元〕吴澄：《吴文正集》卷二八"送姜曼卿赴泉州路录事序"，景印文渊阁四库全书本第 1197 册，台湾商务印书馆 1986 年版，第 300 页。

③ 〔清〕怀荫布修，黄任、郭赓武纂：乾隆《泉州府志》卷一一《城池》，中国地方志集成·福建府县志辑（22），上海书店出版社 2000 年版，第 219 页。

泉州作为"海上丝绸之路东端最重要的一环",经由海路和陆路而来的中外文明在这里相遇,伊斯兰教、摩尼教、基督教、印度教等各种外来宗教在此与中国本土的宗教和谐共处。

台湾学者张彬村的研究认为,泉州海商群体的形成,与当时大量来此定居的回教海商的影响关系密切,本地海商与番商混居于城南区域。10世纪末,闽南人已经跟随回教商人到东南亚海域通商买卖,当时出洋的闽南人可以说是回教海商的学徒。随着经验的积累,到了11和12世纪,闽南海商已经能够与回教徒并肩贸易于中国海域与南海,并最终在南海的贸易世界取代了回教商人。①

12—14世纪的泉州,已经是个无比繁荣的商业城市。城南番商聚居区的形成与发展,有利于将番商故土的风习信仰、家庭结构、商贸模式等带到泉州来,并与泉州本土商人互相影响。海上贸易的极度繁荣,使泉州社会几乎所有阶层的人都被裹挟进这场商业大潮之中。重商的风气非常浓厚,它在很大程度上改变了人们的价值取向。而这种海贸习俗的形成,也使泉州海商得以逐渐建立起亚洲海洋商业网络。这种变化在商业核心区的"泉南"表现得尤为突出。当时泉州人的这种生计模式也成了泉州各个家族普遍认同又被不断重复的社会人文传统,传承至今。

此外,宋元时期不同族群与文化在泉州的长期接触所产生的交流、碰撞与融合,以及由此引起的生活习俗、宗教信仰、价值观念、艺术形态、婚姻与家族血统的一系列变化,从泉州穆斯林家族编修族谱、与汉人通婚以及墓葬等形式中均可以得到印证。

"夷夏杂处"促使了人种与血缘自然而然的融合,它是文化接触所带来的结果,也大大改变了这个城市的婚姻形态和家庭结构。有证据表明,不少穆斯林商人与当地妇女结婚,其后代又与当地汉人通婚,是极为普遍的现象。如1321年死于泉州的波斯穆斯林艾哈玛德的墓碑上明确写着:这

---

① 张彬村:《宋代闽南海贸习俗的形成》,《海交史研究》2009年第1期。

是这个家族母亲的城市——"刺桐"，立碑人是死者的儿子阿含抹，这个家族后来改姓苏，阿含抹成了一世祖，给父亲取了个汉名叫维智，其家族后代也都普遍与当地汉人通婚。

宋元时期，伴随着航海贸易活动，除了阿拉伯人和波斯人外，还有来自印度、犹太和欧洲等地方的商人与传教士来到泉州，并在泉州留下了关于寺庙、教堂、墓葬等的相关石刻实物与文献记载。泉州海外交通史博物馆收藏的 1306 年泉州景教兴明寺碑，通篇碑文几乎全是佛教的词语，让人疑为佛教之物。他们称基督为"佛"，称教堂为"寺"，称主教为"大德"或"僧"，称教堂的主持人为"住持"。

1946 年出土的"安德烈·佩鲁贾墓碑"，为罗马教皇派到泉州的第三任主教，1326 年他在致信家乡中描述了刺桐的繁盛："在大洋海岸有一相当大城市，波斯语称之为刺桐。城内有一富有亚美尼亚夫人，建一十分雄伟华丽的教堂，后来总主教将此教堂作为总教堂。……在此大帝国境内，确有天下各国和各宗教教派之人。所有的人皆可按照各自教派而生活。他们认为，每个人都可在他所信宗教内得救，虽然此见解是谬误的。我们可以自由传教而不受干涉。但犹太人和萨拉森人无改宗信基督教者。有大量异教徒受洗，不过他们虽受洗礼，但并不按基督教义行事。"[1]

从保存在法国巴黎图书馆的这封信函中，我们可以了解到当时泉州的情况，传教士在这个城市可以自由传道，虽然犹太人和回教徒没有一人改信天主教，但此地佛教信徒的居民已有很多人前来接受洗礼，只是不少人洗礼后还继续在崇拜偶像，让他感到不安和无奈。

根据元代来访中国的旅行家记载和泉州出土的碑记，元代泉州建有三座天主教教堂和一座景教教堂。约翰·马黎诺里是意大利佛罗伦萨人，圣方济各会士，也是元朝末年来中国的罗马教皇使者，在其游记中就提到："刺桐城，这是一个令人神往的海港，也是一座令人惊奇的城市。方济各

---

① [英] 阿·克·穆尔著，郝镇华译：《一五五〇年前的中国基督教史》，中华书局 1984 年版，第 218—220 页。

会修士在该城有三座非常华丽的教堂，教堂十分富足，有一浴室，一栈房，这是商人储货之处。"意大利方济各会传教士鄂多立克也记录下当时泉州基督教的情况："我来到一个叫做刺桐（ZAYTON）的著名城市，吾人小级僧侣在该地有两所房屋，我把为信仰耶稣基督而殉教的僧侣的骨骸寄放在那里。此城中有大量各种生活必需品。例如，你用不着花到半个银币便能买三磅八盎司的糖。该城有波洛纳（Bologna）的两倍大，其中有很多善男信女的寺院。"①

基督教传入中国以后，为了寻求认同，获得立足，借用许多中国元素创造了丰富的图像艺术，泉州基督教石刻图像艺术便是基督教文化与中国文化碰撞、融合的产物。20 世纪 30 年代以来，在泉州古城墙及其附近地段先后出土了数十方雕刻着十字架、天使、莲花等图案的古基督教墓碑、墓盖，图案特殊且形式多样，融合了中外不同的文化，这也引起学术界的高度关注，因其在泉州发现而被称为"刺桐十字架"。1988 年发现的四翼天使石刻，正中为拥有两对巨大羽翼的天使以佛像之姿趺坐，头戴三尖冠，身披云肩，双手合捧莲花十字架，身下为朵云纹样。这一将多种宗教、文化元素融为一体的石刻，在世界范围内也是极为少见的，极大地丰富了闽南文化的多元特性。

伴随着移民与地区的开发，闽南也形成了聚族而居的家族文化，而这也是中华传统文化在闽南传播，并与历史上理学思想及地域社会环境相结合的产物。据史书记载，"永嘉之乱，衣冠南渡，始入闽者八族"，其中有林、黄、陈、郑、詹、邱、何、胡八姓，皆为中原大族，入闽后先在闽北建安及闽东晋安定居，而后逐渐向闽中和闽南沿海地区扩散，史称"衣冠南渡，八姓入闽"，这是中原地区人民第一次大规模南迁，也是北方汉人与闽人的第一次大融合。

不断迁入的中原士族在闽南地区逐渐形成了一个个具有特定基质的家

---

① ［意］鄂多立克著，何高济译：《鄂多立克东游录》，中华书局 2002 年版，第 65 页。

族，这也就构成了地方基层社会组织的基本形态，这些家族注重血缘与聚居性，并形成了某种"超稳定性"，即具有相近的生活方式、价值取向和心态的稳定性等。在闽南地区的古厝门楣上，随处可见镌刻着各种衍派和传芳的匾额，如太原衍派、陇西衍派、清河衍派、开闽传芳、九牧传芳、宝树传芳等，这些都是家族文化与信仰的重要标识。

为使族人能够最大限度保持家族认同，保障家族系统的存在和延续，闽南地区各姓也通过兴建宗祠、祭祀祖先、编修族谱等形式，不断强化家族意识与信仰。

"祠堂者，敬宗者也。""祖宗祭祀，必诚必敬……不许苟且，亵慢先灵。……如故犯，拿赴祠堂重责"，祠堂家庙作为族人祭祀祖先或先贤的场所，是我国乡土建筑中的礼制性建筑，也是家族的象征和中心，同时还是地域文化及经济发展水平的象征和民俗文化的代表。每一座祠堂，都是一部浓缩的家族史。祠堂不仅记录着一个家族的血脉延续，同时也凝结着无数族人的深深眷恋。千百年来，闽南地区各姓宗祠浓缩了闽南建筑的精髓，飞檐翘脊，出砖入石，雕梁画栋，红瓦大坡屋顶，尽显闽南古建筑的恢宏气势；而祠堂内的牌匾、陈设、族谱、对联、修祠碑记等，也记录着一个家族的荣辱兴衰。这些牌匾与楹联内容，对于敦亲睦族，弘扬孝道，启迪后人，维护家庭、宗族与社会稳定，都具有重要的作用。

除此之外，族谱也是维系家族文化的重要载体，它不仅记载家族世系繁衍与家族历史，也蕴含着敦宗睦族的思想。自明清以来，闽南地区修缮谱牒之风尤为盛行，故而在闽南地区也保留下丰富的族谱资料。这些族谱文献也伴随着闽南人移民海外而再次传播，成为海外闽南人寻根问祖的重要参考。闽南地区所保存下来的家族活动，也是中华传统文化中"敬宗睦族"的宗族情感的重要体现。

第三节　文化名人、文学艺术与方言

自汉人南迁入闽以后，中原文化也传入闽南，在地方官员兴学重教的倡导，以及流寓于此的文人讲学推动下，泉漳等地的文教事业得以不断发展。科举勃兴，科名鼎盛，理学传承，在闽南地区也涌现出许多具有全国影响力的文化名人，如黄道周、李贽、李光地等。

相对于中原与江南富庶的地区，闽南文学的发展要迟滞许多，直到北方汉人入闽避乱后，才逐渐步入正轨。就闽南文学的成就而言，既包括闽南籍文人群体，也包括曾任官或流寓于闽南的非闽南籍硕儒名士创作的作品。

方言是地域文化的重要载体，承载着地方历史、文化、经济、政治、风俗等方面的发展与变迁，因而也成为地域文化中最具特色的因素，也是区别不同文化间的重要标准。闽南方言也正是历史上闽越先民与中原汉人移民等不同族群在互动交融中长期演化的产物，具有鲜明的地方特色与世界性意义。

一、文化名人

李贽（1527—1602），原名载贽，字宏甫，号卓吾，别号温陵居士，泉州晋江人，为明代著名的思想家、文学家。26 岁中举，先后任河南辉县教谕、南京国子监博士、北京国子监博士、北京礼部司务、南京刑部员外郎、云南姚安知府。万历九年（1581），李贽辞官寄寓湖北黄安，专事讲学著述。

万历十六年（1588），李贽移居麻城维摩庵，翌年于龙潭芝佛院落发为僧。万历十八年（1590），《焚书》六卷在麻城刊印，书中收录书信、杂述、史评等内容，在自序中自嘲道："所言颇切近世学者膏肓，既中其痼疾，则必欲杀之，言当焚而弃之，不可留也。"该书批判孔孟、讽刺假道学，同时还将矛头直指程朱理学，一经刊行便因其"异端"思想而受到当时官绅的抨击，并被列为禁书。

万历二十七年（1599），李贽的《藏书》68卷在南京刊行，分"世纪"和"列传"两部分，对历史人物作出了不同于传统见解的评价，旨在反对宋明道学，也是对现实社会的批评。李贽认为该书"乃万世治平之书，经筵当以进读，科场当以选士，非漫然也……凿凿皆治平之事与用人之方"，然而当时"海内是非之口纷如"。万历三十年（1602），礼部给事中张问达上疏弹劾李贽，以"敢倡乱道，惑世诬民"的罪名在通州将之逮捕，并焚毁他的著作，李贽则在狱中以剃刀割喉自尽。

李贽以孔孟传统儒学的"异端"自居，对封建社会的男尊女卑、重农抑商、假道学、社会腐败等现象大加痛斥批判，反对理学空谈，倡导功利价值，主张"革故鼎新"和个性解放，反对思想禁锢，提出了"至道无为、至治无声、至教无言"的政治理想。他还鲜明地提出了"穿衣吃饭即是人伦物理"这一深刻命题，强调"不言理财者，决不能平治天下"。此外还提出"治贵适时，学必经世"的主张，这对于我们今天在理想主义与经验主义之间保持必要的思想张力，依然具有重要的启迪意义。[①]

在文学方面，李贽提出"童心说"，并以此为核心展开了关于人的自由的本体论论证，主张创作要"绝假还真"，抒发己见，"头可断而身不可辱"；同时将"童心说"运用于对孔孟儒学之祛魅，提出了"不以孔子之是非为是非"的主张，力图使人们的思想从道统论的精神枷锁中解放出来。在诗文写作风格上主张"真心"，反对当时风行的"摹古"文风，这也对晚明文学产生了重要影响。李贽思想在晚明产生了巨大的社会影响，有力地推动了以"破人之执缚"为特征的思想解放运动。

李贽一生著述颇丰，其重要著作有《焚书》《续焚书》《藏书》《续藏书》《史纲评要》等，其著述先后数次被禁毁，然而民间盗印、假托者不绝。李廷机在《祭李卓吾文》中赞道："心胸廓八肱，识见洞千古。孑然

---

① 许苏民：《论李贽思想的历史地位和历史命运》，《福建论坛》2006年第4期。

置一身于太虚中，不染一尘，不碍一物，清净无欲，先生有焉。盖吾乡士大夫未有如先生者，即海内如先生者亦少矣。"《四库全书总目提要》评价道："赘非圣无法，敢为异论。虽以妖言逮治，惧而自到，而焦竑等盛相推重，颇荣众听，遂使乡塾陋儒，翕然尊信，至今为人心风俗之害。故其人可诛，其书可毁，而仍存其目，以明正其名教之罪人，诬民之邪说。"在泉州鲤城区南门万寿路有李贽故居，为其青少年时代居住的地方，故居内塑有李贽铜像，以供世人瞻仰。

黄道周（1585—1646），字幼玄，号石斋，漳州漳浦县铜山人，为明末著名学者、书画家、民族英雄。黄道周自幼聪颖好学，5岁入学，8岁能文，有"闽海才子"之誉。38岁中进士，与倪元璐、王铎同科，选庶吉士，授翰林编修，任经筵展书官，此后屡有起谪，曾为钱龙锡辩冤，廷辩杨嗣昌议和，因直谏而被连贬六级，后辞官归里守墓，专心著述。南明弘光朝时出任吏部侍郎、礼部尚书，隆武朝任武英殿大学士兼吏、兵二部尚书，募兵北上抗清，为徽州守将张天禄俘获。

黄道周在南京狱中有诗云："六十年来事已非，翻翻复复少生机。老臣挤尽一腔血，会看中原万里归。"清廷派出洪承畴对其进行劝降，黄道周写下联句："史笔流芳，虽未成功终可法；洪恩浩荡，不能报国反成仇。"黄道周在临刑前，向南方再拜，给家人留下血书："纲常万古，节义千秋；天地知我，家人无忧。"死后，人们在其衣中发现"大明孤臣黄道周"七个大字。其讣讯传至福建，隆武帝震悼罢朝哀悼，特赐谥"忠烈"，赠文明伯，并令在福州为黄道周立"闵忠"庙，树"中兴大功"坊；另在漳浦立"报忠"庙，树"中兴苉辅"坊，春秋奠祭。百年后，乾隆皇帝褒扬其忠君爱国的气节，追谥"忠端"；道光四年，旨准从祀孔庙。

黄道周一生讲学论道，著作甚丰，于易学象数、天文历算等方面有专深的研究，著有《儒行集传》《石斋集》《易象正义》《春秋揆》《孝经集传》《名诚堂问业》《神宗实录》《兴元纪略》《博物典汇》等，后人辑成《黄漳浦先生全集》。此外，黄道周还工书善画，诸体皆善，自成一家，其落笔劲健，书风雄健奔放，古拙质朴，饶有意境，与其刚正不阿、不流凡俗的个性相映衬。在其殉国后，《明史》赞其"文章风节高天下""学贯古今，所至学者云集"。李光地也评价道："明代士大夫如石斋辈，炼出一股不怕死风气，名节果厉。"

黄道周一生上承孔孟治世之道，又继承发扬朱子思想，针对晚明理学发展的困境和危机，主张调停朱陆、会通朱王来弥合理学的内部冲突，以期程朱理学与陆王心学的统一。纵观其一生，坚守仁义忠信，刚正不阿，将尽忠报国的气节展现得淋漓尽致，为后人所推崇。

李光地（1642—1718），字晋卿，号厚庵，别号榕村，泉州安溪人，为清初理学名臣。李光地自幼聪颖好学，康熙五年（1666）中举，康熙九年（1670）中进士，选庶吉士，此后历任翰林院编修、翰林学士、兵部右侍郎、工部左侍郎、顺天督学、直隶巡抚，累官至文渊阁大学士兼吏部尚书。

李光地在政治上清廉勤政，公忠体国，秉持大义，不拘小节。其一生事功：曾协助平定三藩之乱，力主收复台湾维护国家统一，同时还着力于治理河务、蠲免钱粮等。康熙五十七年（1718），因疝疾速发，卒于任所，谥号"文贞"。康熙皇帝对其给予高度评价："李光地谨慎清勤，始终一节，学问渊博。朕知之最真，知朕亦无过光地者。"雍正元年（1723），加赠太子太傅，入祀贤良祠。

李光地一生著述丰富，有《朱子礼纂》《性理精义》《榕村语录》《榕村文集》《榕村别集》等，尤其在易学方面著作丰富，撰有《周易通论》《周易折中》《周易观象》等，"以易学致用、以性理说易"是其治易的重要特色。李光地在继承传统文化基础上，广征博览，批判吸取，兼采程朱陆王的"以性为本"的理学思想体系，具有突破传统和革新传统的积极意义；同时主张"公天下之欲"，这是对"存天理，灭人欲"的禁欲主义说教的又一突破。他也反对把西方技术发明看作"奇技淫巧"的错误观点，赞扬西洋技术发明"皆有用之物"，明确肯定"工之利用极大"，表现出了非凡的远见卓识，是主张引进西方技术的先觉者和先行者，最具历史进步意义。[①]《四库全书总目提要》评定其所学曰："光地之学，源于朱子，而能心知其意，得所变通，故不拘墟于门户之见。其诂经兼取汉唐之说，其讲学亦酌采陆王之义，而于其是非得失，毫厘千里之分，则辨之甚明，往往一语而决疑。"

李光地故居位于泉州安溪湖头镇中山街，厅前悬挂"夹辅高风"匾额，为康熙帝所赐。湖头镇湖四村的俊民中学边有"榕村书屋"，即贤良祠，厅堂内外环墙嵌大理石，镌刻有康熙御书《太极图说》《巡子牙河建坝诗》等诗文。祠右有石构碑亭，有雍正《谕祭文》碑，赞扬李光地为"一代之完人"。

二、文学成就

有着"开八闽文教之先"之称的欧阳詹，是闽南历史上第一位在全国具有声名的文学家。欧阳詹（755—800），字行周，泉州晋江人，于唐贞元八年（792）与韩愈、崔群等人同登"龙虎榜"，此为闽南科举事业破天荒、开气运之举。贞元十五年（799），得授"国子监四门助教"的官职。欧阳詹与韩愈等人交善，全力支持和参与韩愈、柳宗元等人所倡导的"文以载道"的古文运动，有《欧阳行周文集》10卷行世，其诗文精于说理，议论周详而有新意，表现出较深的文学素养与文学成就。韩愈称其文章"切深，喜反复，善自道"，李贻孙也赞其文"新无所袭，才未尝困。精于理，故言多周详；切于情，故叙事重复，宜司当代文柄，以变风雅。"自欧阳詹中进士后，闽南文士向慕读书，儒学文风大盛。《闽政通考》就赞道："欧阳詹文起闽荒，为闽学鼻祖。"朱熹来泉州讲学，也为欧阳詹四门祠题联曰："事业经邦，闽海贤才开气运；文章华国，温陵甲第破天荒。"

自欧阳詹之后，唐五代时期闽南又有以文章辞赋名世者。如泉州的陈

---

① 苏黎明、林华东：《全球视野下的李光地研究》，《泉州师范学院学报》2019年第3期。

蝦，以词赋名世，著有《陈郎中诗文集》；欧阳柜，工文词，有《欧阳降之文集》；陈黯，诗篇词赋笺檄皆精，撰有《绮藏集》；颜仁郁，有诗百篇，婉转回曲，历道人情，邑人途歌巷唱之，号"颜长官诗"。漳州的潘存实，以诗赋闻名，著有《良山存稿》；周匡物，以诗见长，文辞优雅。此外，入闽任职官员及流寓闽南的文人，也对闽南文学的发展产生重要的影响，其代表人物有李椅、常衮、薛播、姜公辅等。

入宋以后，随着闽南经济的开发，尤其是南宋政治中心移跸杭州，闽南也得到较快的发展，朱熹、真德秀、王十朋等硕儒讲学任官于闽南，对闽南文学产生重要的影响。

朱熹（1130—1200），字元晦，号晦庵，晚称晦翁，是南宋著名的理学家与思想家、教育家，其在泉州期间，曾先后讲学于石井书院、杨林书院、小山丛竹书院。明李光缙在《请重修唐四门助教欧阳行周先生不二堂疏》中就曾提到："朱文公为同安主簿，每抵郡城，必登小山，称其山川之美，为郡治龙首之脉，徘徊数日而后去，自书曰'小山丛竹'。"[①] 朱熹诗、词、文皆工，在文学理论上也颇有建树，讲究"以理入诗"，倡导自然，推崇文以载道、文道统一的文学观。

真德秀（1178—1235），字景元，号西山，曾于嘉定十年（1217）和绍定年间（1228—1233）两任泉州知州，整顿市舶积弊与地方吏治，引导民风，兴修水利，巩固海防。在泉期间倡修《清源文集》，在《真西山文集》中也收录了许多关于其在泉州任内所撰文章，《泉州劝孝文》《泉州劝农文》《再守泉州劝谕文》《再守泉州劝农文》《劝学文》等，行文言简意赅，不事辞藻，便于传诵。

王十朋（1112—1171），字龟龄，号梅溪，于乾道四年（1168）出知泉州，在泉期间，兴修水利，发展生产，重建贡院与北楼，居官有节，泉郡诸多名胜皆留有其履痕，并在泉州留下了"八闽形胜无双地，四海人文

①〔明〕李光缙撰，曾祥波点校：《景璧集》卷十一《请重修唐四门助教欧阳行周先生不二堂疏》，福建人民出版社 2012 年版，第 496 页。

第一邦"的联句。王十朋诗才横溢，凡眼前景物，常常感而成诗，其在泉诗篇多是爱民忧民之作。朱熹赞其诗文："浑厚质直，恳恻条畅，如其为人。不为浮靡之文，论事取极己之意。然其规模宏阔，骨骼开张，出入变化，俊伟神速。……是以其心光明正大，疏畅润达。"

在这些硕儒名宦的影响带动下，闽南本土文人整体水平也不断提升，涌现出像梁克家、郑褒、谢伯景、留元刚、刘用行、王献臣、谢文龙、郑公显等代表性人物。

梁克家（1127—1187），字叔子，晋江人，自幼聪敏，勤奋自励，书过目成诵，绍兴三十年（1160）廷试第一，高中状元，累官至端明殿学士、金书枢密院事、参知政事，拜右丞相，封仪国公、郑国公；著有《淳熙三山志》《中兴会要》等，其文"浑厚明白，自成一家，辞命尤温雅，多行于世"。

谢伯景（998—1054），字景山，晋江人，天圣二年（1024）进士。欧阳修曾高度评价其诗文成就："景山诗颇多，皆无愧于唐诸贤，而仕宦不偶，终以困穷而卒。"其妹希孟亦工诗，"景山尝学杜甫、杜牧之文，以雄健高逸自喜。希孟之言，尤隐约深厚，守礼而不自放，有古幽闲淑女之风，非特妇人之能言者也"。

元明时期，闽南文学相较于北方元曲与小说等题材的兴起，仍基本是循着传统诗词与文章的方向发展。有元一朝，闽南文人较为著名者有卢琦和释大圭。

卢琦（1306—1362），字希韩，号奎峰、立斋，元末惠安人。元至正二年（1342）进士，曾任永春、德化县尹，福建盐科提举，所至颇有政声。其文品诗名卓著，备受世人推崇，与陈旅、林以顺、林泉生被誉为"元末闽中文学四大名士"，有《奎峰集》二卷传世。其《游洞岭寺》一诗有"日高花散影，风定竹无声"句，为一代名句，后人赞其："元诗三十大家选，公诗澹远，意境绝高，出三十大家上，盖韦、孟之诗也。"卢琦对明代八闽诗坛有较大影响，明"闽中十才子"的诗受他影响颇巨。

释大圭（1304—1362），字恒白，号梦观，晋江人，自幼研习儒学，擅长诗文，及长，遵父所愿，弃儒入释，于泉州开元寺出家为僧，融通儒释，有诗句云"不读东鲁书，不知西来意"，有诗文集《梦观集》刊行，所收体裁多样，语言平易通俗，"其诗气骨磊落，无元代纤秾之习，亦无宋末江湖蔬笋之气"。其诗近陶渊明，文类柳宗元，多关注元末泉州社会民生与疾苦。时人吴鉴序其诗文曰："华实相副，词达而意到，不雕镂而工，去纂组丽，屏耕锄而秀。"卢琦亦赞曰："诗简淡而文古雅，不事斧凿，直与古人相伯仲。盖清淑之气得之所禀，故其长篇短制、奇词粹语，一自肺腑中流出。"

明代闽南文学突出表现在诗词、散文与文学评论上，重要代表人物有黄克晦、王慎中、李贽、黄道周等。

黄克晦（1524—1590），字孔昭，惠安崇武人。其以布衣之身，兼擅诗、书、画，以号吾野山人行于世，有《吾野诗集》五卷传世，既有隐逸避世之作，也有反映民生疾苦的诗篇。其诗格调优美，音律铿锵，气完而神定，色浑而味永，同时重视采集民间歌谣，熟练掌握各种体裁诗歌的艺术技巧，表现出鲜明的个性。昔人曾评曰："其诗亦出历下、太仓之门户，而渐染稍轻。朱彝尊《静志居诗话》谓"青溪社集诸人，允当推克晦为祭酒，盖以此也。"

王慎中（1509—1559），字道思，号遵岩，晋江人。嘉靖五年（1526）中进士，为明朝反复古风的代表人物。王慎中认为作文最重"义法"，提倡文章要"直抒胸臆，信手写出"，即"道其中之所欲言""卒归于自为其言"，以表达作者的真情实感。李贽对其给予高度评价："其为文也，恒以构意为难，每一篇，必先反复沉思。意定而辞立就。细观之，铺叙详明，部伍整密，语华赡而意深长。"有《遵岩集》《玩芳堂摘稿》《遵岩子》《王参政集》等存世。

清代民国时期的闽南文学，既表现出对前代文学的继承与发扬，也展现出鼎革之后新的气象。在清代较有影响力的闽南文人有丁炜、李光地、蓝鼎元等。

丁炜（1627—1696），字澹汝，号雁水，晋江陈埭人。从人才举授漳平教谕，历任户部主事、兵部郎中、湖广按察使。丁炜在政事之暇，致力于诗词古文的创作和研究，力追唐宋诸家，王士祯称之与同时海内十子齐名。丁炜论诗力主合法近情，入情合理，有诗论云："诗，道性情者也。性情之所发，怫者不可使愉，忻者不可使戚。故江潭憔悴，必无广大之音；廊庙清和，自鲜烦嚣之调。"其词豪放婉约兼容，亦为当时名家所推重。著有《问山文集》《问山诗集》《涉江集》《紫云词》等。

蓝鼎元（1680—1733），字玉霖，号鹿洲，漳州漳浦人。蓝鼎元自幼熟读经史，尤喜古诗文，通达治体，谈论经济，曾随族兄蓝廷珍入台筹划军机，提出许多治台策略，被誉为"筹台之宗匠"。有《东征集》《平台纪略》《鹿洲公案》《女学》等著作行世，其诗文关注现实，最为有名的有《台湾近咏十首》，《全闽诗话》称其诗"番俗夷情，洞若观火，所谓坐而言，起而可行者，非若前代词人徒夸山川之瑰丽，赋物产之珍奇已也"。

随着近代西方思想的传入，闽南作为与西方世界接触的最前沿地区，文学创作也展现出紧扣时代脉搏的新变化。这一时期最具国际影响力的闽南文人有辜鸿铭、林语堂、许地山等。

辜鸿铭（1857—1928），名汤生，字鸿铭，号立诚，同安县人，出生于马来西亚槟榔屿。辜鸿铭学博中西，精通英、法、德、拉丁、希腊、马来西亚等9种语言，获13个博士学位，是清代精通西洋科学、语言兼及东方华学的中国第一人。其一生致力于沟通中西文化并诉诸翻译事业，将儒家经典翻译为外文介绍给西方世界，其代表作有《中国人的精神》；同时也将外国诗歌翻译为中文介绍到国内，成为近代向国内译介西方诗歌的先驱，为中西文化交流作出历史性贡献。

林语堂（1895—1976），原名和乐，后改玉堂，又改语堂，漳州龙溪人，是我国现代著名作家、翻译家与语言学家。林语堂不仅是《语丝》的主要撰稿人，创办了《人间世》《宇宙风》等刊物，还倡导"幽默文学"

以及闲适的小品文，文字自然流畅，自有意趣。代表作有《吾国吾民》《京华烟云》《生活的艺术》等。其自传体小说《赖柏英》还将闽南话、闽南风俗等闽南元素融入其中，富有鲜明的地方文化特色。在其晚年，还以闽南话创作五言诗，极具风土气息："乡情宰（怎）样好，让我说给你。民风还淳厚，原来是按尼（如此）。汉唐语如此，有的尚迷离。莫问东西晋，桃源人不知。父老皆叔伯，村妪尽姑姨。地上香瓜熟，枝上红荔枝。新笋园中剥，早起食谙糜（粥）。胪脍莼羹好，呒值（不比）水鸡低（甜）。查母（女人）真正水（美），郎郎（人人）都秀媚。今天戴草笠，明日装入时。脱去白花袍，后天又把锄。黄昏倒的困（睡），击壤可吟诗。"

三、闽南方言

就闽南方言的形成来看，主要来源于早期闽越土著、北方南迁的中原汉人、中外交流中的外来词语，正是在不同历史时期、不同族群间的文化交流与语言互动中，经过长期的磨合，最终形成富有特色的闽南方言。其中闽越族是底色，中原汉人语言是主体，海外词汇输入是延展。

语言学家经过词汇比对，认为闽南方言中仍保留有壮侗语与壮傣语的语音痕迹，如峉、寮等字常见于闽南地名中，而此二字仍见于壮侗语的日常使用。

就闽南方言的语音系统来看，则仍较为完整地保留了上古中原汉语的原形。无论是在声母系统，还是在韵母和声调方面，闽南方言都较完整地继承了中原汉语音系的特征。就声母系统而言，上古汉语有"古无轻唇音""古无舌上音""古多舌音"等特征，从闽南方言的发音来看，基本保留了上古汉语的声母读法。而就闽南方言中的韵母来看，也保留有上古汉语的痕迹。再从闽南方言的声调特征来看，也保留有"阴平、阳平、阴上、阳上、去声、阴入、阳入"等七个声调，"平、上、去、入"齐全，完整保留着古代的入声，这与现行普通话中仅有"阴平、阳平、上声、去声"四个声调具有明显的不同。

当今的闽南方言中，仍保留有许多古中原汉语的词汇，如鼎（锅）、伊（他）、郎（人）、走（跑）、箸（筷子）、卵（蛋）、面（脸）、莫（不要）、拍（打）、呷（吃）、困（睡）、日头（太阳）、暗暝（夜晚）、滚水（开水）、老伙（老头）、姊（姐）、裳裤（衣服）、行状（模样）、虬（卷曲）、乌（黑）等。

此外，随着海外贸易的兴盛，人员往来与对外交流的频繁，也使得闽南方言不断吸收外来词汇，例如借用自印尼马来西亚语的词汇就有 sabun 雪文（sa mun 肥皂），tongkat 洞葛（dong ga 西式手杖），duit 镭（lui 铜板、钱），cium 斟（zin 吻），kopi 糕啤（guo bi 咖啡），chocolate 朱古力（zia gu la 巧克力）等。源自菲律宾他加禄语的有 tabako 达马哥（da ma guo 吕宋雪茄烟），kamati 甘仔得（gan a di 西红柿），peso 帕叟（pei sou 钱）。

值得注意的是，语言作为交流的工具，其影响也是双向的，故而我们在印尼马来亚语系中，也能发现许多闽南方言词汇被借用过去，如：hia（兄：哥），tauké（头家：老板），sinsé（先生：中医），misoa（面线：线面），tahu（豆腐），kuntau（拳头），kipsio（急烧：药罐子），kongko（讲古：聊天），singkék（新客），tangu（冬瓜糖），lamsam（滥糁：随便），kia-kia（走走），tenga（中仔：中间）。而在菲律宾他加禄语中，也可以发现一些闽南方言借词，如：bihun（米粉：粉干），tokwa（豆干），kuga（姑爷），ukoy（乌糕），caipo（菜脯：萝卜干），hatsing（啊戚：打喷嚏），diko（二哥）。

而就闽南方言对世界影响最大的词汇来看，则首推"茶"。茶叶作为海上丝绸之路运输的主要商品之一，自 17 世纪以来，中国逐渐成为茶叶的最大输出国，而福建则是中国最主要的外销茶产区之一。在中国南部的港口和欧洲大陆之间，一条由成千上万艘中国木帆船和欧洲帆船连接而成的贸易航线，将福建的茶叶源源不断运往世界各地，闽南方言中的茶发音"dei"由此影响了世界上许多地方对这种来自东方的神奇树叶的称呼。现代英语将"茶"称为 tea，法语叫 thé，德语叫 tee，西班牙语叫 té，丹麦语叫 te，荷兰语叫 thee，马来语叫 teh，世界语叫 teo，这些都源于闽南方言"dei"的读音。此外，英语中与"茶"有关的词语中有 bohea（武夷茶）、pekoe（香红茶）、oolong（乌龙茶）、congou（功夫茶），也都是从闽南方言直接翻译过去的。

第四节　戏剧艺术与传统工艺

闽南地区的戏曲音乐有着悠久的历史，传统工艺也呈现出富有强烈地域特色的艺术形态，无论是南音、梨园戏、木偶戏等都具有世界性的影响，而如德化白瓷、安溪铁观音、惠安石雕等制作工艺及产品，也广受世界各地人民的喜爱和欢迎。

由于泉州与台湾及东亚地区特殊的历史地理以及人文间的密切联系，泉州的戏剧艺术与传统工艺也伴随着移民不断向台湾及东亚地区传播，并在当地落地生根，这也为传播闽南文化，延续民族文化传承，沟通海峡两岸同胞及东亚各国侨胞感情，增进民族文化认同发挥了重要的桥梁作用。

一、南音、木偶

南音，又称南曲、南乐、南管、弦管等，盛行于泉州、厦门、漳州等地，又随闽南移民传播到香港、澳门、台湾及东南亚诸国。一般认为南音起源于唐，形成于宋，鼎盛于明清，是伴随着中原汉人入闽传入闽南地区，与本地民间音乐相结合而逐渐形成的既保留中原古代音乐遗存，又吸收不同时期不同戏曲唱腔音调的古老乐种，被海内外专家誉为"中国古典音乐的明珠"，素有"中国音乐史上的活化石"之称。2006 年 5 月 20 日，经国务院批准，南音被列入第一批国家级非物质文化遗产名录；2009 年 9 月 30 日，又被联合国教科文组织正式列入人类非物质文化遗产代表作名录。

英国著名汉学家龙彼得先生曾先后在英国、德国图书馆发现中国明代刊刻行世的《新刻增补戏队锦曲大全满天春》《集芳居主人精选新曲钰妍丽锦》《新刊弦管时尚摘要集》等三种闽南戏曲、弦管选集，1992 年将之结集为《明刊闽南戏曲弦管选本三种》，是书收录了 272 首弦管曲词和 18 出折戏，是弦管史上迄今发现的年代最早、曲目最为丰富的海外孤本。

南音发展到明初，其演奏程式形态已逐渐成熟定型，按乐器可分为"上四管"与"下四管"。"上四管"又称"顶四管"，是以洞箫、琵琶、二弦、三弦及拍板坐奏的形式。"下四管"则是以南嗳（唢呐）、琵琶、二弦、三弦及拍板坐奏和以响盏、小叫、木鱼、双铃、四宝及扁鼓等乐器立奏的组合形式。就南音琵琶形制来看，保持了唐代的曲项琵琶，演奏者横抱或斜抱，并以手弹奏，这也与北方竖抱琵琶并以拨片弹奏形成鲜明的对比。就其表演形式而言，左上为洞箫、左下为二弦、右上为琵琶、右下为三弦，执拍板者居中而歌，这也是汉相和歌"丝竹更相和，执节者歌"遗制的表现。演奏者衣着服饰颇为讲究，行为举止皆有礼仪法度。

南音演奏时的戏台也颇为讲究，需搭盖锦棚，台上方悬挂"御前清客"横彩，台正中供奉着郎君的塑像或画像，两侧分列黄凉伞和宫灯，乐师所坐八仙椅前各有木雕金狮一只，供弹琵琶、二弦的演奏者表演时搁脚之用，以防止乐器滑落，有"脚踏金狮"之称。传说康熙皇帝封赐弦管人为"五少芳弦""御前清客"，故南音乐师以此为荣耀。

南音作为古老的乐种，有着非常完备的记谱方式"工乂谱"，以"乂工六思一"五个汉字记谱，对应着"宫商角徵羽"五声，旁边附有琵琶指法和撩拍符号，自成体系又别具一格，相较于"敦煌古谱"还更加严密，为晋唐古乐遗存。据南音研究者统计，南音曲目有器乐曲和声乐曲 2000 多首，故民间有"诗山曲海无底谱"的说法，其体系蕴涵了晋清商乐、唐大曲、法曲、燕乐和佛教音乐及宋元明以来的词曲音乐、戏曲音乐等丰富的内容；曲牌中也保留诸多古调、古牌名；南音需以标准泉州方言古语演唱，强调"照古音"，这也保留了中原古汉语的音韵。据清嘉庆版《晋江县志》"风俗"条载："晋江人之习于风骚者不少，其发于性情者复多。……习洞箫、琵琶而节以拍者，益得天地中声，前人不以为乐操土音，而以为'御前清客'，今俗所谓'弦管调'是也。"

按照南音的演唱传统，由"指""谱""曲"三部分构成，一场完整的演出必须由和指、唱曲、煞谱三个程序组成。

"指"，是指有唱词、有曲谱、有注明琵琶弹奏指法的带有故事情节的大型声乐套曲。"指"由若干曲子联缀，每一套"指"可以是叙述同一故事，也可由若干故事组成，其内容多与戏文相关，其形成时间大致在宋元杂剧、南戏产生之后。较早的"指"有 36 套，此后又发展至 48 套，按其涵盖的内容，包括撩拍、管门、滚门、指骨及其润腔等，最为著名的有《一纸相思》《为君去》《趁赏花灯》《心肝拔悴》和《自来生长》五大指套，分属最难、最复杂的五大滚门"大信""小信""中信""信工"和"二调"，具有示范和指导意义。

"谱"即纯器乐曲，是指无唱词却有乐谱和琵琶指法，专供乐器演奏的带标题的乐曲。"谱"是泉州南音的基础，在三大组成部分中，谱的形成时间最早。对照泉州南音乐器和现存的谱、指、曲可以肯定，谱应是唐"大曲"遗存，原有 12 套，后增至 16 套，其中尤以《四时景》《梅花操》《走马》《百鸟归巢》和《阳关三叠》最为著名，演奏技巧也最高。

"曲"即"散曲""草曲"，其与元曲有直接联系，"曲"的数量最多，不下千首，不过内容比较简短通俗。其构成可分为两部分：其中有相当部分是一唱三叹的"大撩曲"，还有一小部分是"顺口而歌"，类似于民间小调的短小曲目，故俗称"草曲"。

泉州作为南音的发祥地，有着深厚的群众基础，其传承流播的地域也十分广泛。泉州成立了南音研究社，厦门与漳州也都成立了南乐研究会，这些机构致力于闽南地区南音文献的挖掘、收集、整理和校订，同时培养了大量南音人才，对外交流也十分频繁，这也对南音的传播与传承具有巨大贡献。

木偶戏，又称傀儡戏，源于汉，兴于唐，大约在晋唐之际随中原汉人南迁入闽，随后在闽南地区流行开来，自宋以来一直长盛不衰。木偶戏在闽南地区之所以有广泛的群众基础，还因其与相关的道教宗教科仪活动密切相关，举凡生老病死等人生礼俗节庆活动，闽南人都会延请木偶戏班进行表演。不同类别的木偶戏也以其精湛的技艺和精彩演出成为普通民众乃至文人士大夫雅俗共赏、喜闻乐见的民间戏曲艺术。

木偶戏在泉州、漳州、厦门、台湾等地颇为流行，据南宋陈淳《上傅寺丞书》记载："举陈漳州陋习，每当春秋之际，诸乡保少年，遂结集浮浪，无赖数十辈共率，号曰'戏头'，逐家敛钱，羡优人作淫戏，或弄傀儡，筑棚于居民丛萃之地为之，毫无顾忌，其名曰'戏乐'。"连横《台湾通史》中亦载："台湾之剧……又有傀儡班、掌中班，削木为人，以手演之，事多稗史，与说书同。夫台湾演剧，多以荐神，坊里之间，醵资合奏。村桥野店，日夜喧闹，男女聚欢，履舄交错，颇有欢虞之象。"[1]

就闽南地区来看，根据木偶形体与操纵技术的不同，可细分为提线木偶、布袋木偶、铁枝木偶等。按其分布地域来看，以泉州提线木偶戏、晋江布袋木偶戏、惠安南派布袋戏、漳州布袋木偶戏、诏安铁枝木偶戏最具代表性。

泉州提线木偶戏，又称"嘉礼"戏，不管是在泉州城市还是农村地区，每逢民间婚丧嫁娶、寿辰周岁、修建屋宅、迎神赛会、驱邪逐疫、谢天酬愿、追荐亡魂等民俗节庆活动，都会请演提线木偶戏，以示大礼。提线木偶一般是由偶头、笼腹、四肢、提线和勾牌组成，偶头与四肢一般以樟、椴或柳等木料雕成，笼腹则是由竹制或金属绑制而成，提线一般为 16 根，同时也会根据表演需求对提线进行取舍，最多时可增加到 30 余根，木偶提线长度可达 6 尺，这对表演者的技艺要求很高，也因提线较长，其舞台表现力也极强。由于提线木偶戏线条繁多，操弄复杂，表演时又细腻传神，备受士人与民众的喜爱，明代李廷机就曾为木偶戏撰联："顷刻驱驰

---

① 连横：《台湾通史》卷二三《风俗志·演剧》，生活·读书·新知三联书店 2011 年版，第 455—456 页。

千里外，古今事业一宵中。"

历经千年不间断传承与积累，泉州提线木偶戏至今仍保存 700 余出传统剧目，经典的剧目有《说岳全传》《水浒传》《西游记》《目连救母》《钟馗醉酒》等，其中《目连救母》可以连演七天七夜，2008 年北京奥运会上，泉州提线木偶《四将开台》更是赢得了全球的目光。此外，泉州提线木偶戏还保留着由 300 余支曲牌唱腔构成的独有剧种音乐"傀儡调"（含"压脚鼓""钲锣"等古乐器及相应的演奏技法），形成了一整套精湛规范的操线功夫（传统基本线规），以及独具特色、精美绝伦的偶头雕刻、偶像造型艺术与制作工艺。就木偶头雕刻技艺而言，近代以江加走的作品最具代表性，按木偶头的制作工序来看，依序经打坯、定型、雕刻、上土、打磨、修光、补土、画像上彩、盖蜡等十多道工序后方才告成。泉州提线木偶戏以其悠久的传承史和丰厚的艺术积累，成为中国悬丝傀儡艺术的珍稀范本，并成为当今中国提线木偶艺术无可争议的代表。

布袋木偶戏，又称掌中木偶戏、手操傀儡戏、指花戏等，是明清以来闽南地区比较流行的木偶戏种，尤以晋江和漳州最具有代表性。其中晋江布袋木偶戏以泉腔演唱，属南派布袋戏，漳州地区以北调演唱，属北派布袋戏，因有南北派的差异，在表演技巧、音乐锣鼓、道白唱腔等方面都呈现出不同的风格。布袋木偶一般长约一尺，木偶头下为布袋服饰，木偶艺人以五指套入布袋中进行戏剧性的表演，食指套入头颈，为主干，拇指、中指分别为左右臂，掌为躯干。技艺高超的艺人可以左右手同时套上两个木偶，表演两个不同角色的喜、怒、哀、乐，并通过掌指熟练运用"反套"和"飞套"的操纵技巧，惟妙惟肖地展现木偶角色的内在心理与外部表情，具有技巧高超的独特风格。

泉州布袋戏有着严谨的规范要求，生角基本动作 24 步，旦角基本指法 40 步；一个缝衣程式，就有外手裁衣裳、髻上拔针、针插襟前、抽线、咬线、线尾搓尖、对针穿线、打结、口齿弹线、发上滑线、缝衣抽线等 11 个动作。泉州布袋戏的剧目非常丰富，有生旦戏、武打戏、连本戏和折子戏，代表性剧目有《小闷》《玉真行》《逼父归家》《裁衣》《士久弄》等。

漳州偶雕也特别追求木偶面部神韵的体现，尤其讲究"五形""三骨"，即两眼、两鼻孔、一嘴与眉骨、颧骨、下颌骨的造型，五官和脸形的变化也是层出不穷。漳州布袋木偶的主要传统和现代剧目有《蒋干盗书》《卖马闹府》《雷万春打虎》《大名府》《战潼关》《小猫钓鱼》《拔萝卜》《人偶同台》等。

闽南铁枝木偶戏，俗称"尪仔戏"，因操纵木偶表演的杆以铁枝为之，故名。其流传的地区主要在诏安、云霄、东山、平和、漳浦等地。铁枝木偶身高在 1 尺左右，由彩塑的泥头，桐木刻制的躯干四肢，纸扎的双手和金属操纵杆组成，服装以绸缎绣金花线为之。表演木偶的操纵杆有三支，主杆置于偶人背后的中部，侧杆分置于两臂。传统的铁枝木偶戏班由九人组成，操纵、演唱、伴奏各三人，现场操作艺人可按剧情的需要灵活控制木偶，展示开扇撑伞、拿书写字、耍刀弄枪、骑马交战、斟酒饮酒、推磨挑担、烧香点烛等动作。配乐有汉调和潮音两种。铁枝木偶的传统剧目有《狄青会姑》《莲花庵》《仙女配阿义》《乾坤镜》等。

二、德化陶瓷

瓷器的烧造，是我国古代一项重要的技术创造，并以其精美的造型、优良的品质广受人们的喜爱。闽南境内丘陵绵延，埋藏有丰富的瓷土资源，这为瓷器的烧制提供了最基础的原料；亚热带海洋性气候又给这片土地带来充沛的雨水，山地丘陵地貌也使得这里林木葱郁，这也为瓷器的烧造提供充足的燃料支撑；蜿蜒于山地间的河流，连接起内陆山区与沿海港市，也使瓷器的运输更为便捷、安全。正是在瓷土、木材、河流三者的共同配合下，闽南成为我国重要的陶瓷生产外销基地。闽南本地较为有名的窑口有磁灶窑、德化窑、东门窑、汀溪窑、漳州窑等，尤以生产"中国白"的德化窑陶瓷最负盛名。

德化窑是福建沿海著名的外销瓷生产窑系，窑场主要分布于泉州德化县境内。作为我国著名的瓷业中心之一，德化窑烧造时间长，产品多样，尤以青白瓷、白瓷等品质较高的细瓷类为主，在器形与纹饰上反映出适应海外市场需求的风格，远销东亚、东南亚、南亚、西亚、东非及欧洲等地。德化窑瓷器被频繁发现于东南亚海域的沉船中。

德化早在商周时期就已开始烧制原始青瓷，唐宋时期得到全面发展，至明代进入了兴盛时期，时至今日仍是重要的瓷业基地。德化窑烧造时间长，产品多样，瓷器釉色在不同时期有所变化。宋元时期以青白釉瓷器为主，以屈斗宫窑、盖德窑为代表，所生产的器型有粉盒、执壶、军持、碗、瓶等。德化窑址是宋元时期泉州内陆地区外销瓷窑址的杰出代表，在海外贸易提供的生产实践中不断推进技术探索，白瓷生产和分室龙窑技术等显示出海洋贸易推动下泉州本地制瓷产业的创新和发展，其生产体系和生产规模展现了宋元泉州作为世界海洋商贸中心强大的基础产业能力和贸易输出能力。

明代德化窑以烧造白釉瓷器为主，质量较之前代有明显提高，并以其釉色光润明亮、乳白如凝脂而被誉为"象牙白""中国白"等美名。这一时期出产的人物瓷塑工艺精美，所制各式雕像均极精致，尤以何朝宗的瓷雕最负盛名，为"天下共宝之"。明中期以后少数白釉瓷器上还出现了青花题记或款识。清代德化窑主要烧造白釉瓷器、青花瓷器、五彩瓷器等。

德化窑梅岭遗址，位于德化县三班镇泗滨村，海拔高度400余米，占地面积约1.17平方公里，包括内坂区、大垄口区、梅岭区三个主要片区及分布于山脚溪边平地的瓷土加工区。遗址年代自宋元时期一直延续至近现代，宋元时期的青白瓷、明清两朝的白瓷及青花瓷等德化窑代表性产品堆积大量可见。其中尾林—内坂窑址创烧于宋代，窑址分布在上寮溪两岸，考古发掘发现南宋至元代（1127—1368）窑炉遗迹、瓷土加工作坊遗迹，保存有多处水碓坑、水池、臼坑、垒石水渠、石坝等。

屈斗宫窑址位于德化县浔中镇宝美山破寨山的南坡上，创烧于元代。考古发现元代窑炉遗址，为分室龙窑，这一形式是龙窑向阶级窑转化的过渡形式，反映了宋元时期窑炉技术的进步与发展。窑址依山而建，北高南低，出土的生产工具有印模、制坯转盘、敲匣钵的铁刀、匣钵垫、各类匣钵等。器物有碗、盘、碟、壶、罐、瓶、洗、盅、盒、高足杯等十余种，出土的瓷器式样繁多，纹饰异常丰富，这在其他瓷窑中是比较少见的。经过考古专家的评定，该窑址为宋元时期德化古窑最具特色的古窑遗址之一。

宋元以来，随着海上贸易的持续繁荣，德化窑产品除满足当地需求外，还销往日本、东南亚诸国、印度、非洲及欧洲等地。在伊朗、阿拉伯以及东非沿岸等国家也有出土，例如肯尼亚以南的坦噶尼喀境内，就出土了德化窑的青花瓷器。此外，在南海一号、华光礁一号、石屿二号、泰兴号等沉船中均发现了大量的德化窑产品。除产品外，德化陶瓷烧制技术及窑炉建造形式通过海上丝绸之路传到海外，对国际瓷窑生产技术的发展与进步产生了巨大影响。

元代意大利旅行家马可·波罗在游历泉州后，认为德化窑"制造碗及瓷器，既多且美"，并夸赞德化瓷器物美价廉："大批制成品在城中出售，一个威尼斯银币可以买到八个瓷杯。"[①] 伊本·白图泰在其游记中也提到泉州烧制的瓷器被运往摩洛哥的情形："中国瓷器只在刺桐和隋尼克城（即广州）制造……瓷器价格在中国，如陶器在我国一样或更为价廉。这种瓷器运销到印度等地区，直至我国马格里布。这是瓷器种类中最美好的。"[②]

德化瓷器因其种类多，质量高，深受国内外人士的推崇，并由此成为古代"海上丝绸之路"重要的输出商品及古代对外文化交流的重要载体。窑火千年，生生不息。依托繁盛开放的泉州港，德化白瓷从山林中走出，带着东方的温润与细腻远涉重洋，更以"兼容并蓄"的开放胸襟，守本启

---

① ［意］马可·波罗著，梁生智译：《马可·波罗游记》，北京：中国文史出版社1998年版，第219页。

② ［摩洛哥］伊本·白图泰著，马金鹏译：《伊本·白图泰游记》，宁夏人民出版社1985年版，第545—546页。

新，满足世界不同地区文化与层级的需求，向世人诉说着"中国白故乡"的创新与活力。

三、茶艺传承、石雕艺术等

关于闽南地区种茶饮茶的记载，目前所能找到的最早记载是保存于南安丰州九日山莲花峰上的"莲花茶襟太元丙子"①石刻，所谓"茶"也就是"茶"，而"太元丙子"即东晋太元元年（376），这也是迄今为止福建地区发现的最早茶事题刻。晚唐韩偓曾筑室隐居于莲花峰，并留下诗句："春风狂似虎，春浪白于鹅。柳密藏烟易，松长见日多。石崖觅芝叟，乡俗采茶歌。"由此可见当时乡人采茶已成日常。

及至宋代，斗茶之风盛行，文人士大夫也在莲花峰留下众多题刻，记录下当时茶事之盛。北宋大中祥符四年（1011），泉州知州高惠连就留有题刻："岩缝茶香，大中祥符四年辛亥，泉州郡守高惠连题。"②这里所提到的"岩缝茶"，为北宋时期泉州茗品。南宋傅宗教也在莲花石背面右侧刻下了"宋傅宗教游，莲花茶怀古"。淳祐七年（1247），担任泉州知州兼提举市舶司事的赵师耕到九日山举行祈风仪式，并于西峰留下题刻："淳祐丁未仲冬二十有一日，古汴赵师耕以郡兼舶祈风遂游。"③翌日，赵师耕来到莲花峰斗茶，留下了"斗茶而归，淳祐丁未仲冬二十有二日古汴赵师耕题"④的摩崖石刻。入明以后，因莲花台寺改建石亭，当地茶叶改称为石亭茶，因属绿茶，又称"石亭绿"。相传清道光年间（1821—1850）住持僧复本禅师携"石亭绿"晋京馈赠给闽籍住京大臣，后敬献给道光皇帝，皇帝饮后极为赞赏，召见复本禅师并御书"上品莲花"赐之，由此"石亭绿"声名大噪，并远销海内外。

---

① 潘英南、吕荣哲编：《南安碑刻》，作家出版社 2003 年版，第 51 页。
② 潘英南、吕荣哲编：《南安碑刻》，作家出版社 2003 年版，第 51 页。
③ 泉州清源山风景名胜区管理委员会编：《清源山摩崖选粹》，中华书局 2004 年版，第 203 页。
④ 潘英南、吕荣哲编：《南安碑刻》，作家出版社 2003 年版，第 53 页。

九日山作为文人雅士登高览胜之地，也同样保存有多处关于茶事的题刻，淳祐十二年（1252），陈晋接等人于重建三贤祠后"登秦君亭，摩挲石砚碾灶，啜茗石佛岩，复会于怀古堂、聚秀阁。览名山之胜概，挹前哲之高风。从容竟日，徒步至翠光亭，乘舟而归"。[①] 宝祐六年（1258），徐明叔与洪天锡、王广翁、方澄孙等人同游，"登怀古亭，酌菩萨泉瀹茶，观石像，访姜、秦旧迹，小饮聚秀，摩挲端明翰墨，探韵赋诗，抵莫乃返"。[②] 开庆元年（1259），曾顺伯携翁汝弼等人同游九日山，"登秦君亭，汲泉瀹茗，访梅赋诗，相羊抵莫，留宿而归"。[③]

清源山为泉州四大名山之一，山峦叠翠，四季常青，素有"闽海蓬莱第一山"之美誉。相传宋代清源山已栽种茶树，及至明代，清源山茶已可与松萝、虎丘、龙井等地所产相角胜。明代谢肇淛在《五杂组》一书中就提到："今茶品之上者，松萝也、虎丘也、罗岕也、龙井也、阳羡也、天池也，而吾闽武夷、清源、鼓山三种可与角胜。"[④] 明人许次纾《茶疏》亦称："武夷之外，有泉州之清源，倘以好手制之，亦武夷亚匹。"今清源山清源洞侧还保留着一方保护守僧山户茶园，禁止游人采茶的《纪德碑》："泉山之名，载于汉书，故以名州，清源是也。四方宾客，本州士庶，乐慕名胜，游览不绝。守僧支应不赡，或逃或困；山户种茶，游人采掇，圃芽靡遂。詹君仰宪，鸠材修洞，出资买田，请于官府，蠲饷给僧，并严采茶之禁。守僧山户共德詹君，来请乔远记之。詹君之意，非为守僧山户，实欲四方宾客、本州士庶生游览之光，遂纪律申旨，爰作记文，万历三十

① 泉州清源山风景名胜区管理委员会编：《清源山摩崖选粹》，中华书局 2004 年版，第 214 页。

② 泉州清源山风景名胜区管理委员会编：《清源山摩崖选粹》，中华书局 2004 年版，第 224 页。

③ 泉州清源山风景名胜区管理委员会编：《清源山摩崖选粹》，中华书局 2004 年版，第 225 页。

④ 〔明〕谢肇淛撰，傅成校点：《五杂组》卷十一"物部三"，上海古籍出版社 2012 年版，第 193 页。

六年四月望日。"

关于泉州产茶地的分布，晋江、南安、安溪等地皆有，据乾隆《泉州府志》所载："茶，晋江出者曰清源，南安出者曰英山，安溪出者曰清水、曰留山。清源山茶超轶天池之上，南安县英山茶精者可亚虎丘，惜所产不如清源之多也。闽地气暖，桃李冬花故茶较吴中差早。吾闽清源山茶可与松萝、虎丘、龙井、阳羡角胜，而所产不多。"[①] 入清以后，乌龙茶盛行，安溪也成为闽南地区重要的乌龙茶产区，其名品有铁观音、本山、毛蟹、大叶乌龙、梅占、黄金桂等六大名种，其中尤以铁观音闻名于世，并畅销海内外。在安溪乌龙茶的这六大茶类中，铁观音的制作工艺最为复杂讲究，综合了红茶、绿茶制法的优点，其工艺流程为：摊青、晒青、摇青、炒青、揉捻、初烘、包揉、复烘、复包揉、烘干等共十道工序。

清初阮旻锡在《安溪茶歌》中写道："安溪之山郁嵯峨，其阴长湿生丛茶。居人清明采嫩叶，为价甚贱供万家。迩来武夷漳人制，紫白二毫粟粒芽。西洋番舶岁来买，王钱不论凭官牙。溪茶遂仿岩茶样，先炒后焙不争差。真伪混杂人聩聩，世道如此良可嗟。吾哀肺病日增加，蔗浆茗饮当餐霞。仙山道人久不至，井坑香涧路途赊。江天极目浮云遮，且向闲园扫落花。无暇为君辨正邪。"[②] 诗句中的"溪茶遂仿岩茶样"，正点出当时乌龙茶炒制和烘焙相结合的技术已趋于成熟，而"西洋番舶岁来买"，可见安溪茶也随西洋番舶远销海外。闽南茶师也常被延聘至闽北茶场，清代郭柏苍《闽产录异》便载："宋、元以后，武夷寺僧多晋江人，以茶坪为生，每寺订泉州人为茶师，清明以后谷雨前，江右采茶者万余人。"[③]

除了茶师北上，安溪乌龙茶也因其质优而被引种至闽北建瓯等地，民

① 〔清〕怀荫布修，黄任、郭赓武纂：乾隆《泉州府志》卷十九《物产》，中国地方志集成·福建府县志辑（22），上海书店出版社 2000 年版，第 480 页。

② 〔清〕怀荫布修，黄任、郭赓武纂：乾隆《泉州府志》卷十九《物产》，中国地方志集成·福建府县志辑（22），上海书店出版社 2000 年版，第 480 页。

③ 〔清〕郭柏苍著，胡枫泽校点：《闽产录异》卷一《货属·茶》，岳麓书社 1986 年版，第 15 页。

国《建瓯县志》称："乌龙茶叶厚而色浓，味重而远，凡高旷之地种植皆宜，其种传自泉州安溪县。"闽南茶商也有在闽北建瓯等地设场收购水仙茶，其中较为有名的茶庄有惠安的施集泉茶庄、泉州的张泉苑茶庄、安溪的詹金圃茶庄、厦门的林金泰茶庄等。惠安施集泉茶庄，由惠安螺城施厝人施大成于乾隆四十六年（1781）创设。光绪二十八年（1902），施氏后人施兼前往武夷学习焙茶技术，并研发出独特的拼配茶生产技艺。张泉苑茶庄由同安西塘乡的张白源创办于嘉庆十八年（1813），店设泉州涂门街胭脂巷口，所出售的茶叶主要有水仙、铁罗汉、白鸡冠、蕙蓝、福顶等，其中以水仙和铁罗汉最负盛名。1889 年，在陈宝琛的推荐下，泉苑茶庄选送了五个茶品参加法国巴黎的国际博览会，荣获铜奖，被誉为"茶中至尊"。安溪詹盛斋在建瓯种植水仙茶，于咸丰十一年（1861）开号创办金圃茶庄。在 1910 年南洋第一次劝业会上，金圃茶庄的参展品获金奖；在1915 年的巴拿马展览品赛会上，金圃茶庄送展的乌龙茶获一等金奖。

发源于安溪，后广植于永春一带的佛手茶，又名"香橼种"，因其叶片宽大肥厚似佛手柑叶片，且加工后具有天然佛手柑果香，故名。佛手茶作为闽南乌龙茶名种，主产于永春县苏坑、玉斗、锦斗、桂洋等高海拔乡镇。佛手茶汤色清黄透亮，香气馥郁，滋味醇厚甘爽，民国时期"狮峰佛手"远销台港澳及东南亚各地。

闽南地区饮茶程序，自宋代斗茶以来也逐渐形成一套完备的冲泡品茗方式，按其先后顺序为：山泉初沸、孟臣沐霖、乌龙入宫、悬壶高冲、春风拂面、孟臣重淋、若琛出浴、玉液回壶、关公巡城、韩信点兵、三龙护鼎、鉴赏汤色、喜嗅幽香、初品奇茗、再斟玉液、品啜甘霖、三斟石乳、领悟韵味。闽南人品茶时尤重"喉韵"，古人有"未尝甘露味，先闻圣妙香"的说法。每当春茶、秋茶制成时节，茶友会各自带上茶叶，相互冲泡品评，于形、色、香、味等方面一比高低，这也是宋代斗茶传统的传承与延续。

惠安石雕是闽台地区极具特色的传统工艺之一，国内雕刻界素有"南惠安，北曲阳"之说，可见惠安石雕在业界有着重要的地位，同时也是南派石雕艺术的重要代表。福建素有"八山一水一分田"的说法，福建山地的特点为石雕业的发展提供了丰富的辉绿岩与花岗岩等石材资源。惠安石雕的工艺传承，保留了中原的相关技法，也与闽南本土建筑艺术需求相结合，在历经千年的发展后形成独具特色的南派石雕艺术风格。

作为区域文化的重要载体，惠安石雕见证了闽南文化悠远的历史渊源。据考证，早在晋代林姓开闽始祖林禄墓前，就已经有石像、石羊、石马等雕塑，现存年代最早的作品则是唐末五代王潮墓前的石雕。宋元时期，泉州港发展成为东方第一大港，商贸繁荣与社会发展需求为石雕技艺的发展提供强有力的经济支撑，洛阳桥、安平桥、开元寺东西双塔、清净寺、草庵摩尼光佛石雕造像，以及印度教、基督教、伊斯兰教等宗教石刻都是这一时期杰出的石雕作品。建于明洪武二十年（1387）的崇武古城，则是国内现存最完整的丁字形石砌古城。现如今，我们仍可从闽南地区所保留下来的寺庙、石塔、桥梁、牌坊、屋宅、墓葬等处，见到精美的龙柱、门楹、梁拱、窗棂、墙饰、石狮等石雕构件。

就惠安石雕的时代风格来看，自晋至五代时期的作品，主要是以圆雕为主，其形态较为粗犷古朴；宋元时期的作品相对简洁流畅，线条刚直明了，人物造型凝重端庄，仍较多地承袭中原的风格特征；明清时期，惠安石雕技法趋于成熟，艺术风格也逐渐转向精雕细琢、流畅繁复，同时日益形成南派面目，并与北派传统并驾齐驱。民国以来，其雕刻技法更加细腻，表现出震撼人心的动态美感与气势磅礴的艺术气息，作品也更富张力与表现力，展现出较强的民族性与时代性。

千百年来，经过无数匠师的摸索、传承、创新与总结，惠安石雕形成一套成熟的雕刻工艺流程，一件石雕作品的完成，大致需要经过选材、设计、开坯、放样、打粗坯、拉线条、抓形（开脸）、修坯、打磨等多道工序。旧时闽南石匠也将石材的加工雕刻称为"打巧"，根据其流程技法，包括捏、镂、摘、雕等四道工序，有些特殊雕刻作品，还需进行"修细"

"配置底座"等特殊工序。

根据雕刻技法的表现形态来看，可分为圆雕、浮雕、沉雕、透雕、线雕、影雕、微雕和组合雕等八大类，其中以浮雕与建筑物的结合最为密切。惠安的圆雕工艺，以镂空技法和精细的剁斧见长，作品样式较多，传统的人物造像、龙柱、石狮、日用器皿等多以圆雕呈现。浮雕多运用于建筑装饰墙面上的山水、花鸟、人物、纹样等造型，根据雕刻深浅程度可分为高浮雕与浅浮雕。沉雕，也称水磨沉花，相当于《营造法式》中的"压地隐起"，即在打平磨光的石料上勾画线条和描摹图案后，切入雕琢，利用深度产生的阴影效果形成立体感，多用于墙面装饰、门堵对联等处。透雕，又称镂空、镂花、镂雕，是介于圆雕与浮雕之间的一种技法，多运用于龙柱、螭虎窗中，按其技法还可细分为单面雕和双面雕两种，透雕也可说是高浮雕技法的延伸。线雕又称平花，指在打平磨光的石料上按照图样描摹文字、图案，多用于建筑外墙的局部装饰处理，如窗框、腰线石等。影雕，民间也称之为"针黑白"，是在传统"錾凿"工艺的基础上发展而来的新技法，匠师通过不同型号的微雕钢针在磨光的石板上以不同力度进行仔细雕琢，通过钻点的大小、疏密、深浅形成不同黑白层次，最后使图像突显出来的一种技法。影雕作品细腻逼真，有较强的写实感，近年更是从黑白色调向彩色影雕技法发展，独具艺术神韵，深受人们的喜爱。微雕，是现代匠师创新的一种新工艺，可在果核大小的石块上进行镂空雕花，其作品极为精巧，可在手中把玩，是现代极具代表性的工艺品。组合雕是指匠师综合运用圆雕、浮雕、透雕、沉雕等多种技法刻成的雕件，体现出若隐若现的视觉效果，作品极富巧思，技法运用令人叹为观止。

从惠安石雕的品类来看，主要包含碑石加工、园林雕塑、建筑构件、工艺雕刻、实用器具等五大系列。在惠安石雕匠师的锤凿之下，创作了许多极具代表性、纪念性与标志性的作品，如泉州开元寺东西塔、洛阳桥、安平桥、南京中山陵、人民大会堂、人民英雄纪念碑、毛主席纪念堂、中华世纪坛、广州黄花岗烈士陵园、福州涌泉寺、南安蔡浅古民居、崇武

"鱼龙窟"岩雕群、厦门南普陀、厦门鼓浪屿郑成功塑像、厦门集美鳌园等。早在明万历年间惠安石雕就已流传到菲律宾，清代中期惠安石雕开始在台湾广为传播，成为闽台交往的重要内容，现如今台湾龙山寺、台湾凤山五百罗汉、台湾嘉义先天玉虚宫九龙壁等均是惠安石雕的代表性作品；再如马来西亚马六甲海峡的郑和雕像、日本鉴真和尚雕像和那霸市"福州园"等，也都是惠安石雕匠师的杰作。

第五章
客家文化

　　有别于闽南的濒海平原与海岛风光，闽西山区丘陵起伏竹树茂密，福建第三大河流——汀江由北向南贯穿闽西全境，衔接广东韩江流入南海。这里，是赣闽粤三省交界地区；这里，生活着一支特殊的汉族民系，她随着国家历史文化名城——汀州古城、世界物质文化遗产——永定客家土楼、红色革命圣地——上杭古田会议会址一起为大家所熟悉和向往，她，就是汉族客家民系。

　　在丰富多彩的中华文明中，汉族客家民系以千年历史写下辉煌诗篇。唐宋时期，由于战乱等原因，中原和江淮一带大批汉人南迁，其中一部分进入赣南、闽西、粤东的山地环境，与当地闽越族、畲瑶等原住民经过漫长时间的融合发展，形成了以南迁汉人为主体的汉族客家民系和以中原文化为主导的客家文化。客家文化是客家民系在适应赣闽粤边自然环境和社会历史发展过程中所创造的物质财富和精神财富的总和，是中华文化的重要组成部分。"开拓进取、艰苦奋斗、崇文重教、爱国爱乡"的客家精神，是客家文化的精髓。

第一节　客家源流

　　客家是"汉族里头的一个系统分明的支派"[①]，即"民系"。考察客家

---

　　① 罗香林：《客家研究导论》第一章，上海文艺出版社 1992 年版。

民系的来源和流变，必须从中国民族史、战争史、移民史的大环境中进行研究，客家自身的发展规律及其外部因素，又决定了它的未来走向。从时间线索来看，唐、宋是客家民系的孕育与初步形成时期，元、明、清是客家人播迁海内外与客家民系的发展壮大时期。

一、客家民系的形成

形成客家民系有"四个特征"：脉络清楚的客家先民，有特定的地域条件，在特殊的历史年代，有独特的客家文化。[1] 了解福建客家的形成，要从唐代汀州的建立说起。

（一）唐五代客家民系孕育的基础

开发前的闽西原野属于福抚山区的光龙峒，原住民是百越族中的闽越族和畲族。他们过着巢居穴处、狩猎和刀耕火种的半原始生活，被统治者称为"峒蛮""蛮獠"。盛唐时期，经济发展，国力强盛，福建也加快了开发闽西的步伐。《临汀志·建制沿革》载："唐开元二十四年，始于福、抚二州山峒置汀州，取长汀溪名之。"建州（736）之初，汀州领长汀、黄连（后更名宁化）、新罗（后更名龙岩）三县。大历四年（769），置上杭场。大历十二年（777），龙岩改隶漳州，以建州之沙县来属。五代南唐保大四年（946），割沙县属剑州，同年置武平场。

建州之初，有户籍的人口仅为"三千余户"。天宝元年（742），汀州户籍人口增长到 4680 户，总人口 13720 人。[2] "安史之乱"期间，大批中原以及江淮汉人南迁，汀州人口也略有增长。唐建中时期（780—783）汀州达到 5330 户，15995 人。[3] 但元和间（806—820）唐朝藩镇割据，官府压榨严重，汀州人口又降至历史最低点 2618 户（《元和郡县图志》）。唐五

---

①　林开钦：《论汉族客家民系》，福建人民出版社 2011 年版，第 2 页。

②　〔宋〕欧阳修、宋祁　等：《新唐书》卷四一地理志五。

③　〔唐〕杜佑：《通典》卷一八二州郡。

代时期，汀州的闽越族和畲族不入户籍，人口大约 10 万。[①] 这些生活在闽西的汉人和闽越族、畲族群众都是客家先民。汀州的建立，为闽西的开发、客家先民的融合打下了基础。

（二）宋代客家民系的形成

客家民系形成于宋代，这是宋代大量移民，以及福建客家社会的特点决定的。形成的原因主要有以下五个方面。

首先，户籍数量的增长，为客家民系的形成奠定人口基础。宋代闽西主要接受了三次较大的移民潮。一次是唐末宋初。唐末黄巢农民起义转战十几个省，中原和江淮地区沦为战场，于是大批汉人南迁进入赣闽粤三省交界山区，寻找一个远离战火的桃源乐土以安家立业。因此，北宋前期临汀郡人口增长很快，据《太平寰宇记》载，宋太平兴国五年（980）至端拱二年（989），汀州有 24007 户，比唐末元和年间的汀州人口净增 21000 多户。北宋元丰年间（1078—1085），汀州户口快速增长到 81456 户（《元丰九域志》），这是第二次人口增长高峰，比第一次高峰期净增 56000 余户，出现"十万人家溪两岸，绿杨烟锁济川桥"（陈轩诗句）的人烟繁密景象。南北宋之交，中原被金人占据，北方和江淮汉人大量南迁，闽西又迎来第三次移民高潮。《临汀志·户口》载，南宋宝祐年间（1253—1258），临汀户数增长到 223433 户。若以每户五口人计，则总人口超过百万。

由于人口的增长，宋代临汀郡所辖县份增加到 6 个。在原有长汀、宁化两县基础上，于北宋淳化五年（994）增加了上杭县、武平县；于元符元年（1098）增加清流县；于南宋绍兴三年（1133）增加莲城县。汉族人口的大量增长，郡县管理的建立与完善，有利于中原文化在闽西的广泛传播，形成以汉文化为主导的民系文化，有利于汉畲百姓生产生活的安定与发展，当然也有利于汉畲民族的融合。

---

① 郭启熹：《闽西族群发展史》，福建教育出版社 2008 年版，第 80 页。

其次，农业与矿业的发展，为客家民系的形成准备了物质基础。农业方面，宋代汀州的主要成绩一是农田水利的兴修，二是优良品种的推广。汀在万山中，种植水稻只能靠汀江水系的冲积台地和一些山间盆地，更多的还是在缓坡上修建梯田，因此对水利的依赖很大。客家先民艰苦创业，因地制宜，修筑了不少陂塘井渠。据宋代《临汀志·山川》所载，长汀县有郑家陂、西田陂、南拔桥陂、官陂、中陂、张家陂、何田大陂；宁化县有大陂、吴陂；上杭县有梁陂、高陂；武平县有圣公泉、龙泉井、黄田陂；莲城县有南团陂三、北团陂六、席湖围陂三、姑田团陂五、河源下里陂七。这些都是宋代汀州水利建设的标志性成果。在优良品种的推广方面，成功引种畲稻就是突出事例。"稜禾"本是"山客峯"（畲族的别称）的传统水稻，"四月种，九月收"，节水耐旱，特别适应闽西山区的土壤与气候。这种稜米"实大且长，味甘香"，品质优良，很快为当地汉人引种培植，并且推广到其他地区。这些都是汉畲民族互相学习、共同开发的成果。

汀州富有金、银、铜、铁、铅等矿产资源。《新唐书》载："长汀，中下（县），有铜有铁；宁化，中下（县），本黄连，天宝元年更名，有银有铁。"北宋时期，汀州上杭县金山下的钟寮场金矿开采量很大，皇祐年间（1049—1053）岁"贡金之数百六十七两"。《宋史》载："天下产金六州，在闽唯汀有之。"郭福安开发上杭金山及其奠基上杭县城的贡献，就是典型的事例。汀州又是银的重要产地，每年要向国库上缴"上供银"7900多两。汀州不事蚕桑，也不种棉花，因此，淳熙七年（1180），临汀郡守奏请朝廷与邻近州县互通有无："本州岁出银六千六十五两，为建昌、抚州代输上供银；令建昌岁出绢四千五百三十七匹，绸三百三十五匹，棉二千两；抚州岁出棉七千五十两，应副本州官衣赐，通融相济。"[①] 汀州矿冶业的兴盛，给许多"客户"或"流人"带来就业机会，矿山周围呈现"坑冶

---

① 〔宋〕胡太初修、赵与沐纂：《临汀志·供贡》，福建人民出版社1990年版，第31页。

兴盛、商旅辐辏"① 的繁荣景象。

第三，汀江航运及其广泛的商贸交流，推动客家民系共同经济生活和共同语言的形成。汀江的开辟与汀州由食"福盐"改食"潮盐"有关。南宋绍定之前，汀州各县百姓的食盐是从福州运来的，称为"福盐"。由于闽西距离福州路途遥远，水陆运输时间长，损耗大，造成价格昂贵，百姓怨声载道。而潮州产盐区与汀州一水相连，往返不过三月。因此，南宋绍定五年（1232），经汀州知州李华和长汀县令宋慈的请求，朝廷允准汀州更运潮盐，于是质优价廉的潮盐大受百姓欢迎。受汀州影响，邻近的赣州也改运潮盐。汀江航运的货物除了大宗的食盐之外，汀州、赣州的大米、土纸、陶瓷、山货运到广东沿海发卖，广东沿海的海产、布匹、水果、药材运到汀赣各县销售。汀江航运成为联结赣闽粤的水上交通大动脉。

由航运而衍生的船工、挑夫以及相关的码头仓储、商铺买卖、饮食住宿，带动了许多从业人员，汀江沿线的城镇、墟市也因商品交流而繁荣起来。《临汀志·坊里墟市》载，州城内有三坊，城外的汀江河畔（长汀县）则有 14 坊，10 个墟市；宁化县有 3 坊，6 个墟市；清流县 9 坊，7 个墟市；莲城县 8 坊，3 个墟市；上杭县 4 坊，2 个墟市；武平县 6 坊，3 个墟市。这些坊市人口一般不从事农业生产，以经商和手工业为主。据《临汀志·户口》统计，坊市丁口人数占到城乡丁口总数的 28.1%，近 1/3。可见宋代汀州手工业和商业的从业人数之多，以致呈现"阛阓繁阜，不减江、浙、中州"（《临汀志·坊里墟市》）的繁华景象。从墟市的遍布城乡情况来看，一是丰富了客家百姓的商品交流，二是促进了畲汉民族的融合与客家方言的形成。以中原汉语为母语的南迁汉人，在南迁过程中吸纳了江淮地区的吴方言、湘方言和赣方言，在落脚地的闽西又融合了闽越族、畲族的语音、词汇和语法，最终成为客家百姓交流的共同语言。这种包容

---

① 〔宋〕胡太初修、赵与沐纂：《临汀志·供贡》，福建人民出版社 1990 年版，第 3 页。

性很强的客家方言，只有经过长期生产生活的交流，才能成为大家认可和普遍运用的语言工具。因此，共同的经济生活是客家方言形成和推广的重要因素。

第四，民间信俗的推广，成为客家民系内部的精神纽带。其一是定光、伏虎信仰。伏虎大师（？—962），俗姓叶，法名惠宽，宁化县招得里（今安远镇）叶岭人，主要生活在闽王与南唐时期。惠宽在汀州开元寺出家，后驻锡于长汀县平原山"普护庵"。惠宽生前能"以解脱慈悲力"[①] 驯服老虎，还能开泉、祈雨，受到汀州吏民的尊崇，圆寂之后，朝廷赐予惠宽"威济灵应普惠妙显大师"封号。定光大师（934—1015），俗姓郑，法名自严，泉州同安县人。他11岁出家，17岁得业，游历江西名刹古寺之后，于乾德二年甲子（964）驻锡武平南岩（今武平县岩前镇狮岩）。定光大师生前能够除虎驱蟒、通航、开泉、祈雨，圆寂之后能够感应祈雨、退敌，与伏虎大师一起保护百姓。朝廷赐予"定光圆应普慈通圣大师"封号。淳熙元年（1174），汀州郡守吕翼之将定光、伏虎真像迎入郡城定光院。在许多乡村，每年春秋举行盛大庙会活动，使定光、伏虎作为客家保护神的信念更加深入人心，客观上起到团结民众、和谐人际关系的作用，成为客家百姓开拓进取、战胜困难的精神力量。其二是妈祖信仰。由于汀江航运的开辟，闽西与广东沿海的潮州拉近了距离，原来流行于东南沿海的妈祖信仰也传入了闽西。南宋嘉熙年间（1237—1240），长汀县朝天门外的汀江河畔就建有"三圣妃宫"以供奉妈祖。每次运输"潮盐"之前，"州县吏运盐纲必祷焉"（《临汀志·祠庙》），汀江沿线各县城乡镇的码头也多有妈祖庙以及庙会活动。这些共同的信仰与庙会活动，加强了民系内部的认同感与凝聚力。海洋文化的输入，体现了客家文化的开放性与包容性。

第五，宋代汀州文化教育的发展，确立了崇文重教、爱国爱乡的客家

---

① 〔宋〕胡太初修、赵与沐纂：《临汀志·仙佛》，福建人民出版社1990年版，第167页。

精神。《临汀志·学校》载：北宋咸平二年（999），临汀郡创建孔庙；天圣年间（1023—1032）即庙创学；崇宁三年（1104）郡守陈粹嫌州学狭小，于是迁至州东北兴贤门外，扩大规模，兴建校舍，得到皇帝赐书；南宋绍兴三年（1133），郡守郑强又在城内重建州学，有大成殿、明伦堂、稽古阁，"周阿邃严，凡百具备，且市膏腴以增饩廪，择师儒以严课程……于是升堂者数倍畴昔，人以不学为耻。"两年后的乙卯汪应辰榜，临汀郡一次就考中四名进士。庆元间（1195—1200），任汀州教授的陈一新在其所写的《跋赡学田记》中就说："闽有八郡，汀邻五岭，然风声气息颇类中州。"

受书院讲学风气的影响，汀州也有不少书院，如洞天书院、卧龙书院、丘氏书院、东山书院、仰止亭、石门岩书院、尚友斋、沈氏书院。[①]其中，东山书院由崇安进士、汀州主簿刘子翔创建于刘氏家庙旁。刘子翔的堂兄刘子翚曾在东山书院讲学三个月，理学大师朱熹也应邀前来讲学三天。理学家罗从彦则应莲城罗氏宗亲邀请，前来冠豸山仰止亭讲学。

由于宋代客家地区仕宦官员的教养之功与客家子弟的自身努力，闽西的文化建设取得显著效果。据《福建史志》（2006）统计，宋代临汀郡进士多达180人。毗邻汀州的客家县份，泰宁进士15人，叶祖洽是宋代福建客家的第一个状元；建宁进士26人；将乐19人；沙县属于开发较早的县份，经济、文化相对发达，宋代进士高达87人。在客家民系形成阶段的两宋时期，客家地区涌现出众多进士，为国家贡献人才，为家乡争得荣誉，说明形成于宋代的客家民系文化起点较高，崇文重教观念已经成为客家百姓的共识。

综上所述，由于唐末宋初以及两宋之交的社会动荡，大批中原和江淮汉人移民南迁，进入赣闽粤边山区的汉人与原住民的畲族和闽越族群众互相学习，共同生活，共同劳动，开辟了崭新的家园。经过唐宋400多年的

---

① 翁汀辉：《宋代闽西书院研究》，《龙岩学院学报》2017年第6期。

汉畲融合，客家先民形成共同的经济生活、共同的社会心理素质、共同交流的方言——客家方言。由于南迁汉人在人数上、经济上、文化上占优势，他们融合了原住民，到南宋时期初步形成了以中原文化为主导的客家文化以及汉族客家民系。汉族客家民系和客家人是群体与个体的关系；群体指客家民系，个体指客家人。

二、汉畲融合

审视客家民系的形成与发展过程，汉畲融合是重要的因素。唐宋时期，这些参与客家民系形成的汉人和闽越族、畲族群众都是客家先民，赣闽粤边的赣南、汀州和梅州都是客家祖地。客家民系形成与发展的历史，也是南迁汉人在赣闽粤边与闽越族和畲族融合、发展的历史。

唐五代时期，汀州原住民主要是闽越族、畲族。长汀民谣："还冇汀州府，先有蛇王宫。""蛇王宫"在长汀县罗汉岭，供奉一座蛇王神像：蛇王端坐，神情威严，右手高举一根有柄的石锛，蛇眼、蛇牙，人身人耳，闽越族人的衣着，神像底座文有一条青蛇。"蛇王宫"的存在，说明闽西曾是闽越族人的祖居地。到唐代时期，这里的闽越族人已经十分稀少，他们的后裔"山都"还住在"树窟宅"[①]，处于十分原始落后的状态。在汀州建立之初以及后来的杂处过程中，汉人与"山都"常常发生矛盾斗争，[②]又趋向融合。

唐宋之际，"武陵蛮"从湖南迁入赣南、闽西、潮梅地区，成为畲族的大本营。在汀州，蓝、雷、钟等姓氏的畲族村落主要分布在宁化、长汀、上杭、武平等县。他们不入户籍，不服劳役，不纳赋税，过着山居、狩猎和"刀耕火耘"的游耕生活，被汉族统治阶级称为"盘瓠蛮""峒蛮""蛮獠"，到南宋时才称之为"畲""畲人"。早期的畲族婚姻实行族内"自相匹偶，不与乡人通"（范绍质《猺民纪略》）。经过唐宋300多年的汉畲

---

① 〔宋〕乐史：《太平寰宇记》卷一〇二引《牛肃记闻》。
② 〔唐〕包湑：《会昌解颐录》，其中《汀州山魈》。

杂处，畲民向汉人学习中原文化和筑屋造田技术，结束了"刀耕火耨"徙居轮耕和"崖栖谷汲"的劳动与生活方式；汉人则向当地畲民学习山区生产生活经验，适应了山区环境的生活。在人数和经济、文化占优势的汉人影响下，宋代汀州的汉畲融合成为必然趋势。罗香林先生也说，赣闽粤原先的居民主要是畲族，因而南迁汉人"初到赣闽粤的时候，不能不与畲民互相接触，接触已多，就想不与他们混化，亦势所不许"，又说"昔时客家，与之（指畲族）相处，一方面吸收了他们一部分血统，另一方面感受了他们活动所产生的影响"①，明确指出了赣闽粤边区汉人与畲族融合的事实。

唐宋时期的汉畲关系有融合也有斗争，在斗争中促进融合。唐末藩镇割据，天下分崩，昭宗乾宁元年（894），发生黄连峒蛮二万围汀州的事件。② 在唐朝统治衰微之时，汀州"盘瓠蛮"（畲族）首领钟全慕乘势而起自称刺史。王潮占据福州自称留后时，钟全慕"举籍听命，岭海间群盗二十余辈皆降溃"③，由此巩固了地位。王审知为闽王时，"喜全慕骁勇有谋略，分汀使世守之"。后来钟全慕之孙"钟翱继全慕为汀州都统使、刺史"④，祖孙三代镇守汀州30多年，为汀州社会的发展与汉畲融合作出了贡献。可见，唐末至北宋，汉畲关系有一系列冲突、斗争，也有一定程度的合作。南宋时期，由于汀江航运的开辟和经济发展，这两个族群接触增多，在反抗暴政统治的畲汉人民联合大起义中彼此合作，融合成为大势所趋。

宋末元初，"畲、客之间的合作在共同的抗元斗争中达到亲密无间的地步"⑤。赣闽粤边客畲人民的共同抗元，分为两条线。一条线是文天祥领

---

① 罗香林：《客家研究导论》，上海文艺出版社1992年版，第74－76页。
② 〔宋〕司马光：《资治通鉴》卷二五六。
③ 〔清〕吴任臣：《十国春秋》卷九〇《闽一·司空世家》"景福二年"条。
④ 〔宋〕胡太初修、赵与沐纂：《临汀志·郡县官题名》，福建人民出版社1990年版，第116页。
⑤ 谢重光：《客家与畲族早期关系史略》，《福建论坛》2004年第3期。

导的勤王武装。文天祥的军队主要辗转于吉州、赣州、汀州、漳州、梅州，客家子弟是文天祥抗元的主力军。这些客家子弟包括已经汉化的畲族子弟。第二条线是闽西南畲、客人民自发组织的抗元起义军。1276 年，元军攻陷临安（今杭州），同年十月元将阿拉罕攻入汀州。1277 年，元军由汀州攻打漳、泉。此时，漳州一带的畲、客人民在陈吊眼（诏安县太平乡人）、许夫人（莆田人）领导下，配合宋军张世杰队伍攻打盘踞泉州的蒲寿庚。史志载"张世杰围泉州，将淮军及陈吊眼、许夫人诸峒畲军，兵威稍振"①。1280 年 8 月，陈吊眼、许夫人的起义军攻陷漳州，队伍由最初的一万余人迅速发展到"聚众十万，连五十余寨，扼险自固"②。陈吊眼领导的起义军前后坚持斗争 6 年之久，给元军以沉重打击，充分体现了畲客人民的反侵略精神，也促进了畲汉民族的融合。到明清时期，福建畲族开始走上汉化道路，畲汉通婚已成常态，闽西地区的"畲客已逐渐融为一体"③。

三、元明清时期客家民系的发展壮大

客家民系在南宋初步形成之后，由于战乱、灾害以及人多地少等原因，福建客家在元明清时代又经历了几次较大的海内外迁徙，形成客家人分布国内外许多地区的局面。

（一）元代福建客家人向粤东的迁徙

《元史·地理志》载，元至顺元年（1330），汀州路的户口数为 41423户，比南宋宝祐年间的 22 万多户，净减 18 万户。这些移民去向，主要是顺汀江而下至广东的梅州、循州、惠州等地。黄遵宪《己亥杂诗》其二十四自注："客人来梅，多在元时。""今之州人，皆由宁化县之石壁乡迁来。"小部分客家人则进入漳州边界的山区，使得该地区人口迅速上升，

---

① 乾隆版《南靖县志》卷六。
② 〔明〕宋濂等：《元史》卷一六二《高兴传》。
③ 钟晋兰：《闽西畲客族群关系的历史演变》，《嘉应学院学报》，2019 年第 1 期。

元朝遂于至治二年（1322）设置"南胜"县，辖今南靖、平和全境及云霄部分地区，隶于漳州路。元至正十六年（1356），南胜县治北徙双溪口，改县名南靖，辖地如故。

元代汀州客家人迁徙粤东，其原因有三：一是蒙元统治者的残暴与掠夺。至元十八年（1281），以汀州路之长汀等六县为元世祖忽必烈女儿囊加真公主赐地，公主家臣实行残酷的经济剥削和民族歧视。二是反元斗争的失败。蒙元统治者的剥削掠夺激起汀州人民的反抗。其中规模较大的有至元十七年（1280）汀漳廖得胜起义，至元二十三年（1286）畲民钟明亮起义，至正六年（1346）莲城罗天麟、陈积万起义。罗天麟的起义军曾一度占领莲城县、长汀县，后遭残酷镇压。从此，"莲城"改名"连城"，寓"去草寇之意"。三是自然灾害。《汀州府志·祥异》载，（后）至元五年（1339）五月，长汀大水灾，平地水深三丈余；元顺帝至正四年（1344）夏，汀州大瘟疫；至正十四年（1354），汀州大饥荒。种种天灾人祸接踵而至，许多汀州客家人只好背井离乡，踏上新的迁徙之路。

元代汀州客民的大迁徙，是客家民系初步形成之后闽粤赣之间民系内部的流动。他们把具有闽西特点的客家文化带到新的居住地，开始新一轮的创业。

（二）明清时期福建客家向海内外的拓展

明清时期，在一些特殊历史阶段，福建客家又出现几次向海内外的拓展。

1. 明末清初的迁台

明末郑成功的部队主要活动于福建东南沿海，士兵多是闽南人和客家人。郑成功东征收复台湾与据台期间，不少福建客家人随之去了台湾。具有代表性的一是刘国轩及其部属，二是张要（耍）的部众。刘国轩是郑成功麾下的大将，汀州长汀县人，其部属多有客家子弟兵；张要（耍）是漳州平和小溪人，也是郑成功麾下重要将领，其部众多为漳州西部山区的客家子弟。他们大多在台湾解甲归田，安家立业，子孙繁衍。

清廷平定台湾明郑政权后，实行"招垦"政策，闽粤两省的漳、泉、汀、潮、惠百姓纷纷渡台。其中，漳州客家人如诏安官陂的张廖氏、秀篆的游氏子弟陆续赴台垦殖。汀州客家人如永定下洋中川村人胡焯猷，于雍正十一年（1733）到台北淡水新庄定居，后在兴直堡率亲族开发良田数千甲（甲，台湾地区田地面积单位。1甲约为14.55亩），还创办"明志书院"。据永定高头乡江氏各房族谱所载，康熙后期海禁既开后数十年间，江氏族人赴台者达460人之多。雍正至乾隆年间，永定湖坑奥杳迁台的李姓族人也有数百人。乾隆时期，武平县魏、李、练、刘、钟、何、蓝等姓氏族人也纷纷入台垦殖。上杭县以邱（丘）氏入台为著，长汀县则以邹氏为多。他们为何千里迢迢跨海渡台？原来，清初闽西客家地区人多地少，劳动力过剩，生存发展空间有限，这是"推力"。朝廷招垦政策"令各府商民有能力者任地开垦"，每甲上等水田只收田粮二石七斗四升，这些优惠条件无疑成为他们渡台的"拉力"。时至今日，台湾有400多万客家人，成为台湾第二大族群，台湾政要吴伯雄、江惠珍、江上清等都是汀州客家移民的后裔。

2. "湖广填四川"的移民大潮

明末清初，由于长期战乱，四川境内人口锐减，耕地大量荒芜，不得不招募外省百姓入川垦荒，于是形成一个以邻近的湖广（湖南湖北）人为主，挟带着江西、福建、广东人的移民大潮，这就是"湖广填四川"的由来。闽、粤客家人入川，主要在康熙中期以后的康、雍、乾三朝。历史上著名的"戊戌六君子"之一刘光第，其祖上就是"湖广填四川"时期从汀州武平县湘坑湖村（今属湘店镇）移民四川叙州府富顺县赵化镇（今属自贡市）的。朱德的祖先曾在闽西汀州居住，后迁居广东韶关；康熙五十三年（1714），先祖朱仕耀离开韶关乳源县朱家陇，随"湖广填四川"移民大潮迁入四川仪陇县定居。朱德在《回忆我的母亲》一书中就写道："我家是佃农。祖籍广东韶关，客籍人。"据学者研究成果，清前期闽粤两省入川的客家人约100万人，经过二三百年的繁衍，目前四川客家人的数量约 300 万人，四川境内保存客家方言的县市达 46 个之多。[1]

清朝前期，除了四川招垦，赣南地区也因人烟稀少、田园荒芜而发出招垦布告。于是闽西、粤东客家人正好就近迁徙，迁入地点主要是赣南的石城、瑞金、上犹以及"三南"（龙南、定南、虞南）等地区。也有迁入赣北义宁州的，如著名历史学家陈寅恪，祖上原居汀州上杭，康熙年间迁徙到南昌府义宁州。

3. 清代的"过番"移民

清朝康熙中期开放海禁之后，闽粤客家人"过番"（下南洋）开矿、做工、经商的人越来越多。客家人移居海外，比较集中的地区是印度尼西亚、马来西亚、新加坡，以及越南、泰国等地。永定县下洋镇中川村人胡子春（1860—1921），13 岁随乡人远渡马来亚谋生，当过商店学徒，后经营锡业。由于引进欧洲新技术，业务日益兴旺，拥有矿业机构 30 多处，成为东南亚首屈一指的锡矿企业家，人称"锡矿大王"。胡文虎（1882—1954），原籍永定县下洋镇中川村，父亲胡子钦在缅甸仰光开中药铺永安堂。胡文虎、胡文豹兄弟继承家业后，研制"万金油""八卦丹"等虎标良药，在新加坡、广州、汕头建制药厂，在马来亚、香港、厦门、福州、上海、天津、台湾设分行，成为"药业大王"。

客家人之所以能够跨海"过番"创业成功，一是他们能将开拓进取、艰苦奋斗的客家精神与东南亚亟待开发的历史机遇很好地结合在一起；二是传统爱国爱乡思想和孝悌观念，鼓舞他们立志做出一番光宗耀祖的事业；三是客家移民群体能够团结拼搏，互相支持，使这些杰出人士走上成功之路。他们的成功创业，极大丰富和发展了客家文化内涵，为客家文化注入了海洋文化的活力，使海外客家文化实现了由农耕文化向工商文化的转型。[2]

---

① 陈世松等主编：《四川客家》，广西师范大学出版社 2005 年版，第 42、46 页。
② 谢重光：《客家文化述论》，中国社会科学出版社 2008 年版，第 226 页。

第二节　客家人文精神

客家先民的主体，是唐宋时期迁入赣闽粤边山区的中原和江淮汉人。他们将唐宋时期高度发达的中原文化带到闽西山区，在与当地闽越族和畲族漫长的融合发展过程中，又涵化了他们的文化特点，形成了一种全新的客家文化。客家文化内涵丰富，包括传统民居、宗祠、服饰、生产生活器具等物质文化，也包括客家方言、民俗、家训和民间文学艺术等非物质文化。这些客家文化，凸显了客家人生活的智慧、团结奋进的勇气、开放包容的胸怀以及敬宗睦族、崇文重教、爱国爱乡的精神特质，成为中华优秀传统文化的一个重要组成部分。

一、中原文化的遗存

客家文化源自中原。由于赣闽粤边山区相对封闭，客家民系有许多不随中原变化而独立发展的民风民俗，因此，客家文化中富有许多唐宋时期中原文化的遗存。黄遵宪《己亥杂诗（其二十四）》写道："筚路桃弧辗转迁，南来远过一千年。方言足证中原韵，礼俗犹留三代前。"在诗"自注"中又说："客人者，中原之旧族，三代之遗民。"明确指出客家人的主体是来自中原的南迁汉人，他们"礼俗多存古意，世守乡音不改"，继承了中原的传统文化。当然，客家文化中，不仅方言、礼俗如此，其耕读传家、崇文重教和慎终追远思想，也是中原文化的宝贵遗产。

（一）客家方言

方言是一个民系的重要标志，客家方言"是一种在古汉语基础上独自发展演变并吸收了百越语成分的汉语方言"[①]。客家民系的主体是唐宋时期从中原和江淮地区移民到赣闽粤边山区的汉人，中原汉语是他们的母语。在漫长的南迁过程中受到沿途吴方言、湘方言、赣方言的影响，来到赣闽

---

① 　罗美珍、邓晓华：《客家方言》，福建教育出版社 1995 年版，第 6 页。

粤边山区之后，长期与闽越族、畲族相处融合，很自然地吸收了他们的语言，在生产劳动中形成稳定的社会生活共同体。"这群社会生活共同体与中原汉人隔离疏远，与当地住民却往来密切，共同开发了这片山区。在这种客观环境的变更和客、土文化交融下，这一群体的语言发生了不同于中原汉语的变化，既有继续古汉语的一面，又有独自的发展变化。表现在语言、词汇、语法方面，都有一些不随中原汉语发生相同和同步变化的现象，有自己的发展方式，终于演变为汉语的一个方言。这个群体也就成了汉民族的一个支系——客家。"① 客家方言的演变主要表现在语音、词汇、语法，以及受百越族语言影响几个方面。

1. 语音

客家方言的一些音变现象，有的保留了唐以前的读音，有的和宋代中原汉语音变相同，有的则不随中原汉语变化，取独自发展变化的方式。以下略举三种情况为例：

（1）客家话保留唐以前读音，不随中原汉语变化的。如：粪、飞、孵、浮、吠、肥、问、尾。唐以前只有 b、p、m、ph，没有 f、v。保持晋代语音：窗、聪——同音；双、松——同音。

（2）客家话保留宋代读音。上古汉语的浊音声母 b、d、g、dz 到宋代中原汉语全部清化，变为相应的清音送气 p、t、k、ts。如客家字：白、鼻、抱、定、大、弟、共、近、舅。

（3）不随中原汉语语音变化，独自发展的。中古晓（x）、匣（h）母一律变为 f、v。如客家字：火、花、悔、胡、红、禾、会、滑。

2. 词汇的传承与变化。略举三例：

（1）传承古汉语词汇，词义有转变。如

炙：原意烧烤，转义为晒、烘烤。如"炙热头""炙谷子""炙火桶"。

鲜：原意少、稀少，转义为稀。如"鲜粥"。

---

① 罗美珍、邓晓华：《客家方言》，福建教育出版社 1995 年版，绪论第 3 页。

斫：原意大锄，引申为砍。如"斫樵""斫烧""斫猪肉"。

（2）客家话中普遍使用古词，如：行（走）、走（跑）、徛（站）、入（进）、着（穿）、衫（衣）、食（吃）、系（是）、疾（痛）、挼（搓）、面（脸）、樵（柴）、翼膀（翅膀）、供子（生孩子）。

（3）使用和中原汉语不同的近义词或同义词。如：光（亮）、细（小）、燥（干）、烂（破）、阔（宽）、惜（疼爱）、兜（端、捧）、精（聪明）、癫（疯）、乌（黑）、索（绳）、滚（沸）、地（坟）、着（正确、对）。

3. 语法

（1）名词的词尾。修饰语后置，如

公：表雄性（鸡公、猫公、鸭公）；不表雄性（虾公、蚁公、鼻公、手指公、纸人公、雷公）。

牯：表雄性（牛牯、猪牯）；表贬义（贼牯）。

嫲：表雌性（鸡嫲、猪嫲）；不表性别（虱嫲、笠嫲）；表贬义（短命嫲、懒尸嫲、药食嫲）。

（2）虚词

个：相当于"的"，表领属或限制。如"佢个老弟""斫樵个""打雕哩个"。

倒：①放在动词后面，相当于"着"。雕哩打倒哩。②有倒下的含义，后面加"来"字，作命令句。如坐倒来！睡倒来！打横来（横放下）。③后接轻声"来"字和动词，起修饰后面动词的作用。如徛倒来讲、目珠闭倒来想、拿倒筷子来食。

咧：①放在动词后面，表动作正在或持续进行。如食稳咧饭、做定咧事。②表动作完成，相当于"了"。如食咧饭、出咧事、桌子坏撇咧。③表事物存着。如坐咧一屋子个人、壁上挂咧两件衫。

4. 受百越族语言影响

（1）吸收百越族的词汇（有音无字的词）。如"娓"：叔娓、阿娓（指女性长辈）；娭䫂（指祖母）；嫽、嬲（玩）。

（2）受百越语序的影响

①修饰成分后置：人客（客人）、闹热（热闹）、欢喜（喜欢）；食滴子添（再吃点）；食多滴子（多吃点）。

②来去连用，"来"作为词缀。如

问：去哪块？（去哪里）

答：来去入城（去进城）；来去赴墟（去赶集）；来去做客；来去嫽（去玩）。

（二）耕读传家

我国是农业大国，也是文明礼仪之邦，耕读文化源远流长。"耕"是衣食生存之本，"读"是提升文化精神。《周礼·大司徒》载："正月之吉始和，布教于邦国都鄙。"这个"教"既有"稼穑、树艺"等农业生产技术，也有道德教化内容。西周设立辟雍（太学）、泮宫、庠序和乡校；春秋时期著名思想家、教育家孔子提出"有教无类"的观点，推动了教育由贵族子弟向平民百姓的普及；"孟母三迁"的故事也昭示了古人对儿童教育成长中生活环境重要性的认识。隋唐实行科举考试之后，出于科举致仕与光耀门庭的追求，全民重视读书蔚成风气，"耕读传家"也成为中原文化的传统内容之一。

客家先民在唐宋时期迁徙到赣闽粤山区，把源自中原的耕读文化也带到这里，并且发扬光大。连城县宣和乡培田村的吴姓村民，以农为本，经商致富之后，建学堂、聘名师、考功名，还兴建文武庙，上奉文圣孔子，下奉武圣关公，希望吴氏子孙能文能武、爱国爱乡。培田村在明清500年间培养了230多位秀才、举人、进士；民国时期就有留学生4人，军校生9人，其中4人是黄埔军校生；新中国建立以来，2100多村民中，高中文化程度占60%以上。上杭县《袁氏家训》写道："耕读为本，忠孝传家；士农工商，安从各业；遵循天理，恪守国法；顺应人情，通变达观"[1]。上

---

① 上杭姓氏志袁姓志编纂委员会：《上杭姓氏志·袁姓志》，2013年。

杭稔田镇南坑村"爱此溪山"楼厅堂联："耕读两途，耕可齐家读可贵；勤俭二字，勤能创业俭能盈。"耕与读、勤与俭的意义一目了然。永定南江村经德堂的楹联："第一等人忠臣孝子，只两件事耕田读书。"也是这里林姓族人遵守的家训。客家人把家训以楹联的形式刻在门框或石柱上，让每天进出大楼的居民"上楼下楼看得见，进进出出读一遍"，在潜移默化中将家训牢记于心，默化于行。

客家人还注重通过童谣的传唱，潜移默化地对儿童进行教育。如《月光光》："月光光，秀才郎。骑白马，过莲塘。莲塘背，种韭菜……"通过童谣的渲染，使得少年儿童人人羡慕读书，热爱读书，刻苦读书，读书也就形成风气，发挥了童谣作为"有声母乳"的作用。

客家耕读文化是我国农耕文明及客家人家国情怀共同作用下的产物，它根植于村落，传承于宗族家庭。这些丰富的文化滋养，构筑起客家人生机盎然的精神家园，哺育了灿若群星的客家英才，使客家民系千百年来始终保持强大的凝聚力、旺盛的生命力和广泛的影响力，是中华优秀传统文化的典型代表。

（三）崇文重教

翻开客家地区的客家族谱，处处可以看到客家人重视教育、崇尚文化的家训家规。连城四堡龙足《邹氏五修族谱》有邹氏家训四条：一明伦，二立学，三急公，四恪守。族谱解释说，立学，就是为父兄者，应当聘名师、招益友，使少年儿童磨炼砥砺、相与有成，将来出为名臣，处为名儒，纵然置身于农工商贾之途，亦有儒者气象，庶不辱我诗书礼仪之乡。张化孙家规（节选）：笃教学，言养不废教，作养人才。陈氏家训（节选）：读书为重，次即农桑，取之有道。就连上杭畲族乡的蓝氏族约十四则，也说：课诗书以训子弟、择交游以慎习染（《闽杭庐丰蓝氏族谱》），可见，畲族百姓也深受客家文化的影响。有的家族还把崇文重教的家训刻成了楹联，如永定湖坑镇洪坑村福裕楼堂联："几百年人家无非积善，第一等好事还是读书"。"土楼王子"振成楼门联"振纲立纪，成德达材"，强调培养德才兼备的人才。

其实，崇文重教的根本，在于传播以"四书""五经"为代表的汉族正统文化思想，培养学生懂得如何做人，如何做事。当然，在明清科举时代，它们既是参与科举考试的需要，也是培养家族人才的需要。正如武平县武东镇陈埔村《饶氏族谱》所言：人之爱子，尚有力者，务宜延请有品有学之士，隆其礼意，使之当教为孝、悌、忠、信；所读须孔孟，明父子、君臣、夫妇、昆弟、朋友之节次；读史知历代兴衰，治平措置之方，至科举之业，志在登科发甲，所谓求在外者得之有命是也。用永定南江村福聚堂楹联的一句话来概括，就是：读圣贤书立修齐志；行仁义事存忠孝心。据有关资料统计，永定"土楼之王"承启楼居民，先后有40多人考中进士、举人、贡生，有80多个博士、大学生、科学家、教授、作家，其中有一户人家就出了10个博士。"土楼王子"振成楼走出的本科以上大学生有60多人，其中硕士10余人，博士1人，教授（工程师）6人，院士1人，专家、学者遍布美国、加拿大、澳大利亚、新加坡等世界多个地方。可见客家地区崇文重教取得的效果。

（四）慎终追远

慎终追远思想，主要体现在客家人的修族谱、建祠堂以及对祖先教导的遵循与追求上。

家之有谱，犹国之有史。族谱是民间以宗族为视角记录一个姓氏宗族衍生、发展和迁徙的全过程，尤其是宗亲的衍派世系。因此，族谱在寻根溯源、谒祖认宗和凝聚宗族力量中发挥重要作用。客家人总认为自己漂泊四方，但根在中原，所以修谱、续谱、建祠堂成为宗族的头等大事。即使子孙又要迁徙他乡，父母总要在他们"骏马登程"之时分赠家谱，再三嘱咐"朝夕莫忘亲命语，晨昏须荐祖炉香"，行走天涯海角也不要忘记祖宗。

永定《陈留阮氏逸叟公裔族谱》阮氏家训曰：一、尊祖。水有源兮木有根，先生之德配乾坤；时严庙祀明昭穆，常指家乘示子孙。稍富即思修俎豆，至贫唯务力田园；夙兴夜寐期无误，余庆恒归积善门。《上杭丁氏佰六公家谱》丁氏家训也说：一、上祖坟茔务宜及期祭扫，每年定于清明前后，不可迟缓、怠忽、推前搪后，以遵祀祖之大典也。张化孙家规直接就说：慎丧祭，言慎终追远，宜尽诚敬。说明客家人把尊祖、祭祀放在重要位置。培田一个村落，两千多户人口，就有21座宗祠。长汀河田有宗祠一条街，二十多座宗祠气象巍峨。这些宗祠，不但让其子孙后代记住祖先，记住堂号、堂联，更记住祖先的创业艰辛和对子孙的教导。

客家人有一习俗，族中有人中了秀才、举人、进士的科举功名之后，都在祠堂前竖石旗杆（也称功名柱）。依中科举级别、品位高低和文武不同，底座式样、石旗杆的长短和旗杆上的雕刻各有不同。在客家地区，不少祠堂家庙门前竖有石旗杆，这是功成名就、家族荣耀的象征。一些祠堂前面旗杆成林，说明其子孙后代人才济济，多出才俊。明清两代，永定县下洋中川村有进士5人，举人30人，贡生123人，秀才288人，监生564人，文武仕官108人，涌现出了"一门五进士""三代四司马""父子进士"的书香门第景观；近代以来涌现出"中川五大名人"——锡矿大王胡子春、爱国侨领胡文虎、艺术大师胡一川、外交名家胡成放、新闻女王胡仙。这种奇特的文化景观与深厚的家族文化和强烈的宗族意识关联紧密。科举时代，考取功名的族人返乡拜祖、立旗杆，可以光耀门楣，更主要的是感念祖先的恩赐，这是对家族最大的认同。如今，永定下洋镇中川村胡氏家庙前，就有15支旗杆耸立祠堂前。石旗杆既是客家人重视教育的一种体现，同时也是教育子孙、激励后代的一种方式。

二、世界遗产土楼与古建筑

福建土楼产生于唐、宋，兴盛于元、明、清和近代，主要分布在永定县、南靖县和华安县等地。外形上，福建土楼有方楼、圆楼、五凤楼、一字楼、日字楼、回字楼、富字楼、纱帽楼、走马楼、五角楼、八角楼等各种形状。方楼最为常见，圆楼更显特色。单永定土楼就有方楼4000多座，圆楼360多座。这些土楼如同天女散花、从天而降的飞碟，又像一朵朵冒出地面的巨大蘑菇。每当夕阳西下，牛羊归来，土楼炊烟升起的时候，一切是那么安详、亲切。

这是南迁汉人的安居之所，这是客家民居的代表，又是生土建筑的神奇所在！

2008年7月6日，联合国教科文组织在加拿大正式通过"福建土楼"为世界物质文化遗产。正式列入世界文化遗产名录的"福建土楼"总共"六群四楼"，其中包括永定县境内的"三群两楼"，即初溪土楼群、洪坑土楼群、高北土楼群和衍香楼、振福楼；南靖县境内的"两群两楼"，即田螺坑土楼群、河坑土楼群和怀远楼、和贵楼；华安县境内的大地土楼群。共计46座土楼。联合国教科文组织专家评价说："世界上独一无二的集居住和防御功能于一体的山区民居建筑的福建土楼，体现了聚族而居这一根深蒂固的中原儒家传统观念，更体现了聚集力量、共御外敌的现实需要。同时，土楼与山水交融、与天地参合，是人类民居的杰出典范。"

福建土楼中，最大型、最神秘也最靓丽的是圆土楼，圆土楼又以"土楼王子"振成楼为代表。振成楼，位于永定县湖坑镇洪坑村，建于1912年。它的设计与建造者林鸿超（后更名林逊之）是清末廪生，参加过辛亥革命，中华民国成立后担任国会议员。以振成楼为例，可以把土楼独特的建筑艺术归纳为以下4点。

一是依山傍水，天人合一。建造土楼很重视选址，依山傍水、坐北朝南、出行方便是最佳的选择。振成楼以易经八卦布局设计建造，整座圆楼就像一个大罗盘。它由两环同心圆楼组成，外环4层，内环2层，中心位置是祖堂，采用欧式设计，宽敞明亮，节庆日也作为戏台。楼中两口水井，就像八卦阴阳鱼的两个眼睛。内有水井，仓中有粮，即使被土匪围困三个月不出门，也没问题。

二是就地取材，绿色环保。建筑土楼所需要的材料，绝大多数是从山间河谷就地取材。墙基用河边随处可见的大河卵石砌成，墙体用当地的黄土掺和细沙、石灰拌成三合土使用，有的则是添加自家稻田的"田隔泥"。

用泥土夯墙的时候，在中间加上大石头、杉木或竹条，起着墙筋加强拉力的作用。建造房间所用的木头也是来自山上，只有青砖和屋瓦才要花钱购买。因为房屋都用卯榫结构，也就不需要购买一根铁钉。

三是墙体坚固，防匪抗震。永定土楼一般高 4 层，一层的泥墙底部厚度 1.3—2.6 米，到 4 层的顶部泥墙厚度还有 0.6 米。屋顶的滴水檐在墙基 2 米之外，有效地保护墙基和墙身。土楼的 1—2 层都不开窗，1 层用作厨房和餐厅，2 层用作储存食物的仓库，3—4 层才是房间，有开窗。土楼的大门门板一般厚达 20 厘米，外加一层 0.5 厘米厚的钢板贴面加固，门内墙中埋有 20 厘米粗的方形门栓。厚厚的墙体、高高的窗户、结实的门板，起到有效防御土匪攻击的作用。由于土楼是圆形的，有一种自然而然的"向心力"，当地震发生时，不论来自哪个方向的能量都可以在圆土楼中得到一种力量的消释与平衡，所以，圆土楼的抗震能力很强。

四是人性设计，方便生活。振成楼总体按八卦形式分成八个部分，卦与卦之间设防火墙、楼梯和小门。这里的木板楼梯呈 Z 字形，踏板宽，坡度小，适合老人小孩上下。每卦 1—4 层住一户人家，晚上关起小门是一个小家，具有私密性；白天打开小门，整个圆楼就是一个大家，族人可以自由走动。

客家先民来自中原，他们把唐宋时期先进的中原文化带到南方山区，并且发扬光大，因此，土楼民居的文化意蕴也很丰富，可以概括为以下 4 点。

其一，聚族而居的生存之道。闽西客家地区，尤其是广大农村，客家人常常采取聚族而居的方式，一方面为了团结起来求得生存发展，另一方面也是为了防御匪盗的现实要求。比如永定初溪土楼群居民全部姓徐，高北土楼群居民全部姓江，洪坑土楼群居民全部姓林。振成楼 208 个房间，住的也都是林鸿超的族人。大家同住一个屋檐下，平等相待、和睦相处。

其二，楹联家训的教育思想。每座土楼都有楼名，每个大门大厅都有楹联。这些精美的门联、楹联，其实都是宣传家训家教的方式。比如，振成楼的门联："振纲立纪，成德达材"，不但蕴含了振成楼的楼名，还在于强调遵守规矩，做个德才兼备的人。振成楼祖堂石柱楹联："振乃家声，好就孝悌一边做去；成些事业，端从勤俭二字得来。"强调家风建设要从"孝悌"美德做起，勤劳简朴才能事业成功。另一副楹联是："振作哪有闲时，少时壮时老年时，时时需努力；成名原非易事，家事国事天下事，事事要关心。"阐明人的一生都要努力，还要关心国家大事、天下大事。2015年9月，王岐山同志参观土楼家训馆之后就称赞说："客家家训体现真善美，没有一点假大空。"

其三，耕读传家的儒家传统。土楼人家十分重视教育，正如永定南江村经德堂的楹联所写："第一等人忠臣孝子，只两件事耕田读书。"他们在耕田、经商解决温饱之后，强调子女接受教育，要做一个文化人。洪坑福裕楼楼主林仁山兄弟，经营条丝烟刀致富之后，由林仁山捐资建成一座砖木结构两层的"林氏蒙学堂"供孩子们读书。1905年清政府宣布废除科举之后，1906年蒙学堂改为"日新学堂"，成为一座有别于传统书院的近代学堂。1912年，林仁山之子林鸿超兴建振成楼，也在东边的耳房设立私塾，用以振成楼的孩子读书。由于林氏族人几代人的努力，这里涌现许多人才，从林氏家庙旁边所立22根功名柱可见一斑。

其四，念祖追宗、爱国爱乡的家国观念。土楼人家很重视追念祖先，一般在土楼的中心位置都设有祖堂，起着追根溯源、团结族人的作用。承启楼（江氏）、振成楼（林氏）、集庆楼（徐氏）等都有祖堂。这些祖堂一是作为年节祭祀祖先的地方，二是作为商议家族重要大事的"大厅厦"，三是作为家族举行婚丧喜庆大事的公共场所。土楼人家还有一个习俗，无论生下男孩女孩，都要把他们的"包衣"（胎盘）用瓦罐装起来埋在大厅或厨房，称为"包衣窟"，因此，无论你长大后离开家乡多远，或者旅居异国他乡，都会记得自己的"包衣窟"在家乡。永定有许多华侨，据有关部门调查统计，永定籍的海外华侨有50多万人，都有着很强的爱国爱乡观念，积极为家乡建设贡献力量。

江子铭（1875—1959），永定高头乡高东村人，《田禾塘土楼群》是他创作的一首反映家乡土楼的诗歌，抒写置身土楼群的安宁与幸福之感：

> 高岭楼群踞一方，置身疑是桃源乡。
> 花开春日沿溪路，更有连山竹笋香。

2010 年春节，胡锦涛同志视察永定土楼，留下殷切叮咛："客家土楼是中华文化瑰宝，是大家庭、小社会和谐相处的典范，一定要把祖先留下的这份珍贵遗产守护好、传承好、运用好。"

客家土楼是客家人生活智慧的结晶，是客家民居的代表，更是客家文化的符号。这份珍贵的物质文化遗产需要我们细心呵护与传承。

（一）"土楼之王"承启楼

位于永定高头乡高北村的承启楼，由于规模巨大，造型奇特，古色古香，被誉为"土楼之王"。它始建于明末，成于清康熙年间，居民都为江氏，人口鼎盛时曾住有 300 多户。承启楼由三圈一中心组成，外圈 4 层，高 16.4 米，每层 72 个房间；第二圈两层，每层 40 个房间；第三圈为单层，32 个房间。三圈主楼层层叠套，中心位置耸立着一座祖堂，体现崇宗敬祖的观念。全楼共有 400 个房间，3 个大门，2 口水井。民谚将其特点概括为："高四层，楼四圈，上上下下四百间；圆中圆，圈套圈，历经沧桑三百年。"1986 年，中国邮电部发行了一套"中国民居"邮票，其中面值 1元的福建民居就是这座环环相连的承启楼。承启楼的门联："承前祖德勤和俭，启后孙谋读与耕。"强调务必继承祖先勤俭的美德，为子孙后代谋幸福就应该耕读传家。楼主很巧妙地将家训写在门联之上，作为这座土楼人家遵循的规范。

（二）初溪土楼群

初溪土楼群位于永定下洋镇初溪村。初溪村共有 2000 多人口，均为徐姓。徐姓于明初在此开基，至今已有 600 多年历史。初溪共有 36 座土楼，由 5 座圆楼和 31 座方楼组合而成，如图案般舒展有致，具有较高的历史价值、科学价值和艺术价值，是永定土楼的代表之一。

初溪土楼群中的集庆楼是客家土楼中年代最久远的土圆楼之一，1419年建成，距今已有 600 多年历史。集庆楼由两个环圆形组成。外环按底层每户从一楼到四楼各自安装楼梯，各层通道用木板隔开，72 道楼梯把全楼分割成 72 个独立的单元，一户一梯，十分合理。房间、楼梯、隔墙全用杉木材料构建，不用一枚铁钉。外圈顶层外墙设置了 9 个瞭望台及多个楼梯，受到外来侵犯时，只要关起大门，便可迅速上楼回击来犯之敌。现在，楼内设置了大型客家民俗博物馆，展出各个时代具有珍贵价值的文物。

初溪土楼群的楼名中间都带有一个"庆"字，如善庆楼、庚庆楼、绳庆楼，意在从已毁坏的祖楼"和庆楼"起，代代相传，以示人丁兴旺，万事如意。

(三) 南靖田螺坑土楼群

南靖田螺坑土楼群位于南靖县书洋镇上坂村田螺坑自然村，坐落在海拔 787.8 米的湖崇山半坡上，由黄氏族人所建。黄氏祖上于元末明初从永定奥杳迁到此地开基，至今已有 24 代。据 2000 年的统计，土楼内居住 105 户 556 人。在山坡东西长 145 米、南北宽 95 米的台地上，结合地形建造了一座方形土楼（步云楼）和四座圆形土楼（和昌楼、文昌楼、振昌楼、瑞云楼）。由于方形土楼位于中间，四座圆楼环绕周围，因此被人们戏称为"四菜一汤"。

步云楼建于清嘉庆元年（1796），高三层，每层 26 个房间，设 4 部楼梯，为土木结构的通廊式方楼。步云楼沿着由低到高的地势将中厅修建成阶梯状，让人进入大门后就能体会"步步高升"的感觉，既突出了祖厅的重要地位，又寄托了子孙后代"平步青云"的美好愿望。田螺坑土楼群按"金木水火土"五行相生次序建造。振昌楼和瑞云楼都是建于 20 世纪 30 年代，高 3 层，每层 26 个房间。和昌楼建于 1953 年，高 3 层，每层 22 间，为土木结构的通廊式圆楼。和昌楼建成后，又在其下方田野上建一座宗祠

——江夏堂，用以祭祀黄氏先祖。最后一座是文昌楼，建于1966年，高三层，每层32个房间。

中国著名古建筑学家罗哲文曾赋诗一首盛赞田螺坑土楼群：

> 田螺坑畔土楼家，雾散云开映彩霞。
>
> 俯视宛如花一朵，旁看神似布达拉。
>
> 或云宇外飞来碟，亦说鲁班斧发花。
>
> 似此楼型世罕有，环球建苑出奇葩。

（四）培田古民居

培田古民居位于连城县宣和乡，拥有30余幢高堂华屋、21座古祠、6个书院、二道跨街牌坊和一条千米古街，因其保存完好的明清古建筑群而闻名，是中国客家民居"九厅十八井"的经典之作，有"民间故宫"美誉。

培田古民居群以"大夫第""衍庆堂""官厅"为代表。"大夫第"又称"继述堂"，建于1829年，历时11年建成。因主人吴昌同荣膺奉直大夫、昭武大夫而得名。这里厅高堂阔，天井众多，通风采光良好。设计构思秉承"先后有序，主次有别"的传统观念，纵主横次，厅、厢配套，主体、附房分离。梁花、枋花雕工精美，幅幅藏有典故；每个天井种养兰花，处处洋溢清香。

"衍庆堂"为明代建筑，建筑结构与大夫第大体相同。门外荷塘曲径，门前石狮威镇，门当户对清晰，门内戏台高筑，无不显示主人的高雅品位。中厅墙上写着"忠廉节孝"四个大字祖训，其中的"孝"字颇有特色，令人警醒。衍庆，乃绵延吉庆之意，喻示着客居异地的中原移民，在聚族而居中对宗族延绵的展望和追求。

"官厅"用于接待过往官员，因此高墙耸立，四周封闭，守备森严。外大门外有半月形池塘，便于骡马饮水；门内有拴马柱。"官厅"布局独特，设计精巧。接待官员的中厅，周围梁枋间的雕花，全为双面对称镂空雕，木质桌椅古色古香，工艺精细。后厅为宗族议事厅，左右花厅则专供主人休闲会友。楼下厅为学馆，楼上厅为藏书阁，曾藏有万余册古籍。

（五）汀州古城墙

长汀县是汀州历代州治、郡治、府治所在地，也是世界客家首府，保存的古建筑很多。到长汀旅游，首选汀州古城墙。

汀州古城墙始建于唐大历四年（769），汀州刺史陈剑将汀州州治从东坊口大丘头（今县城北郊），搬迁到长汀县卧龙山南面的白石村（今长汀县城），并开始修筑城墙。"筑土城卧龙山阳，西北负山，东濒汀江河，南踞卧龙山麓。"唐大中初年，刺史刘岐建敌楼179间，又筑子城，在州衙四周修建城堞壁垒，始有"雄关"之称。

宋治平三年（1066），郡守刘均大规模扩建州城，所筑土城周长达5里254步，城墙基宽3丈，厚1丈，高1丈8尺；又开挖城壕引西溪水东流，作为护城河，城壕以南才是长汀县城。这时的汀州城墙东至兴贤门（后称朝天门），东南至济川门（后称丽春门），南至鄞江门（后称广储门），西南至镇南门（后称通远门），西至秋成门（后称大西门），北至卧龙山襟。

明嘉靖四十年（1561），知府杨世芳及长汀知县王邈，修筑长汀县城墙，总长619丈9尺，堞2180多个。汀州府形成两圈城墙，内圈为汀州府城墙，外圈为长汀县城墙。明崇祯三年（1630），汀州知府从民所请，奏请朝廷允准，拆去镇南门至鄞江门以西横贅城中的城墙。明崇祯九年（1636），增修城墙675丈，府城城墙全部拆除，实现了州、县城墙合一的规划。这时城墙以汀江为界，从东向南绕到西，围到卧龙山襟，形成"观音挂珠"的形态，实为天下罕见的奇观。

位于汀江河畔的济川城门是连接城内与城外的交通要道，北宋元丰年间（1078—1085），汀州刺史陈轩曾咏叹"十万人家溪两岸，绿杨烟锁济川桥"，明清时代也是汀州府十个城门中唯一不上锁的关卡。2017年经过复建之后，济川城门总体长35米，宽20米，高21.87米；中间的城门跨度 14 米，高 8 米，侧门高 5.57 米。城门之上，城楼高耸，雄伟壮丽，富有南国山城的古朴大气，成为汀州古城墙的标志性建筑。

《中国古城墙大全》一书列出我国现存的古城墙 35 处，汀州古城墙位居第十四位。2013 年，国务院公布汀州古城墙为全国重点文物保护单位。

第三节　丰富多彩的客家民俗

客家民俗丰富多彩，尤其是信仰民俗、节庆民俗体现了客家百姓独特的精神生活。这些传承千百年的民俗活动是客家文化传承的重要方式与渠道，成为"当地客家人的一种象征与符号"[①]。

一、民间信俗

客家信俗具有多神信仰的特点。赣闽粤边山区原是百越族人的聚居地，"信巫尚鬼"风气盛行。唐宋时期，中原汉人来此定居之后，孔子、关公、神农、鲁班、佛教、道教等全国性信仰传入客家地区，这些信仰与客家民众结合而"民俗化"之后，形成许多地方性神明信俗，如定光伏虎信俗、妈祖信俗、公王信俗、田公元帅信俗、惠利夫人信俗。

（一）定光、伏虎信俗

定光佛信俗源自武平。据《临汀志·仙佛》载，定光大师（934—1015），俗姓郑，法名自严，泉州同安县人，祖父在唐代曾任"四门斩斫使"，父任同安令。自严 11 岁在泉州建兴寺出家，17 岁得业，游历豫章（今江西南昌）、庐陵（今江西吉安）；30 岁来到汀州武平场，驻锡南岩；到北宋大中祥符八年（1015）正月初六圆寂，在汀州进行了 52 年的弘法活动。定光大师有除蛟伏虎、祷雨救旱、祷雪求晴、活泉止水、治河护航、赐嗣送子、为民请命等种种神异，朝廷赐封其为"定光圆应普慈通圣大

---

① 刘大可：《闽台客家地区的民主公王信仰》，《福州大学学报（社科版）》2010年第 5 期。

师"，民间以为定光古佛（燃灯佛）转世，故又称其为定光佛、定光古佛。明清时期，随着客家人的迁徙台湾，定光佛信仰又传到台湾。至今，台湾有彰化市定光佛庙、淡水鄞山寺定光佛庙。2016 年 12 月，定光佛信俗列入福建省第五批省级非物质文化遗产名录。

伏虎信俗源自长汀。伏虎大师（？—962），法名惠宽，宁化县招得里（今安远镇）人，在汀州开元寺出家得业。其时，汀州境内虎豹出没为害，惠宽能"以解脱慈悲力，为之训饬柔服"，百姓称其为"伏虎禅师"。南唐保大三年（945），伏虎禅师在长汀平原山创建"普护庵"，弘法 18 年，于北宋建隆三年（962）九月圆寂。据《临汀志·仙佛》载，伏虎禅师除了善于降服老虎，还有顿锡出水、祷雨救旱等种种神异，朝廷赐封"威济灵应普惠妙显大师"。

南宋汀州郡守吕翼之将伏虎禅师与定光大师一起供奉在郡城"定光院"，并称"二佛"。明清时期，汀州信众在定光、伏虎"二佛"的基础上，增加观世音菩萨，并称"三太祖师"，一并四时供奉。2016 年 12 月，伏虎禅师信俗列入福建省第五批省级非物质文化遗产名录。

定光、伏虎"神异"的共同点，是能驱除虎豹蛟龙，使之不再危害百姓；能够祷雨救旱，确保农业丰收；能够护国佑民，保护百姓安宁。这些都反映了早期客家民众在闽西这块蛮荒之地求生存、谋发展的迫切需要。因此，人们信奉定光、伏虎，一方面将其作为客家人的保护神，成为维系客家民系的精神纽带，另一方面，客家人又从他们的事迹中汲取敢于进取、勇于开拓、善于斗争的精神力量，去面对任何艰难险阻，建设美好家园。

（二）妈祖信俗

妈祖信俗源于福建莆田沿海一带。南宋理宗绍定年间（1228—1233），长汀县令宋慈开辟汀江航运之后，汀州、赣州的大米、土纸和山货通过汀江、韩江运到潮汕沿海发卖，潮汕的海盐、海产品以及日用百货运回汀赣销售。由于汀江激流险滩众多，为保航运安全，汀江沿线码头修建了许多妈祖庙，祈愿护海女神妈祖庇佑所有船只安全。汀州最早的妈祖庙建于南宋理宗绍定年间，原名"三圣妃宫"。《临汀志·祠庙》载："三圣妃宫，在长汀县南富文坊，及潮州祖庙。……今州县吏运盐纲必祷焉。"于是，闽粤沿海的妈祖信俗传入内陆客家地区，成为汀江航运的保护神，为船工们战风斗浪、祈愿安全提供强大的精神支柱。汀江航运停歇之后，妈祖保平安的功能仍然延续，至今闽西境内供奉妈祖的庙宇尚有 300 余座。每年妈祖诞辰（农历三月二十三日）与升天日（农历九月初九），许多乡镇都会举行盛大的民俗纪念活动。

（三）公王信俗

公王是闽西客家最主要的民间信仰之一。公王，一般是当地百姓公认的、历史上为当地百姓作出杰出贡献的历史人物，是一种人格化的地方神。公王庙，通常设于村落的水口，作为村落的守护神、福神、境主神。公王信俗主要分布在长汀、连城、永定和南靖等。

连城县姑田公王庙，又称"溪边庵"，始建于明代正德年间（1506—1521）。传说公王为赖明福，生前组织乡民成立团练，建山寨，保民安居乐业。逝后百姓建庙祭祀，明武宗赐封"东山福主民主公王"，清代康熙年间重建，乾隆五十六年（1791）扩建。由于该庙历史悠久，规模宏大，占地近 4 亩，被誉为"客家公王第一庙"。每年正月十五举行"游公王"活动，由上堡的陈、赖、桑三姓组成"公爹会"，规定一姓游一年。

连城"河源十三坊"（今宣和乡、朋口镇所属）的"蛤瑚公太"信俗也很隆重，传说是为纪念闽王王审知而设，颂扬他治理福建期间的种种惠政。

永定的公王信俗也很普遍。如大溪乡黄龙坪村信奉"骑虎公王"，湖雷信奉"岳灵公王"，奥杳信奉"奥杳公王"，湖坑镇洪坑村信奉"民主公王"。这些村落每年举行"春福""秋福"迎神活动。高头乡每年祭祀民主公王的季会就有 5 个。南靖书洋塔下村、石桥村也供奉民主公王，逢年过节村民均到庙里祭祀，每隔两三年举行一次打醮（做大福）活动，祈求五谷丰收、人口平安。

（四）田公元帅信俗

"田公元帅"是傀儡戏的祖师，傀儡戏（木偶戏）艺人尊其为"戏神"。闽西上杭傀儡戏自明初从浙江传入的同时，带回一尊傀儡戏神"田公祖师"，奉于白砂镇水竹洋村中小庙，谓之"田公堂"。相传"田公"是汉朝皇帝刘邦的女婿驸马都尉，奉刘邦圣旨到全国各地演出傀儡戏。清代乾隆年间，水竹洋"龙凤堂"戏班传人倡议并建立行业协会——"田公会"。此后，田公会逐渐集傀儡戏神崇拜、傀儡戏艺人聚会、傀儡戏剧目展演于一体。每年"田公祖师"生日（农历六月二十四日），闽西傀儡戏班都要前来"田公堂"祭祀上香，并演出代表剧目以切磋技艺。2012 年上杭县"田公元帅信俗活动"列入福建省第四批省级非物质文化遗产名录，推动了客家地区木偶戏艺术的保护与发展。

（五）惠利夫人信俗

惠利夫人，俗名莘七娘，相传为五代时人，随丈夫出征来到明溪定居，丈夫因感风寒而殁。莘七娘生前精通女工书史，为百姓施医送药、济世利人；殁后"乡人敬而祀之"①。南宋嘉定年间（1208—1224）赐封为惠利夫人，成为客家女神，清代又加封为"显应夫人"。现明溪县城北郊建有"显应庙"，每年正月十五、十七和农历六月十一神诞期间，明溪百姓自发举行隆重祭祀仪式，弘扬惠利夫人"忠孝、仁爱、济世、护民"精神，祈愿乡人平安幸福。2012 年 12 月，惠利夫人信俗列入福建省第四批省级非物质文化遗产名录。

二、节庆民俗

客家节庆民俗是客家人文精神最具乡土气息、最原生态、最大众化的

---

① 〔宋〕胡太初修、赵与沐纂：《临汀志·祠庙》，福建人民出版社 1990 年版，第 67 页。

表现形式。^① 客家地区的全国性节庆民俗（如春节、元宵、清明、端午、七夕、中元、中秋、重阳）与其他汉族地区基本相同，却又增加了不少"客家元素"。具有鲜明客家特色的节庆民俗主要在乡村，体现出多样性、传承性、大众性、娱乐性、模式性和祈愿性的特点。^② 代表性的客家节庆民俗有：闽西客家元宵节庆民俗、清流李家五经魁、宁化古游傩、武平民俗绝技、长汀童坊镇彭坊刻纸龙灯、闽西客家春耕习俗。

（一）闽西客家元宵节庆

客家元宵节庆是客家节庆中十分活跃喜庆热闹的传统民俗，内容丰富，形式多样。最具代表性的有：姑田游大龙、罗坊走古事、芷溪花灯、新泉烧炮、抚市走古事、下洋中川村的元宵迎花灯锣鼓等。2008 年 6 月，闽西客家元宵节庆获批国家级第二批非物质文化遗产代表性项目。

连城姑田游大龙活动始于明代，至今已有 400 多年的历史，是中原龙文化的传承。其客家特色主要表现在时间、地点和形式的不同。正月十五元宵之夜，村民抬着两百多节、几百米长的纸扎大龙蜿蜒在姑田的田间村落，穿行于大街小巷。所到之处，家家门前燃松明、点香烛、摆果茶、放爆竹，迎接"龙游大地，春到人间"，祈祷风调雨顺、国泰民安，场面热闹非凡。2011 年元宵，姑田游大龙 348 节，791.5 米长，获吉尼斯世界纪录，被誉为"天下第一龙"。

连城罗坊走古事始于清代。当地罗氏十四祖才微公为清代举人，曾任湖南武陵知县。他卸任返乡时，把流传在湖南的走古事民俗传回连城故乡。元宵节当天，连城罗坊九大房族各出一棚古事，每棚古事由两个 10 岁左右的男童按古代戏装打扮，上面一个是主角（扮演天官、李世民、罗成等），下面一个是护卫。走古事队伍上午绕村境游行，下午在云龙桥下涉水竞跑。这个活动规模宏大、竞技性强，充分体现村民团结协作、力争上

---

① 林开钦：《客家通史》，福建人民出版社 2018 年版，第 217 页。
② 林开钦：《客家通史》，福建人民出版社 2018 年版，第 217 页。

游的精神。

连城芷溪花灯源自苏州，始于清代康熙年间，保留了古苏州的花灯艺术和锣鼓音乐。300年来，芷溪花灯逐渐由小变大，由少变多，由挂灯变为游灯，活动更加丰富多彩，极富客家特色。每个花灯有99盏灯火，以宫灯为主，纱灯、牡丹灯、鲤鱼灯，花篮灯、字画灯、人物灯环绕周围。每年的芷溪游花灯活动从正月初一夜晚开始，除了初五和初八不游外，一直到正月十五夜里结束。最热闹的是初九至十五的"游四方"，花灯游遍全村大街小巷、田间地头、宗祠祖屋。每支花灯队伍由20多个年轻壮汉轮流擎灯护灯，花灯多时达106个，首尾相接，明烛夜空，花团锦簇，看灯的游客也是人山人海，场面壮观。

连城新泉元宵烧炮，特点就在于一个"烧"字。正月十四，新泉北、西、东南三个村家家准备好万响鞭炮，在门前空地上围成鞭炮团，或悬挂起来，并摆好供桌果品。元宵零时开始，村民抬着"三太祖师"（观音、定光、伏虎）自北向西、东南游行，每到一家门前，村民烧香点烛，然后"烧炮"。燃放鞭炮之所以用"烧"，一是节省时间，二是取一年吉利大发之兆。

永定抚市走古事，始于清代乾隆年间。每个"古事棚"由少年儿童化装成古代传说故事、戏曲的人物或情节，并有精美的服装道具。"古事棚"后面跟着"五色锣鼓"（锣鼓、大钹、小钹、铜钟、碗锣）随行伴奏，营造热闹喜庆气氛。抚市走古事从正月十二至十七，接连5天，每天都有十几棚古事和乐队在村镇境内游行，表达民众祈求风调雨顺、国泰民安的美好心愿，也引来众多城乡观众和各地摄影爱好者。

永定下洋中川村的元宵迎花灯，是这里一年中最大的民俗文艺活动。有别于连城芷溪花灯，中川花灯是用竹篙把花灯串连起来，花灯样式有走马灯、书卷灯、鼓子灯、鲤鱼灯、花篮灯等，每年的花灯有二十多架。另一特色是伴随迎花灯的中川大锣鼓队，它是从汉乐八音派生出来的，以打击锣鼓为主，管弦乐伴奏，唢呐为主音，鼓手为乐队指挥；演奏时，唢呐吹出汉乐乐调，随音乐节奏敲打锣鼓。中川迎花灯一般在正月十四、十五晚上举行，花灯从各家祖楼出发，汇聚到村中心，再沿着村庄道路游行，最后集结到胡氏家庙广场。夜色中，一架架花灯犹如一条条火龙游动，伴随着美妙的音乐，鞭炮火铳齐鸣，耀眼的烟花撒遍夜空。

元宵节庆活动中，人们祭祀祖先、三太祖师、五谷神农、土地公王，体现了客家人敬天法祖、感恩自然的精神；走古事扮演的历史故事，宣传仁义礼智信与耕读传家思想，表现客家人对儒家文化的传承；民主推举"福首"，宗族之间友好合作，也体现了客家人平等互敬、团结向上的精神。一元复始，万象更新，在元宵节庆里，客家人寄托了追求风调雨顺、国泰民安的愿景。

（二）闽西客家春耕习俗

"犁春牛"习俗流传于连城新泉、芷溪一带，至今已有 500 多年历史。活动在"立春"前后三天举行。"犁春牛"队伍由锣鼓队、牵牛迎春者、耕牛、犁田农夫、送饭送草的农妇、男女锄田者、挑谷箩者，以及渔夫、樵夫、书生、郎中、商人和化装的古代故事人物组成，最后是十番乐队或锣鼓队。游行队伍从开基祖祠堂出发，然后周游全村。有的还游到临近村子，以示互相往来。"犁春牛"活动表达国泰民安、风调雨顺、五谷丰登的愿望，体现了闽西客家的农耕文化，是客家人勤劳敬业精神的表现。2005 年 10 月，闽西客家春耕习俗入选福建省第一批非物质文化遗产代表性项目。

（三）清流李家五经魁出巡

"五经魁"指的是历史传说中的 5 个人物：雷震子（亦称雷公）、李广、钟馗、包拯、寇准。人们根据这 5 个历史传说人物的不同性格做成 5 个不同的面具，画上不同的脸谱，设计不同的舞蹈动作，穿上不同的服饰进行表演，寄予国泰民安的愿望。清流李家五经魁活动始于明代正德年间（1506—1521），每年正月初三经魁出行，给村民拜年。正月十四是当地庙会，五经魁再次出来巡演，队伍后面跟着唢呐、十番锣鼓伴奏以及镇武祖师神像、花篮等。清流李家五经魁于 2008 年入选福建省第二批非物质文化遗产代表性项目。

（四）宁化古游傩

宁化夏坊自明代中后期就有"梅山七圣"崇拜。清代光绪九年（1883）夏坊建成"七圣庙"，供奉"七圣"傩面具。"七圣"分别指猴、猪、羊、狗、牛、蛇、蜈蚣七种动物精怪。"七圣"游傩在每年正月十三夏坊庙会举行，游傩队伍走村串户，手执竹鞭左右挥舞，为人们祈祥纳福。村民也将竹鞭带回家供奉，祈求神明保佑全家安康、六畜兴旺。2009年，宁化古游傩入选福建省第三批非物质文化遗产代表性项目。

（五）武平民俗绝技

武平中湍村民俗绝技表演始于清代咸丰年间（1851—1861）。2003 年中湍村重建忠新馆，有绝技传承人和相关管理制度。表演时间在农历十月半，三年举行一次。农历十月半是"下元节"，道教中的"水官"诞辰，正值秋季收成，农村"打糍粑"庆祝丰收。表演内容有上刀山、下火海、捞油锅、吊米斗、坐锥床等绝技，其惊险程度令观众叹为观止。其意义在于展示客家人的一种敢于"上刀山、下火海"的顽强拼搏精神。2005 年 10 月，武平民俗绝技入选福建省第一批非物质文化遗产代表性项目。

（六）长汀童坊镇彭坊刻纸龙灯

彭坊刻纸龙灯始于清代康熙年间（1662—1722），其刻纸艺术是将泉州剪纸与元宵花灯艺术融合在龙灯上，加以创新而成。每年元宵节，彭坊村民都有刻纸游龙灯的习俗，村民把刻有各种图案的纸花贴在龙灯上，再将每家每户的纸制龙灯连接起来。经常有三条龙灯（公龙、母龙和小龙），在夜幕中巡游全村，最后集中在村中心进行精彩的舞龙表演，届时鞭炮齐鸣，焰火满天，表达客家人对美好生活的向往。2011 年，长汀童坊镇彭坊刻纸龙灯入选福建省第四批非物质文化遗产代表性项目。

这些积极健康的民俗活动表达了民众的朴素愿望，增进了百姓之间的和睦相处，加强了客家文化的历史记忆，是客家文化的生动诠释。

第四节　书、画与文学

闽西客家地区的文化发展，起步于唐宋，发展于明清。客家人崇文重教，极其重视文化的传播。明清时期，四堡刻书发达，所印"四书""五经"等科举应试之书满足了闽西客家子弟的文化需要，还走俏东南、远销海外。由于文化的发展与客家人自身的努力，明清以来闽西客家造就了许多全国知名的画家和诗人。民间文艺也异彩纷呈，客家民众喜闻乐唱的客家山歌，最能反映客家社会的劳动生活，成为了解客家人与客家文化的一个重要窗口。

一、四堡刻书业

四堡印书始于明代中叶。万历年间，时任杭州仓大使的四堡雾阁村人邹学圣（1523—1598）于万历八年（1580）辞官归里，将杭州的雕版印刷技艺带回家乡，开创了四堡的印刷业。清代康熙初年，四堡人邹葆初（1619—1672）又将印刷业发展为自刻书版印刷，时人称颂其"丰功伟绩全在刊经。公刻书以来，多人学步，通里文明，实公宣布"[①]。由此，四堡的雕版印刷开始逐渐走向刻版、印刷、包装、销售一条龙的规范化发展。四堡马屋村距离雾阁仅 1 公里，受雾阁刻书风气影响，马屋村人马维翰（1639—1700）紧跟邹葆初之后，也"募匠剞劂梨棘，摹印书籍，以为诸贾贩，其利且倍蓰于远贾而得朝夕奉侍于父母"（光绪版《四堡马氏族谱》），开创了马氏家族的刻书业。

乾隆、嘉庆、道光三代，是四堡刻书业的鼎盛时期，有大小书坊 300余间，所印图书销往全国乃至海外。杨澜《临汀汇考》云："长汀四堡乡，皆以书籍为业。家有藏版，岁一刷印，贩行远近。虽未必及建安（今建阳）之盛行，而经生应用之典籍以及课艺应试之文，一一皆备。城市有

---

① 四堡雾阁村民国版《范阳邹氏族谱》。

店，乡以肩担，不但便于艺林，抑且家为恒产。富垺多藏，食旧德服先畴莫大乎是！胜牵车服贾多矣。"咸丰《长汀县志》亦载："长邑四堡乡以书版产业，刷就发贩几半天下。"四堡"与北京、杭州、江西浒湾并列为明清四大雕版印刷基地"[①]。

四堡书坊的发展，很大程度依赖于本地丰富的物质资源。连城四堡山林环绕，竹木资源丰富，遍布小叶樟、山梨、枣木、毛竹、松柏。这些都是刻印雕版、造纸、制墨的上好材料。当时，纹理细密又樟香浓烈的小叶樟普遍用于制作雕版。明朝末年，连城姑田就能生产宣纸，颜色洁白，纸质薄韧，吸水性强，享有"百年不褪色，千年不变黄"的美誉。印刷用墨上，一部分购买安徽徽墨，一部分用当地松柏制成松烟墨，这种烟墨容易上色，印字清晰，造价低廉，成本节约。因此，四堡刻本质量上乘，远超建阳"麻沙本"，受到读者喜爱。四堡书坊的发展与当地文化基础也有关系。在明代正统十年（1445）就有四堡人马驯考中进士，历官户部郎中、四川左参政、四川左布政使、都察院左都御史、湖广巡抚。据四堡邹氏族谱统计，从明中叶至清末，四堡邹氏考中举人12名，生员、监生和贡生又有157人，可见文化氛围十分浓厚。这些没有中举的生员、监生和贡生弃儒从商，转而从事刻书、印书、售书为生，为自己的人生打开了另一扇致富"窗口"。四堡书坊的发展还与当地的经济社会环境有关。四堡地处山区，可用耕地不多，书坊的刻书、印书、销售正好解决了剩余劳动力问题。由农民转变为工人、商人，转变的不只是身份，更重要的是传统思想和经济意识的革新，是农耕文明向工商文明发展的一种探索与实践。

我们今天能看到的客家民俗读本《一年使用杂字文》（亦称《年初一》），是清代康熙年间武平县人林宝树撰写，雍正年间四堡马屋林兰堂刻本。这是一篇七言歌体白话韵文，5400多字，用客家方言写成，记载了当时一年四季的客家民俗，在今天是研究客家文化极为珍贵的资料。另一

---

① 此观点由著名学者郑振铎在厦门大学一次学术会议上提出。

部流传最广、影响最大的幼学启蒙读物《幼学故事琼林》，也是乾隆年间四堡雾阁书坊主邹圣脉增补、印刷的。如今，五百年历史烟云散去，书坊古迹保护完好，印刷技艺得以传承，研究与开发工作受到地方和政府高度重视。2008 年，连城雕版印刷技艺入选国家级第一批非物质文化遗产扩展项目。

二、绘画

客家地区的奇山秀水哺育了一代代文人墨客，也成就了一批批书画名家。清代闽西具有全国影响的著名画家就有上官周、华嵒和黄慎。

上官周（1665—1750），长汀人，原名世显，后改周，字文佐，号竹庄山人、竹庄老人，是清代康乾年间著名的人物、山水画家，也是"扬州八怪"之一黄慎的老师。康熙五十三年（1714），上官周进京参与《康熙南巡图》的绘制。"《康熙南巡图》由王原祁任总裁，王石谷画山水，上官周画人物。""更为特殊的是，上官周画的数以万计的人物，形象生动多姿，不但得到康熙帝的赞誉，而且在中国绘画史上是罕见的，可与宋张择端《清明上河图》相媲美"。[①] 上官周还参与了《万寿盛典》《南巡盛典》中版画插图的绘制。清末著名版本学家叶德辉《书林清话》云："国朝则《万寿盛典》《南巡盛典》首帙，图像系上官竹庄。"[②] 郭味蕖《中国版画史略》："《康熙盛典》的绘制者，主要是当时的老画家上官周。"[③] 上官周晚年返汀筑画室"竹庄"，精心绘成《晚笑堂画传》传世。《晚笑堂画传》依据史料和艺术想象，创作了汉高祖刘邦、西楚霸王项羽、张良、韩信、司马迁、苏武等汉代以来 120 位历史人物绣像，工笔独到，形态各异，栩栩如生。如《王子安像》，将初唐诗人王勃描绘成眉清目秀、面颊丰满的俊俏男子，却又让他身着长袍广袖，赤着双足站在一片大芭蕉叶上飘飘欲

---

① 李浴：《中国美术史纲》，人民美术出版社 1957 年版，第 277—289 页。

② 叶德辉：《书林清话》，中华书局 1995 年版。

③ 郭味蕖：《中国版画史略》，朝花美术出版社 1962 年版，第 142—143 页。

仙；诗人左手执一柄大纨扇，右手托一只大酒杯，双眼似睁还闭，俨然喝了好多酒，但意犹未尽。画家抓住王勃恃才、嗜酒的特点，表现其放浪形骸、傲世独立的形象，达到出神入化的程度。[①] 鲁迅十分推崇上官周，曾购买《晚笑堂画传》寄赠俄国木刻家亚力舍夫。日本《支那绘画史》专文论述《晚笑堂画传》的价值和影响，并将其影印发行。上官周的山水画也很著名，代表作有《罗浮山图》《台阁风声图》《珠江挂帆图》等。清代窦镇《国朝书画家笔录》评上官周"善山水，烟岚弥漫，墨晕可观"。查慎行《题竹庄〈罗浮山图〉》称其"上官山人今虎头"，比之为晋代著名山水画家顾恺之。

华嵒（1682—1756），字德嵩，后改字秋岳，号新罗山人、离垢居士，上杭县人，青年以后寓居杭州。华嵒是康乾年间扬州画派的重要画家之一，《清史稿·华嵒传》载其"画山水、人物、花鸟、草虫无不工，脱去时习，力追古法"。在现存华嵒的 503 件著录作品中，山水类作品近 200 件，约占 40%，另 50% 左右都是花鸟作品。华嵒的山水画，以崇山茂林为主，表现一种离垢出尘意境，透出一股清新之气，却又不显空寂，以隐逸之士居游其间，体现人与自然的和谐相处，这就是他山水人物合璧的特点。如北京故宫博物院馆藏的一幅《山水图》，描写一片青烟淡岚、秋高气爽的山野之中，几间茅舍滨水而立，一位文士静坐案几，似乎是在读书间隙，眺望窗外一片明净清旷的秋日美景。天津艺术博物馆所藏 12 开《山水册》之五《人过桥心倒影来》，是一幅水村山居的乡野景致，斜穿画面中部的留白，有一条九曲板桥连通着清溪两岸人家，曲桥上一位拄杖而行的布衣居士，成为这幅画的中心。人物的点缀与刻画，透露出一种"随意春芳歇、王孙自可留"的诗情，表达了画家对自然与自由生活的羡慕和向往。华嵒的花鸟画是扬州画派诸家中最富优雅气质与生机天趣的代表。华嵒远师宋人工笔花鸟，取法明代陈淳、周之冕诸家，近师恽寿平善于写

---

① 张佑周等编著：《客家文化概论》，中国文联出版社 2002 年版，第 131 页。

生、情趣动人的特征，在融会众家之长的基础上，形成自家风格。如旅顺博物馆所收藏的《黄鹂垂柳图》，画家着力描绘两只对歌的黄鹂。黄鹂在垂柳枝条间上下翻飞，啁啾鸣唱，生动传神。画面底部两瓣相互倚靠的大石头，相应着两只欢快跳跃的黄鹂。这幅画展现了黄鹂自然翻飞跳动的生趣，又表现了相依相偎的亲昵，让观画者感受到自然与人间相通的那种亲情，从而获得完美的精神愉悦。现代画家潘天寿所著《中国绘画史》评："长汀上官文佐周之功夫老到，临汀华秋岳喦之脱去时习，均为清代史实风俗画之较有名者。"华喦亦能诗，诗风超逸拔俗，有《离垢集》五卷传世。《钱塘县志》载其"工人物、山水，能诗、善书，人称三绝"。

黄慎（1687—1770），原名盛，字恭懋、恭寿，号瘿瓢子、东海布衣，宁化县人，康乾时期著名的"扬州八怪"之一。黄慎14岁始学肖像画，开启"揭帛传真"、一生鬻画之路。16岁前往建宁、汀州拜师学艺，得到上官周的指导。他曾寄居寺庙读书，白天作画练字，晚上佛龛前苦读诗文。黄慎的勤奋感动寺中高僧，允许他借阅寺中藏书，得以遍览《毛诗》《汉书》《史记》，工笔画也大有长进。康熙五十八年（1719），33岁的黄慎出游豫章、吴越，以艺会友，结交许多诗人画家，开阔了眼界胸襟，艺术道路也更宽广。雍正二年（1724）夏，38岁的黄慎首次来扬州，得到汪士慎的赏识。为了适应都市文化的审美需要，黄慎在画风和书法方面进行了根本性的自我变革。谢堃《书画所见录》载："（黄慎）初至扬郡仿萧晨、韩范辈工笔人物，书法钟繇，以至模山范水，其道不行。于是闭户三年，变楷为行，变工为写，于是稍稍有倩托者。又三年，变书为大草，变人物为泼墨大写，于是道大行矣。盖扬俗轻佻，喜新尚奇，造门者不绝矣。"至此，黄慎以高超的画技，不拘一格、真实而不媚俗的艺术主张征服了扬州民众，很快在扬州崭露头角，于是"持缣素造门者无虚日，扬之人遂咸知有山人之画"（张廷玉等《清朝文献通考》），遂有"瘿瓢之名遍天下"的美称。

在绘画上，黄慎早期擅作工笔人物，作品逼真细腻；中期变工笔为泼墨，豪放潇洒；晚期成熟写意，大胆泼辣。他的画作类型宽广，包含人物画、山水画、花鸟画；选材丰富，囊括神仙佛道、历史传说、民间故事、现实形象（多为纤夫、渔夫、农民、流民等下层民众）；笔法上经历了工笔、兼工带写、大写意的变化，甚至自创了新皴法、草体花鸟画和草体山水画，"以草书入画"，不可谓不独特。黄慎作画深入古法又不恪守常规，讲究"我师我法"，故而画作奇肆苍莽，纵横挥洒，独树一帜，因此时人多视之为"怪"，但又对其十分推崇。这也是黄慎与汪士慎、郑燮、李鱓、金农、李方膺、罗聘、高翔并称"扬州八怪"的原因。黄慎还擅诗，晚年有《蛟湖诗钞》4 卷传世。

三、客家文学与客家山歌

客家文学是具有客家人文特征的文学，它包括文人作品，也包括民间文学。客家山歌是民间文学中最具代表性的文学样式。

（一）文人作家

据兰寿春《福建客家古代文学作品辑注》收录，福建古代客籍作家多达 221 人。下面简要介绍郑文宝、邓肃、李世熊、黎士弘、丘复五位代表性作家。

1. 郑文宝

郑文宝（953—1013），字仲贤，一字伯玉，宁化县人。宋太平兴国八年（983）进士，官至工部员外郎。郑文宝少时受业于南唐吏部尚书徐铉，工篆书，诗文俱优，深得晏殊、欧阳修等著名诗家赞赏，是宋初负有盛名的诗人，也是福建客家第一个步入全国诗坛的文人。有《郑文宝集》30卷，《谈苑》20 卷，《南唐近事》2 卷，《江表志》3 卷。杨澜《汀南廑存集》自序称："汀有诗人，自宋郑仲贤始。"

2. 邓肃

邓肃（1091—1132），字志宏，自号栟榈居士，沙县人。邓肃前期的诗歌主要是山水诗和酬答次韵之诗，诗风多学李白。两宋之间，经历北宋灭亡和南宋初的社会大动乱，邓肃诗歌更多忧国忧民之作。《四库全书总目提要》评其"大节与杜甫略相似。其《靖康迎驾行》《后迎驾行》等篇，亦颇近甫奉先诸作，在南北宋间，可谓笃励名节之士。"邓肃有《栟榈集》16卷，《全宋诗》收录邓肃诗歌275首。

3. 李世熊

李世熊（1602—1686），字元仲，号寒支、愧庵，宁化县人。《汀州府志·人物》载其"性颖悟，博极群书，目数行俱下。凡坟典经史以及释典道书、医卜星纬之学，靡不淹贯。明亡，遁迹深山，四十年不入城市"，是一位很有骨气的遗民诗人。李世熊一生著述丰富，有《寒支初集》《寒支二集》《物感》《狗马史记》《钱神志》《宁化县志》等十多种行世。

4. 黎士弘

黎士弘（1618—1697），字愧曾，长汀县人。清顺治十一年（1654）举人，官至宁夏布政司参政。黎士弘是李世熊弟子，清初著名古文家。他与"宁都三魏"一样提倡"读有用之书"，强调文章"有用于世"。《全闽诗话》引《本朝诗钞小传》评价他的古文"清新俊逸，未尝步武前人，而动与古会"。《四库全书》（存目）收录他的《托素斋诗文集》10卷（诗4卷，文6卷），《清史稿》收录他的《仁恕堂笔记》1卷。

5. 丘复

丘复（1874—1950），字果园，别号荷生，又自号念庐居士，上杭县人。光绪二十三年（1897）举人。他与爱国诗人丘逢甲结为挚交，共同在上杭县城丘氏宗祠创办师范传习所。他参加柳亚子创办的"南社"，辛亥革命后当选为全国参议院议员，1925年受聘为广东嘉应大学教授，晚年回乡创办民强中学。丘复著述丰富，有《念庐诗稿》10册、《念庐诗话》5卷、《念庐文存》5册；编纂了《上杭县志》《长汀县志》《武平县志》，以及《杭川新风雅集》30卷等。

（二）客家山歌

客家山歌在客家地区流传最为普遍，它是"扎根在客家地区，在山间野外抒发内心情感，为广大客家群众所喜闻乐唱的一种短小的歌唱艺能"①。山歌的特点，一是用语为客家方言；二是歌唱者多为女性，也有男女对歌形式；三是内容多涉劳动生活，爱情题材最多；四是唱山歌的环境多为山间水滨；五是歌词多为出口成章的即兴之作，字词不固定；六是形式多为七言四句，俗称"四句板"，一般是"二、二、三"句式，"一、二、四"句押韵。

客家山歌是客家百姓社会生活的真实反映，它诞生于唐宋，成熟于明清。山歌的内容主要有以下四个方面。

一是反映劳动。客家山歌与《诗经》和汉乐府民歌一样，是"饥者歌其食，劳者歌其事"之作。下面两首是对劳动生活的歌唱：

> 柴刀一把饭一包，打早上山斫柴烧。
> 头担斫来街上买，二担斫来自家烧。

> 三月莳田行对行，阿哥莳田妹脱秧。
> 阿哥莳田望割谷，老妹恋哥望情长。

二是揭露剥削。用山歌揭露贫富不均、劳逸悬殊的不平等现象，是杜诗"朱门酒肉臭，路有冻死骨"批判精神的延续：

> 郎给财主做长工，打春开始做到冬。
> 大年三十有米煮，郎打竹板妹挽筒。

> 牛犁田来马食谷，财主不劳倒享福。
> 穷人三餐冇米煮，财主酒肉撑破肚。

---

① 王耀华：《客家艺能文化》，福建教育出版社1995年版，第61页。

三是咏叹爱情。爱情山歌数量最多，最是客家青年男女的性情之响：

阿哥有情妹有情，不怕山高水又深。
山高自有人开路，水深自有撑船人。

郎是山中千年树，妹是山中百年藤。
树死藤生缠到死，树生藤死死也缠。

四是劝谕教化。传授生活经验，教育警醒世人，这种劝谕教化作用的山歌也不少，如：

草鞋烂掉不敢翻，家中贫苦不敢懒。
日日起来勤奋做，苦果也会变甜柑。

劝郎出门要顾家，莫拿钱财去乱花。
赚钱可比针挑土，用钱可比水推沙。

客家山歌深受民众喜爱，不仅在于思想内涵的丰富，还在于它艺术表现的高超。客家山歌出色地继承了《诗经》、《楚辞》、汉乐府以及六朝民歌的优秀传统艺术，尤其是赋比兴的表现艺术，夸张渲染、谐音双关等修辞方式都运用得比较纯熟。

"赋""比""兴"是我国第一部诗歌总集《诗经》的艺术表现手法，历代文人不断用之于自己的创作实践。在赋比兴艺术手法的继承与发展方面，即使是粗通文墨的客家民众，也能将其运用于山歌的咏唱之中。下面赋比兴表现手法各举一例：

老妹住在石壁岩，天晴落雨有人行。

天晴有人分茶吃，落雨有人借伞撑。

哥是葛藤妹是花，葛藤种在花树下。
葛藤缠花花缠葛，缠生缠死吾俩侪。

高山岽头一兜葱，大风一吹衮衮动。
亲郎去了半个月，害妹急了十五工。

夸张、渲染是客家山歌常用的艺术手法之一，体现了歌者丰富的想象力。下面各举一例说明客家山歌对夸张、渲染的运用：

你要唱歌只望来，兜条凳子坐倒来。
唱到鸡毛沉落海，唱到石头浮起来。

桐子开花球打球，介好情意难得有。
介好情意难得见，两人行到铁树开花水倒流。

谐音、双关是六朝民歌常见的表现手法，此类情况在客家山歌中也多有出现。如：

碟子种花园分浅，扁担烧火炭冇圆。
哑子食到单只筷，心想成双口难言。

新作大屋四四方，做了上堂做下堂。
做了三间又两套，问妹要廊不要廊。

"园分浅"谐音"缘分浅"，"炭冇圆"谐音"叹冇圆"。"单只筷"子不成双，相关不能"夫妻成双"。"要廊不要廊"谐音"要郎不要郎"。歌者不直接说出正面意思，让对方意会，既含蓄又巧智。

客家山歌继承和发展了《诗经》《楚辞》和汉乐府民歌的优秀传统，同时，兼收并蓄了吴声歌曲、畲族山歌的文学营养，因此，它对中原文化的南方传播，对客家民众的文化普及以及历代客家文人的成长都有积极作用。

第六章
闽北文化

闽北位于福建省北部,是闽地通往全国的交通要道之一。作为福建最早开发的内陆腹地之一,闽北地区积淀了深厚的文化底蕴。在新石器时期,这里是古越人栖息之地,留下了神秘的船棺文化。这里拥有"秀甲东南"的武夷风光。这里还是闽学的发源地。杨时与游酢就是北宋著名的理学家。著名大儒朱熹出生于此并常年在此讲学。对日韩等东亚国家产生深远影响的书院文化也肇基于此。这里曾是古代中国印刷业的中心,建阳等地印刷的书籍是当时文化普及和传播的重要载体。这里是中国茶文化的奠基地之一,不仅出产过"小龙团"等皇家贡茶,还是红茶的发源地,世界知名的"大红袍"更是闽北茶叶的佼佼者。

第一节　武夷风光双世遗

"双世遗"是"世界文化与自然遗产"的简称。目前,全世界共有双世遗产地 35 处,中国有 4 处,分别是黄山、泰山、峨眉山—乐山大佛、武夷山。素以"秀甲东南"著称的武夷山位于福建、江西两省交界处,相传曾有神人武夷君降临于此,后人便以"武夷"命名此山。[①] 一直以来,武夷山被视为人类与自然环境和谐统一的代表。世界自然保护联盟专家莱斯

---

① 关于武夷山的名称还有另一个传说。据说,上古之时洪水泛滥,彭祖的两个儿子彭武、彭夷居住于此,带领当地百姓凿山垒石,抵御洪水。后人为了纪念他们,便将此地命名为武夷山。

利·莫洛伊博士在实地考察时，认为"武夷山是中国人民永续利用自然资源的永久象征"。因此，武夷风光成为闽北地区优秀传统文化的重要组成部分。

一、武夷山的自然遗产

武夷山的美感在于山。武夷山是中国丹霞地貌发育最为典型的山脉。地壳运动不仅塑造了千姿百态的奇峰怪石，也形成了悬殊的地势高差，绝对高差达 1700 米。同时，武夷山属中亚热带季风气候区，生物垂直分布极为明显。良好的生态环境和特殊的地理位置，使其成为地理演变过程中许多动植物的"天然避难所"，成为全球生物多样性保护的关键地区。

（一）九曲溪风光

有人说："武夷山美感在于山，灵性在于水。"武夷山麓中溪流密布、飞瀑众多。潺潺的流水给山脉带来生机与动感。这其中，位于武夷山脉主峰——黄岗山西南麓的九曲溪最为著名。九曲溪全长约 9.5 公里，溪水清澈，水绕山行，一共九曲，每一曲都有不同景致，故名"九曲"。人们常乘竹筏顺流而下，掠过浅滩、深潭，览尽两岸山光水色。

古往今来，无数文人墨客泛舟九曲溪上，陶醉于两岸秀丽的风光中，留下了无数感慨武夷山美景的诗词。例如，南宋喻良能的《九曲溪》认为它是南方美景中无可超越的"绝境"：

> 十年来往大江东，每为青山引兴浓。
> 自到此山寻绝境，悔看五老九华峰。

在众多描写九曲溪的诗作中，要数朱熹的《武夷棹歌十首》最为著名。它可以说是最早的九曲溪"导游图"：

武夷山上有仙灵，山下寒流曲曲清。欲识个中①奇绝处，棹歌闲听两三声。

一曲溪边上钓船，幔亭峰②影蘸晴川。虹桥③一断无消息，万壑千岩锁翠烟。

二曲亭亭玉女峰，插花临水为谁容？道人不做阳台梦④，兴入前山翠几重。

三曲君看架壑船⑤，不知停棹几何年。桑田海水⑥今如许，泡沫风灯敢自怜。

四曲东西两石岩，岩花垂露碧㲯㲯⑦。金鸡⑧叫罢无人见，月满空山水满潭。

五曲山高云气深，长时烟雨暗平林。林间有客无人识，欸乃声⑨中万古心。

---

① 个中：其中。
② 幔亭峰：在一曲溪口大王峰左边，即相传武夷君宴请乡人之处。
③ 虹桥：相传武夷君通过虹桥来往天界与人间。
④ 阳台：典出宋玉《高唐赋》，后来专指男女欢会。
⑤ 架壑船：即武夷船棺。
⑥ 桑田海水：即沧海桑田，形容时间漫长。
⑦ 㲯（sān）㲯：比喻花瓣垂露如羽毛披离。
⑧ 金鸡：四曲溪南有一金鸡洞，相传从前有金鸡鸣于洞内。
⑨ 欸（ǎi）乃声：摇橹的声音。

六曲苍屏①绕碧湾，茅茨②终日掩柴关③。客来倚棹岩花落，猿鸟不惊春意闲。

七曲移舟上碧滩，隐屏仙掌④更回看。却怜昨夜峰头雨，添得飞泉几道寒。

八曲风烟势欲开，鼓楼岩下水潆洄⑤。莫言此地无佳景，自是游人不上来。

九曲将穷眼豁然，桑麻雨露见平川。渔郎更觅桃源⑥路，除是人间别有天。

所谓"棹歌"，即鼓桨而歌。这首诗的原题是："淳熙甲辰仲春，精舍闲居，戏作武夷棹歌十首，呈诸同游，相与一笑。"淳熙甲辰是南宋孝宗淳熙十一年（1184）。这一年，诗人回到家乡，在武夷山五曲隐屏峰下筑武夷精舍（后改名紫阳书院）。朱熹热爱山水，读书之余，往往乘兴而游。这十首棹歌，第一首总写，余下九首分写九曲景致。诗中有画，笔端含情，堪称佳作，致历代赓和不绝。

（二）多样性的生物资源

除了秀美的风景外，武夷山地区还以丰富的生物资源闻名于世。

武夷山地势高峻雄伟，独特的地理位置、地形、地貌以及气候条件，决定了山脉（特别是北段区域）植物种类的丰富性和多样性。早在 19 世

---

① 苍屏：即苍屏峰，在六曲仙掌峰之西，状如苍翠的画屏，故名。
② 茅茨：茅草盖的小屋。
③ 柴关：柴木做成的门。
④ 隐屏仙掌：隐屏，五曲隐屏峰。仙掌，六曲的仙掌峰。
⑤ 潆洄：曲折萦绕。
⑥ 桃源：东晋陶潜《桃花源记》所写之桃花源。

纪，欧美等国的学者就已进入武夷山采集植物标本。据统计，武夷山地区已知的植物有 3728 种，列入国家重点保护的野生植物共计 35 种，其中属国家Ⅰ级保护植物 3 种，国家Ⅱ级保护植物 19 种，国家Ⅲ级保护植物 13 种。列入《中国濒危植物红皮书》国家重点保护的珍稀濒危植物 28 种。高等植物模式标本产地种共记录 47 种。中国特有属植物共计 31 种。

同时，武夷山还有"亚热带动物园"的美称。中外生物学家把武夷山称为"研究两栖、爬行动物的钥匙""鸟类天堂""蛇的王国""昆虫世界"。据中国野生动物保护协会公布的数据，武夷山已知的动物种类有 5110 种，已列入国际《濒危野生动植物种国际贸易公约》（CITES）的动物有 46 种，黑麂、金铁豺、黄腹角雉等 11 种列入一级保护。中国特有野生动物 49 种，崇安髭蟾（角怪）、崇安地蜥、崇安斜鳞蛇、挂墩鸦雀更为武夷山所特有。

武夷山是世界上鸟类资源最丰富的地区之一，大约有 300 多种，其中有国家Ⅰ级保护动物黑鹳、中华秋沙鸭、黄腹角雉、白颈长尾雉；国家Ⅱ级保护动物角䴙䴘、海南虎斑鸦等。此外，武夷山还是白额山鹪鹛、棕腹大仙鹟、短嘴鹩莺、蓝鹀等新种以及 31 个新亚种的模式标本产地，还有鹰、雕、隼、鹞等猛禽和挂墩鸦雀等武夷山特有种。

闽地自古就以蛇著称，居住于此的古越人将蛇作为图腾。至今，某些地区还流传着蛇崇拜等民间信仰。这自然与福建地区的自然生态密不可分。而武夷山地区就素有"蛇的王国"之称。迄今为止，武夷山地区已发现蛇类多达 62 种，占全国蛇种类的三分之一以上，至于山内的蛇总量则无法统计。据生物学家初步估计，仅大竹岚一地的五步蛇就有数十万条之多。

目前，全球共有昆虫 34 个目，我国已发现有 33 个目，在武夷山地区发现的有 31 个目。据专家估计，武夷山地区的昆虫可达 2 万种以上。从文献记载可知，武夷山地区的森林从未出现病虫害，昆虫的作用功不可没。

优越的自然条件，给武夷山脉带来了多样化的生态环境。优美的生态环境不仅是人类生存与发展的物质基础，也是涵养人文精神的重要载体。因此，在日益走向现代化的今天，如何保护好、利用好这座丰沛的自然资源宝库，不仅是时代给予我们的新课题，也是我们传承与发扬福建优秀传统文化的应有之义。

二、武夷山的文化遗产

世界遗产委员会这样评价："武夷山是一处被保存了 12 个世纪的景观。它拥有一系列优秀的考古遗址和遗迹，包括建于公元前 1 世纪的汉城遗址、大量的寺庙和与朱子理学相关的书院遗址。这里也是中国古代朱子理学的摇篮。作为一种学说，朱子理学曾在东亚和东南亚国家中占据统治地位达很多世纪，并在哲学和政治方面影响了世界很大一部分地区。"这里所要介绍的是武夷山地区重要的文化遗产——船棺与摩崖石刻。

（一）武夷船棺

船棺是古代独木舟形棺木，是船棺葬的葬具。船棺葬是上古南方少数民族的一种葬俗，也称"仙藏""悬棺葬"等。一般认为，船棺是闽地先民的墓葬方式，也有认为其属于苗瑶族者。这种墓葬方式不仅流行于武夷山地区，在福建省内的建阳、南安，四川省的成都等地都有发现，甚至在东南亚和太平洋岛屿也较为常见。值得一提的是，武夷山观音岩出土的"第一号船棺"是现今中国境内发现的年代最为久远的悬棺。因此，武夷山也被学术界公认为悬棺葬俗的发祥地。

船棺多置放于悬崖峭壁之上，武夷船棺也不例外。这些船棺置放的情形有两种：一是藏于岩洞之中；一是利用岩石的裂隙架设木板，托起棺材。先人在进行悬棺葬时，大多用几块不易腐烂的楠木板插入洞穴，在楠木板外露洞穴处横搁楠木，船棺头便架在这横搁的楠木上。有些为方便抬棺进洞而设置的栈道残板，同这楠木板一起被称为"虹桥板"，是架壑船棺的附属品。

考古工作者通过碳 14 测定的方法对其年代进行测定，整体上确认了武夷船棺有三大特点：一是年代久远，武夷船棺最早出现于商周时期；二是多为独木凿成舟形，且木质多为坚质珍贵的楠木，常采用整段圆木刳制，棺木两头前高后矮，前宽后窄；三是随葬品风格古朴，竹木器、青铜器和棉织品是武夷船棺随葬品的特色，而棉织品证明闽江流域是最早种植棉的地区之一。

关于武夷船棺，历史上流传着很多传说，其中有不少带有神话色彩。南北朝时的名士顾野王将其称为"仙人葬处"。最早以科学眼光看待船棺的，是南宋著名学者朱熹。当时，有一具船棺从山崖上坠落，朱熹在他的《武夷图序》中记述了棺中的情况："柩中遗骸，外列陶器，尚未皆坏。"他大胆推测船棺乃是"前世道阻未通、川壅未决时，夷落所居"之遗物。此后，明代著名地理学家徐霞客、当代著名学者郭沫若都曾对船棺有所研究。

尽管如此，由于先秦的文献中缺少关于船棺的详细记载，因此直到今天围绕着船棺还有许多未解之谜。

首先是船棺主人的民族归属问题。学术界有两种意见。一种认为是古越族，一种认为是古苗瑶族。很多学者认为，船棺中葬的是定居于长江流域的由蚩尤担任大酋长的"九黎"民族的先民。早在4000多年前，武夷山就生存了"古闽族"和"闽越族"，他们都是生活在水上的民族。故此，船就是古闽族必不可少的生存工具。加之在武夷山发现的是最早的船棺，人们也就更倾向于认为船棺由古闽族创造。

其次是先民们选择这种葬式的原因。一般认为，船棺及其他民族的天葬、水葬，大抵都起源于原始宗教的一种古老风俗。有人认为，"弥高者以为至孝"，棺木放置越高，就代表对死者越尊重，也越吉利。也有人说，只有身份尊贵者才可以悬棺而葬，比如部落酋长。更有人推测，古人将高耸的山峰视为通往天堂的必经之路，希望逝者的灵魂能借此升入理想的天国。还有人认为这种墓葬方式是古人山岳崇拜、鸟图腾崇拜、生殖崇拜和女阴崇拜的体现，也与巫术有关。

再次是船棺被放置到悬崖上的方法，有人认为采用的是悬吊式，即从岩顶将棺木悬吊而下，垂至洞口后将其移入；有人猜测是搭架栈道将其抬入洞穴；有人估计先民使用的是提升式的方法；更有人大胆提出，崖壁上的船棺只是因为经历了沧海桑田的地貌变迁，才呈悬露状态。实际上，武夷山上有高耸入云的山峰，下有潆洄莫测的巨潭，加上当时的工具还非常落后，种种猜想都未能令人信服。

正是这些未解之谜，给武夷船棺蒙上了一层神秘的色彩，使它成为闽北最为传奇的文化元素之一。

（二）摩崖石刻

"摩崖石刻"，是指在山崖石壁上镌刻的文字。摩崖石刻有广义和狭义之分，广义的摩崖石刻是指人们在天然的石壁上摩刻的所有内容，狭义则专指文字石刻，即利用天然的石壁以刻文记事。据说，武夷山地区所保留的历代摩崖石刻有 500 余处之多。正是武夷山秀美的风景，吸引了无数的文人学者来此游观，在感叹大自然的鬼斧神工之余，便将自己的题咏刻于山崖之上。久而久之，九曲溪两岸的摩崖石刻越来越多。它们不仅点缀了武夷山美丽的风景，也赋予武夷山以独特的精神风貌、人文价值。

武夷山的摩崖石刻具有极其宝贵的书法艺术价值，其篆、隶、楷、行、草五体俱全。这里有数里可见的擘窠巨刻；有小如拇指的精雕细描；有洋洋千言的长篇纪文，有画龙点睛的一字之题。这些不同年代、不同民族文字的摩崖石刻，或富于天然之意趣，或体量巨大、气势恢宏，或为名家手笔。而从内容上看，它们有的是寄寓人生哲理和处世情怀的格言警句；有的是赞美山川秀丽和造化神功的诗词歌赋，有的是记载寻幽览胜和逸兴别趣的游记散文，有的是即景生情、因情抒怀的楹联题辞，还有护卫山水和惠民惩奸的官府文告。

提及武夷山的摩崖石刻，就不能不提及朱熹。1183 年，朱熹辞官回到武夷山，创办了"武夷精舍"书院，在这里留下了不少摩崖石刻。就内容而言，它们主要可分为三类：一是哲理题刻，比如"逝者如斯""修身为本"等。二是纪游题刻，现存两方都在响声岩。一方刻于淳熙二年（1175），写道："何叔京、朱仲晦、连嵩卿、蔡季通、徐文臣、吕伯共、潘叔昌、范伯崇、张元善，淳熙乙未五月廿一日。"另一方刻于淳熙五年（1178），写道："淳熙戊戌八月乙未，刘彦集、岳卿、纯叟、廖子晦、朱仲晦来。"三是景名题刻，有"小九曲"和"茶灶"两处。这其中，有三方哲理性题刻——"逝者如斯""鸢飞鱼跃"和"仁静智动"影响最大。"逝者如斯"取自《论语·子罕》，原文："子在川上曰：逝者如斯夫！不舍昼夜。"孔子从奔腾不息的流水联想到了时间的流逝。后人便用这个成语感慨人生世事变换之快，又引申出"惜时"的美德。"鸢飞鱼跃"出自《诗经·大雅·旱麓》中的"鸢飞戾天，鱼跃于渊"。全句的意思是鹰（鸢）在天空飞翔，鱼在水中腾跃，形容万物各得其所。"仁静智动"则出自《论语·雍也》的"知者乐水，仁者乐山。知者动，仁者静。知者乐，仁者寿"，意思是"有智慧的人喜爱水，有德行的人喜爱山；有智慧的人好动，有德行的人好静；有智慧的人快乐，有德行的人长寿"。

这三个来自《诗经》《论语》等儒家经典的成语在一定程度上反映了中国古人，尤其是理学家对于美景与个人德行修养的理解。理学家认为，人类可以从"至美"的风景中体悟德行的"至善"。在他们看来，美丽的风景和高尚的情操一样，都是"理"的变体。人们可以通过对大自然美景的欣赏和领悟，逐渐将宇宙、世界、时间、内心融为一体，从而达到"人心即是宇宙，宇宙即在我心"的"大我"境界。既然宇宙尽在我心，那么热爱一草一木便是爱惜自己，而世间苍生的哀乐疾苦都与我相关。这种"以天下为己任""与万物同忧乐"的仁者境界，是古代读书人不断追求的目标之一。而古人坚信，仁者越多，这个世界就会越美好。所以说，这三方石刻包含了古人于自然迁延变化之中对于生命价值的探索和思考，是对中国古代哲学的一种深刻概括和高度凝练。

第二节　闽学源流与朱子文化

理学，是儒学的重要组成部分。著名学者钱穆先生指出，"理学"大致包含"宇宙论"与"人生论"两大领域。前者更多探讨宇宙的本源，分析构成世界的基本元素（"理"）；后者则是以前者为基础，探讨人性与宇宙的关联，道德的内涵、由来及其与宇宙的关系等哲学命题，从而为个人德行的完善、社会秩序的建立、国家治理的展开提供坚实的理论基础。理学兴起于北宋，以程颐、程颢为首的"洛学"是北宋理学中最为重要的学派。[①] "二程"门生众多，其中有不少就来自福建地区。这些闽籍的理学家，在继承师说的同时，勇于思考，各抒新见，逐渐形成了富有特色的理学分支——闽学。

一、杨时、游酢与刘子翚

从整体上说，闽学的发展过程可分为两个阶段。第一个阶段是在继承"洛学"的基础上逐渐"开新"，代表人物有杨时、罗从彦、李侗、朱熹等。第二个阶段是闽学的独树一帜并逐渐分化的时期，代表人物为朱熹的众弟子。朱熹不仅是理学传承的关键人物，也是闽学的集大成者。后人更是将他与"二程"相提并论，将他们的学术称为"程朱理学"。

（一）"闽学鼻祖"杨时

杨时（1053—1135），字中立，号龟山，世称"龟山先生"[②]，南剑将乐人，熙宁九年（1076）进士，曾问学于程颢、程颐，被后世尊为"闽学鼻祖"，又被东南学者推为"程氏正宗"。朱熹曾将杨时与孔子、颜回、"二程"并称为师者典范："孔颜道脉，程子箴规，先生之德，百世所师。"有《杨龟山先生文集》传世。

杨时进士及第后，没有马上接受朝廷的任命，而是来到颖昌，拜程颢为师。当时，程颢、程颐兄弟名满天下，天下学子都以问学"二程"为

---

① "洛学"也称"伊洛之学"。该学派的创立者程颢、程颐皆为洛阳人，二人长期在洛阳讲学，程颐后居于伊川，因此得名。当时除了洛学，理学中还有以张载为代表的"关学"等其他学派。

② 杨时的家族世居南剑将乐县北之龟山，便以其地名为号。

荣。程颢对杨时青睐有加，师生间结下了深厚的情谊。当杨时学成归去时，程颢目送他远去的背影，自言自语道："看来这次我的学问要在南方发扬光大了。"（吾道南矣）后来，杨时又赴洛阳拜程颐为师。有一次，杨时、游酢来拜见程颐，恰巧程颐正在屋中闭目养神（瞑坐）。这时天上飘起了大雪，为了不打扰老师，二人便耐心地静立于雪中等候。等程颐醒来的时候，门外的雪已经有一尺深了。这就是成语"程门立雪"的由来。

作为"洛学"的传承者，杨时在继承"二程"学说的基础上，对"理一分殊"等重要命题作了进一步的阐述。"理一分殊"是"洛学"中的重要命题，最早见于程颐《答杨时论西铭书》。"理一"指"理"是存在于万事万物之中的，是宇宙中最基本的、共通的原则。而"分殊"则强调理在不同事物中所表现出的不同形态，例如"理"在物中体现为"物理"，而在人的身上体现为"性理"。[①]

杨时提出"致知必先格物"与"反身而诚"。"格物"与"致知"出自儒家经典《礼记·大学》："致知在格物，物格而后知至。"杨时认为，可以从了解"物理"和"性理"入手，以逆推的方式，通过体悟、归纳等具体方法，逐渐明晰"理"的内涵与真谛（即"致知"）。了解"物性"，就需要"格物"（推究万物的规律），这就是"致知必先格物"。[②] 了解"性理"，则需要不断自省（即"反身"）。如果说"格物"是着重从外部事物进行的探索，那么"反身"则是立足人的内部世界展开的反思。"格物"与"反身"的目的，是明"理"。当人类通过上述方法，将"理"内化于自身，就达到儒家理想的道德境界——诚。具有这种境界的人，不会受制于各种内外因素的干扰，在为人处世中能做到公正而不偏私（即"中

---

① 在理学的语境中，"性"多与人与生俱来的内在因素相关。

② "格"意为"推究"。"格物"意为探索事物的规律。杨时此语出于《礼记·大学篇》中的"致知在格物，物格而后知至"。

庸"），① 这便是"仁者"。

杨时认为，君王也应本于"诚"，具备仁、义、忠、信等的政治品格，做到为政以"德"；在具体的政治实践中，就必须秉持"以民为本"的政治理念。可以说，杨时是从道德修养的角度，对"民本"思想作出理论化的阐释，在完善理学理论体系的同时，为"闽学"的萌生、发展、壮大奠定了坚实的基础。

（二）"廌山先生"游酢

游酢（1053—1123），字定夫，号"廌山先生"②，又称"广平先生"，建州建阳人，元丰六年（1083）进士。游酢少年时便以文行知名，乐于结交各地学子，程颐称他的资质与"道"相通（其资可以进道）。程颢在扶沟县县令任上兴办学校，专门邀请游酢来此学习。接到邀请的游酢立刻奔赴扶沟县求学。入仕后，他曾先后担任太学录、太学博士、河清县令、颍昌府学教授等职，晚年官至御史大夫。著作有《易说》《中庸义》《论语孟子杂解》等。

游酢是廌山学派的开创者。廌山学派在学术上有两个特点：一是十分推崇《易》，认为《易》包罗万象，重点讨论《易》中与"性命"有关的理学命题；③ 二是带有明显的禅宗的色彩。儒家与佛家在许多学术观点上有着较大的差异，由此引发了激烈的争论，廌山学派认为只有亲自读过佛书，才能辨别儒、佛同异。廌山学派在宋代学术界有着一定的影响，除游酢外，代表人物还有吕本中、曾开、陈伤、江琦、曾集、陈少方、陈长方等。游酢门生众多，其中外甥黄中深得游酢理学之真传。黄中也有众多学

---

① 庸，即"用"。中庸即"用中"，指在为人处世时应恰如其分把握事物的分寸，做到不偏激、不保守，中正公允地看待事物、处理问题。这是儒家所提倡的理想道德境界和行为方式。

② 廌（zhì）山在今建阳西北九十余里，游酢曾读书于此，故学者称之"廌山先生"。

③ 性命之学的"性"指性情、心性，"命"则指天命、天理等客观的、不可改变的存在。

生，其中之一便是朱熹。

（三）"屏山先生"刘子翚

刘子翚（1101—1147），字彦冲，号屏山，又号病翁，世称"屏山先生"，建州崇安（今武夷山）人。刘子翚父亲刘韐、兄刘子羽都是抗金名将。刘韐在开封失陷后奉命出使金营，金人见其有将才，便劝说他留在金营为官。但刘韐坚贞不屈，自缢以明志。刘子翚与兄刘子羽、弟刘子翼扶柩返回故里，后通判兴化军，因疾辞归武夷山，专事讲学，精通《周易》，有《屏山集》。

1. 教导朱熹

刘子翚是朱熹父亲朱松的好友。朱松深受"二程"学说的影响，是两宋之际知名的理学家。他临终前，对朱熹说："刘勉之、胡宪、刘子翚都是我所敬畏的好朋友。他们学问深厚，等我死后，你要像对待父亲一样对待他们，虚心听从他们的教导。这样，我就死而无憾了。"按照朱松的遗嘱，14岁的朱熹拜刘子翚为义父，同时向他求学。

刘子翚取《周易·复卦》"不远复，无祗悔，元吉"告诫朱熹为人处世之道。"不远复"的字面意思是"没走多远就回头"，其用意在于劝诫人们应常反思自己的言行，及时发现、纠正存在的错误，弥补自身的不足，这样才不会迷失前行的方向。朱熹成年时，刘子翚为他取字"元晦"，① 希望他成为一个温和、内敛、有涵养的人。朱熹听后，觉得"元"是"元亨利贞"四德之首，觉得太过张扬，就自己改字"仲晦"。

正是在刘子翚的悉心教导下，朱熹的学业不断进步，最终成为宋代理学的代表人物和"闽学"的集大成者。

---

① 古人有"名"有"字"。一般而言，"名"在出生时就已取好。字，也称"表字"，是指在本名以外所起的、表示德行或解释本名内涵的称呼。"名"与"字"在意义上或相同，或相关，或相反。如朱熹的名与字就在意义上相反——"熹"意为"明亮"，而"晦"意为"昏暗"。又如刘子翚的名与字在意义上则相关——"翚"意为"飞翔"，而他的字中的"冲"与"飞翔"相关。据《礼记·檀弓》所载，古人在成年后，同辈人只以字相称，以此表示尊重，只有君王、长辈可直呼其名。

2. 诗人里的一位道学家

著名学者钱锺书的《宋诗选注》中就将刘子翚称为"诗人里的一位道学家"①。他的《汴京纪事二十首》最为人们称道。这组绝句从多个侧面描画了国都沦陷后的场景，抒发了诗人面对破碎山河的巨大哀痛，具有"诗史"的色彩，如《其一》：

> 帝城王气杂妖氛，胡虏何知屡易君。
>
> 犹有太平遗老在，时时洒泪向南云。

诗的前两句重在书写时事。首句指代金军占领首都，次句的"何知"是嘲笑金人不知君臣之礼，"屡易君"指金兵将宋徽宗、宋钦宗押往北方，另立张邦昌为新君。诗的后两句话锋一转，道出了北宋遗民的心声。那些在金人统治下的北方遗民，时时刻刻盼望南宋政权（"南云"）北伐，光复首都。

刘子翚的诗歌还非常关注民间生活，尤其重视反映民间疾苦，《望京谣》《谕俗十二首》《策杖》等就是这方面的代表。《策杖》是这样写的：

> 策杖农家去，萧条绝四邻。
>
> 空田依垄峻，断藁布窠匀。
>
> 地薄惟供税，年丰尚苦贫。
>
> 平地饱官粟，愧尔力耕人。

"策杖"即"拄着拐杖"。诗人策杖来到山间乡里，首先看到的是一幅萧索破败的场景：这里人烟稀少（绝四邻），田地荒芜、贫瘠（空田）；他们的茅屋矮小得像鸟兽的窝（窠）一样，只能均匀地堆积其稻草（断藁）作屋

_____

① 钱锺书：《宋诗选注》，生活·读书·新知三联书店 2002 年版，第 246 页。

顶。尽管如此，他们还要背负沉重的税收，即使丰收的年份似乎也不足以温饱。末二句转而言说诗人自己：一个不耕不作的人饱食"官粟"（诗人此时是一名退居的官员，享有朝廷的俸禄），而那些努力劳动的人却食不果腹，这岂不令人无地自容吗？

二、"闽学集大成者"朱熹

朱熹（1130—1200），字元晦，又字仲晦，号晦庵，别称紫阳，晚称晦翁，祖籍徽州婺源（今属江西），出生于南剑州尤溪（今福建尤溪），后徙居建阳考亭，绍兴十八年（1148）进士，官至焕章阁待制，曾为宋光宗侍讲。朱熹是北宋以来理学的集大成者，融佛、道二教，形成了体大思精的哲学体系。在元明清三代，朱熹地位极高，甚至有人认为他可与孔子比肩。他的理学思想被指定为官方哲学，所编订的《四书章句集注》也被指定为科举考试的必读书目。

朱熹之所以会取得如此巨大的成就，除了自身努力外，还与当时闽北地区浓厚的学术氛围，以及与他转益多师的求学经历密切相关。朱熹的父亲朱松在去世前，将他托付给刘勉之、胡宪、刘子翚三位好友。朱熹便常向这三位长辈问学。其中，刘勉之曾师从杨时，后来成为朱熹的岳父。朱熹还曾拜"延平先生"李侗为师。李侗的老师罗从彦（人称"豫章先生"）也是杨时的弟子。此外，朱熹还曾远赴湖南向大学者张栻问道，并以师礼事同乡大儒黄中。

（一）朱熹的哲学思想

朱熹著述甚多，有《四书章句集注》《太极图说解》《通书解说》《周易本义》《楚辞集注》，后人辑有《朱子大全》《朱子语类》等。朱熹的学术贡献，不仅在于光大闽学，更在于使理学形成了完整的理论体系。大致而言，朱熹的哲学思想包含以下几个方面。

第一是理气论。在中国古人的观念世界里，理是事物的规律，而气是物质的最小单位。理和气的关系，是古代哲学领域一个十分重要的论题。

朱熹提出"理先于气"的概念，认为理派生出气且寓于气之中。因此，理为主，是第一性的，气为客，属第二性。包括人在内的万事万物都是以抽象的理作为存在的根据。万物各有其理，而万物之理终归一，这就是"太极"。换言之，"太极"是天地万物之理的总体。

第二是心性论。"天人之际"，即天人关系，是中国古代哲学研讨的重要课题。需要强调的是，古人在思考天人关系时，始终以"人"为核心，而"人"的问题实质上就是心性问题。所以，心性论，或称心性之学，一直是中国哲学，特别是儒家哲学关注的焦点。朱熹十分强调心与性（理）的差别。他认为，人性与社会道德准则一样，都来源于天地之理，因而人性与道德天然相关，同时人具有某些天生的道德品质。而"心"既指人的知觉能力，也指具体的知觉内容。

为了进一步阐明自己的思想，朱熹建构了北宋理学的师承谱系。他将周敦颐、张载、"二程"视为理学正统，并强调"二程"曾师从于周敦颐。实际上，周、程之间并无直接的师生关系。朱熹这么做，是为了将周敦颐、张载关于"宇宙本体"的学说与"二程"关于"心性"的学说结合起来，加上自己关于"读书以修身"的理念，形成完整的理论体系。朱熹的修身理念与程颐、程颢不同。"二程"所提出的修行方法是"冥思力索"，即以闭目静思的方式反省自己，这在某种程度上带有禅宗的色彩。而朱熹所提倡的是"读书"，通过大量阅读，从书本中了解古人，达到精神上的相通，从而进一步提升自己的道德修为。

第三是格物致知论。对于儒家的经典，朱熹将"四书"（《论语》《孟子》《大学》《中庸》）提到了与"五经"（《诗》《书》《礼》《易》《春秋》）并重的地位。"格物"就是朱熹在阐释《大学》时申发的核心理念。"格物"（推究事物的规律）是为了"致知"。"致知"之"知"指知识。"致知"是格物所得到的知识扩充的结果。"致知"则是"穷理"的必要条件。所谓"穷理"，既是对"理"的认知，也是将其内化于自身。而"穷理"的终极目的，是为了实现人的道德的完善。同时，朱熹还十分重视

"致知"与"力行"的关系，他提出"先知后行"的观点，强调应将道德知识付诸实践，在社会生活中发挥士人应有的作用。

（二）道学家中的大诗人

与宋代许多轻视文学的理学家不同，朱熹具有很高的文学修养，这或许是受到刘子翚的影响。他在诗文创作方面都取得了相当高的成就，评论古代与当世的文学作品也多有独到之见。他的诗歌多以明理为务，善于在诗歌中发表议论，却又不使诗作晦涩板滞。代表作有《观书有感二首》《春日》《赋水仙花》《偶题三首》等。

他的《观书有感二首·其二》是这样写的：

> 昨夜江边春水生，艨艟巨舰一毛轻。
> 向来枉费推移力，此日中流自在行。

前两句描画的是日常生活中的一个画面：由于连夜的大雨，江水高涨，原本看似笨重的巨大战舰像鸿毛一样浮了起来。后两句则就这一现象发表评论：当江水枯竭的时候，花费再多的人力，也极难将战舰推动；"艨艟巨舰"需要大江大海才能自由航行，如果离开了这个必要条件，即使人类发挥冲天干劲，也是白费力气。很明显，作者在告诉世人：要想真正移动"巨舰"，不能只是靠人力推移，而要借助"一江春水"的力量。换言之，做任何事情应该遵循客观规律，切不可盲目而动。而他的《春日》：

> 胜日寻芳泗水滨，无边光景一时新。
> 等闲识得东风面，万紫千红总是春。

从表面上看，这是一首书写春日在泗水边春游的作品，语言浅显、流畅却又不失生动，其中的"万紫千红总是春"更是朗朗上口的名句。不过，这首诗并非字面这么简单。诗中的"泗水"在山东，是春秋时孔子的讲学之地。当时，山东已被金人占领，朱熹一生也未曾到过洙、泗之间。实际上，诗中的"泗水"暗指孔门，"寻芳"即求圣人之道。整首诗正是书写朱熹在春日的读书体悟。

总的来说，朱熹常在诗中别出心裁，从日常生活中捕捉许多鲜活的案例并以之为喻，书写自己的读书体会，将抽象的概念变为可感可知的画面。这种精妙的构思正是朱熹深厚文学修养的体现。

(三) 朱门弟子

朱熹门下聚集了众多弟子，其中闽北士人甚多，较为著名的有蔡元定、刘爚等。

1. 蔡元定与"蔡氏九儒"

蔡元定 (1135—1198)，字季通，人称"西山先生"，建宁府建阳县人。蔡元定幼年跟随父亲蔡发学习，长大后又拜朱熹为师。朱熹十分欣赏蔡元定的学问，曾这样评价："此吾老友也，不当在弟子之列。"绍熙五年 (1194)，权臣韩侂胄为了打击政敌赵汝愚，罢黜了与赵过从甚密、时任焕章阁待制兼侍讲的朱熹；庆元三年 (1197)，还将理学斥为"伪学"，史称"庆元伪学之禁"。蔡元定跟随朱熹一同回乡，在西山建了一座"疑难堂"，与朱熹"晦庵草堂"遥遥相对，一边刻苦专研理学，一边开坛设讲，教授弟子。当时，许多慕名而来的学子奔走于"疑难堂"与"晦庵草堂"之间，聆听朱、蔡二人讲学。终蔡元定一生，始终无意于仕途，只是潜心学术，著书立说。经过不断的努力，他在天文、地理、医药、乐律、历数、兵法等领域都有极高的造诣，成为南宋知名的学者。

值得一提的是，建阳的蔡氏家族是著名的理学世家，有"蔡氏九儒"的美誉。"九儒"除蔡元定外，还包括：元定之父蔡发，元定之子蔡渊、蔡沆、蔡沈，蔡渊之子蔡格，蔡沈之子蔡模、蔡杭、蔡权。

蔡发 (1089—1152)，字神与，晚号牧堂老人。蔡发博学强记，青年时游学四方，中年专以教子为事。他是朱熹的好友。朱熹称赞他"平生所以教其子者，不干利禄，而开以圣贤之学，其志识之高远非世人所及"。

宋理宗在诏书中称他"隐居求志，明善诚身，博极群书，力扶正学"，并追赠为太子太保。蔡渊是蔡元定的长子，也师从朱熹，隐居九峰山专心著书。蔡沆潜心学问，著成《春秋五论》一书。蔡沈则有《尚书集传》等著作。蔡格、蔡模、蔡杭、蔡权等也都在各自的研究领域卓有成就。

"蔡氏九儒"四代九贤，继承闽学，发展朱子之学，成就了中国学术史上的一段佳话。

2. 刘爚

刘爚（1144—1216），原名刘诏，字晦伯，建宁崇安（今属福建建阳）人，乾道八年（1172）进士，世称云庄先生。生平事迹主要见于真德秀所撰的《刘爚墓志铭》。

刘爚与其弟刘炳曾在建阳寒泉精舍向朱熹求学，后经朱熹推荐，又从学于著名学者吕祖谦。庆元二年（1196），"庆元党禁"爆发，刘爚跟随被罢官的朱熹来到武夷山讲学著述，宣传理学，还建了云庄山房，自号"云庄居士"，准备在此隐居以终老。不久，刘爚被朝廷起用，任知府职务，又在嘉定年间任国子监司业。在国子司业任上，刘爚主动奏请朝廷，请求结束"伪学之禁"，刊印朱熹的《四书集注》定为太学教材，以《白鹿洞书院学规》作为太学学规。他的一系列举措极大地推动了朱熹学术思想的传播。

虽然理学带有一定的唯心主义的色彩，但其中有关家国情怀、道德情操、辩证思想、家风家训、治学精神、治学方法等方面的阐释与论述，对于今天的我们依然有着许多借鉴意义。面对这些宝贵的文化遗产，我们应该立足于"创造性转化"与"创新性继承"的角度与方法，扬其优长，取其精华，使之成为构建新时期社会主义文化的重要历史文化资源。

三、朱子文化

朱熹及其师友曾长期在闽北一代生活、讲学。随着理学的传承，当地逐渐积淀了深厚的"朱子文化"。朱子文化有狭义和广义之分。狭义的朱子文化主要指以朱熹及其师友门人的思想、事迹为基础，逐渐形成的一系列与日常社会生活密切相关的遗存、规约、礼俗、传说等物质性与非物质性的存在。它们是朱熹学说生成、发展、传播的空间载体，是朱熹等理学家行迹的历史见证，也是朱熹理学思想在社会生活中的实践和通俗性转化，体现了人们对朱熹等学者的钦佩与敬仰。广义的朱子文化还包含朱子学，即朱熹及其师友门人的学说。

总体而言，朱子文化可分为物质性和非物质性两大类。

"朱子文化遗存"是物质性朱子文化的代表，主要指"与南宋朱熹有关的，以及与朱子文化形成、发展和传播相关的，具有代表性的遗迹、遗物"（《南平市朱子文化保存保护条例》）。根据南平市政府编订的《朱子文化遗存名录》，当地现有朱子文化遗存 69 种。其中，不可移动遗存 61处，含国家级保护单位 1 处，省级保护单位（含附属）11 处，主要包括与朱子及其师友弟子，如李侗、杨时、游酢、刘子翚、真德秀等有关的书院、故居、街道、牌坊、墓葬、摩崖石刻、砖雕等；另有可移动遗存 8 件/套，有清刻本真德秀著作、五代永隆元年铜钟等。

非物质性的则包含规约、礼俗、传说等。朱熹十分注重礼在社会生活中的作用，曾编撰蒙学读物《童蒙须知》、汇编《家礼》并修订《增损吕氏乡约》。《童蒙须知》对儿童应有的行为规范作了详细的说明。《家礼》摒弃了古礼中繁琐的内容，适应了人们日常生活的需要。直至今天，闽北的传统婚礼中还保留着不少《家礼》的元素。《增损吕氏乡约》强调礼俗在乡村社会生活中的规范、调节作用，对各种必要的礼俗作了详细的规定，成为后代乡约的典范。这些规约很快成了民间习俗的主要准则。以礼规范人们的行为，形成明礼崇德的风尚，同时使社会更加有序、和谐，是朱熹制定上述规约的主要目的。

民间传说也是非物质性朱子文化的重要组成部分。许多传说未必真实，却流露出人们对朱熹朴素而真挚的仰慕之情。相传，朱熹曾在友人家中题写"敬居"二字。友人便将这幅书法作品和题字的毛笔作为传家宝传予子孙。到了清代，友人的后人在乘船出行时遭遇风浪，情急之下将朱熹的题字和毛笔投入江中以镇邪，江面瞬间恢复了平静。在古人的观念中，鬼魅大多畏惧德行高尚之人。这则荒诞不经的传说传递出的恰恰是人们对朱熹人格的钦佩与敬仰。又如，相传朱熹曾将五代永隆元年铜钟移于县学。有学者指出，该铜钟实际与朱熹无关。人们将二者联系起来，"真实目的是伪托朱熹以彰显铜钟的'名器'身份，使铜钟得以保全而免遭毁弃铸钱"。① 换言之，正是为了保护文物古迹，古人才编造了朱熹移钟的传说。这些善意的传说既是朱子文化崇德、重礼核心内涵的故事性演绎，也体现了其强大生命力和巨大影响力。

朱子文化还逐渐渗透到闽北文化的其他领域。建阳刊刻的《三国演义》《西游记》《水浒传》等小说中常附有插图。插图中人物多以行礼的姿态出现。就连"大闹天宫"的孙悟空在插图中也常被塑造成拱手行礼的儒士形象。② 朱子文化对民间文化的影响，可见一斑。

第三节　书院文化与书坊文化

书院和书坊，是中华传统文化的两种重要载体。书院，是中国古代教育机构。书坊，是古代印刷并出售书籍的地方。闽北的书院和书坊，曾经在中国古代文化发展史上留下了浓墨重彩的一笔。朱熹拟定的《白鹿洞书院揭示》更是全国乃至汉文化圈内书院制度的原型与典范。朱熹在闽北创办的多家书院培养了大批学者，使闽北成为当时全国性的学术重镇。从宋代开始，闽北地区就已成为全国性的出版中心。直至明代，这里的刊刻书籍依然在数量上冠绝全国，许多著名的通俗文学读物就是通过建阳刻本流传至今。

---

① 详见潘国平《政和县五代十国闽国永隆元年铜钟铭文考略》，《福建文博》2020 年第 4 期。

② 详见胡小梅《论插图与建阳刊小说的传播及接受——以〈三国志演义〉为例》，《福建论坛》（人文社会科学版）2021 年第 6 期。

一、朱熹与闽北书院

在中国书院的发展进程中，福建扮演了极为重要的角色。据统计，唐代福建地区有据可查的民间书院就有龙溪县的松洲书院、漳浦县的梁山书院、长溪县（今属福鼎）的草堂书院、建阳县的鳌峰书院、福唐县（今福清）的清闻读书院、邵武的和平书院等 6 所。其中，松洲书院创建于唐中宗景龙年间（707—710），是唐代最早具有教学活动的书院。闽北的书院文化十分发达。据统计，有记载的书院多达 130 余所，其中又以建阳地区最多。这一切，与当地理学风气的兴盛及朱熹的贡献密切相关。

（一）朱熹《白鹿洞书院揭示》

南宋淳熙七年（1180），朱熹任南康军知军。其间，他为当地的白鹿洞书院制订了学规，即《白鹿洞书院揭示》（又称《白鹿洞书院学规》《白鹿洞规》《白鹿洞书院教条》《朱子教条》）。绍熙五年（1194），湖南安抚使任上的朱熹曾主持岳麓书院的日常工作，又将"揭示"在岳麓书院推广、实践。朱熹去世 40 余年后的淳祐元年（1241），宋理宗亲自誊抄"揭示"并将其赐予国子监诸生，同时诏令天下学校、书院予以遵行。自此，《白鹿洞书院揭示》成为全国通行的纲领性文件。

《白鹿洞书院揭示》的内容包含了"五教之目""为学之序""笃行"三个方面。其中，"笃行"又分为"修身之要""处事之要""接物之要"三个层次。

"五教之目"阐明学习的对象和目标：

父子有亲。君臣有义。夫妇有别。长幼有序。朋友有信。

"为学之序"涉及学习的具体方法：

博学之。审问之。慎思之。明辨之。笃行之。

朱熹还强调："学、问、思、辨四者，所以穷理也。"

至于"笃行"，朱熹将其概括为"则自修身以至于处事、接物"。"修身之要"指提升自身的道德水平：

> 言忠信。行笃敬。惩忿窒欲。迁善改过。

"言忠信"与"行笃敬"出自《论语》。"惩忿窒欲"与"迁善改过"引自周敦颐的《太极图说》。这四句话告诉士子们应该保持诚信、庄重的品格与态度，抑制过分的欲望，同时还要做到能改正自己的错误。"处事之要"主要谈处理自身利益与为人处世的关系：

> 正其义不谋其利。明其道不计其功。

这两句话出自董仲舒的《春秋繁露》，意思是：处事之时不应仅为个人利益而打算，应该以正道、正义为重，是为了明辨真理而非为了彰显自己的功名。"接物之要"重在规范人与人之间的关系：

> 己所不欲，勿施于人。行有不得，反求诸己。

"己所不欲，勿施于人"出自《论语》，强调人应换位思考。"行有不得，反求诸己"出自《孟子》，强调应多自省，多从自己身上寻找原因，而不是一味地将责任推给他人。

《白鹿洞书院揭示》完整论述了教育的目的、内容、方法等，形成了完整的教育理论体系，是朱熹教育思想的体现，也是宋代书院教育理论成熟的标志，对元、明、清三代的官学及民间教育制度产生了深远的影响。明代大教育家王阳明曾说："夫为学之方，白鹿之规尽矣。"（《紫阳书院集序》）不仅如此，《白鹿洞书院揭示》的影响力还延伸到整个"东亚文化圈"，成为古代日韩等国书院学规的范本。

（二）朱熹在闽北创办的书院

闽北地区著名的书院，大多与理学家密切相关。这其中，朱熹所留下的印记最为深刻。他创办了寒泉精舍、武夷书院和考亭书院，作为其传播学术思想的重要阵地。这些书院不仅是当时的闽学重镇，更一度成为全国性的理学中心。

1. 寒泉精舍

寒泉精舍是朱熹创办的第一所书院。乾道五年（1169），朱熹的母亲逝世。次年，朱熹将其安葬在建阳崇泰里天湖之南，此地旧名"寒泉坞"，又在母亲坟墓不远处，建了一个精舍，题名"寒泉精舍"。所谓"精舍"，是古人讲学的处所。之所以名为"寒泉"，是取"掘地及泉，母子相逢"之意，包含了朱熹对母亲的深切思念。

从乾道六年（1170）至淳熙六年（1179）间，朱熹一直在寒泉精舍讲学。其间，他编订了20多部学术书籍。《四书集注》中的《论语集注》和《孟子集注》也是在这一时期完成的。寒泉精舍汇聚了一批膺服朱熹学问的弟子，如蔡元定、林用中、范念德、祝穆、祝葵、刘爚、刘炳、黄幹等。他们中的许多人后来成为了著名的学者。如刘爚、刘炳兄弟后来在朱熹的介绍下，又拜著名学者吕祖谦为师。刘爚在嘉定年间出任国子司业，上疏建议朝廷刊行《四书集注》并作为太学指定教材，又引入《白鹿洞书院揭示》作为太学学规。这标志着朱熹的学说开始得到朝廷的认可，并得到官方的提倡。

2. 武夷书院

淳熙十年（1183）春，朱熹在武夷山九曲溪畔大隐屏峰脚下创建武夷精舍。同年四月，精舍建成，朱熹创作了组诗《武夷精舍杂咏十二首》作为纪念。诗歌的序言大致介绍了武夷书院的格局：

直屏下两麓相抱之中，西南向为屋三间者，仁智堂也。堂左右两室，左曰隐求，以待栖息；右曰止宿，以延宾友。①

可以看出，整个书院依山而建。主体建筑为"仁智堂"及分列于其左右的"隐求室"与"止宿室"。其中，"仁智堂"是朱熹讲学之所，"隐求室"作为朱熹的休息之处，而"止宿室"则主要用于会见宾朋。在隐屏左麓的石门坞外，书院设置了一座"观善斋"，以安顿远道而来的求学者；还在石门坞的西南，搭建"寒栖馆"，专门供来访的道士居住，此外还有"晚对"和"铁笛"二亭，书院学员可登高眺望远处的风景。

书院建成后，朱熹在此著书立说，广收门徒，聚众讲学。四方学子也慕名而来。为了方便问学，不少弟子就近筑室定居，如刘爚的"云庄山房"、蔡沈的"南山书堂"、蔡沆的"咏雪堂"、徐几的"静可书堂"、熊禾的"洪源书堂"等等。于是，武夷山下出现了学人的居所、书屋，成为理学家的聚居之地，同时又成为南宋理学的一个传播中心。武夷山也因此被人们称为"道南理窟"。

3. 考亭书院

考亭书院是朱熹晚年著述讲学之地，也是当时全国最有影响的书院之一。北宋宣和五年（1123），朱熹的父亲朱松在赴任政和县尉途中，曾路过建阳，对考亭的碧水青山印象深刻，希望未来能在此居住。这种想法对朱熹产生了极大的影响。绍熙三年（1192），晚年的朱熹来到考亭筑室定居。于是，全国各地的士子不远千里来到考亭，希望能跟随朱熹求学。由于人数众多，朱熹便在居室的东面建了一座竹林精舍，后改名沧州精舍。此后，朱熹便在这座书院授徒讲学，直至去世。其间，朱熹培养了蔡沈、陈淳等著名学者，完成了《周易参同契考异》《太极通书义》《易本义启蒙》《诗集传》《书集传》《仪礼经传通解》《通鉴纲目》《韩文考异》等著

---

① 〔宋〕朱熹撰，郭齐、尹波点校：《朱熹集》卷九，四川教育出版社1996年版，第375页。

作。他的学术思想也日趋成熟并体系化。后人将朱熹和他的弟子们合称为"考亭学派"。

宝庆元年（1225），建阳县令刘克庄在书院内建朱熹祠。淳祐四年（1244），朝廷下诏，改为书院，并赐宋理宗赵昀御书"考亭书院"的匾额。经过数百年的风雨侵蚀，考亭书院的原有建筑已经倾圮，书院原址仅存明嘉靖十年（1531）所建的石碑坊一座。

二、商业气息浓厚的闽北书坊

早在南宋时，闽北地区的建安和建阳就已是全国性的出版中心。据说，"宋刻书之盛，首推闽中，而闽中尤以建安为最"。[①] 建阳的书肆多集中于麻沙与崇化，号称"图书之府"。当地所刻图书被称为"建本"，或"麻沙本"，有时还被称为"闽本"，代表了福建刻书业的主流。更有甚者，人们还将刻书视为建阳"土产"。据统计，南宋时两县拥有书坊约 37 家，元代可考者约 42 家，至明代有据可查者近 90 家。麻沙、崇化两地刻书多达千余种，种类涵盖经、史、子、集所有部类，总量占全国图书出版之首。当地还设有图书集市，全国各地的书商往来于此，数量极其巨大的"建本"由此通行全国，并远销朝鲜半岛、日本列岛等海外地区。

（一）麻沙本

所谓"麻沙本"，是指南宋福建建阳县麻沙镇书坊所刻印的书籍。当时，麻沙本产量极大，行销全国，是"建本"的重要组成部分。

"麻沙本"之所以盛行，与当地的自然环境和人文环境密切相关。就自然环境而言，麻沙镇附近盛产榕树，榕树木质松软，易于雕版。同时，由于竹林茂密，竹纸生产在当地极为发达。就人文环境而言，建州自宋代起就是文化昌盛之地，走出著名理学家杨时等享誉全国的名士。理学的兴盛与传播，为印刷业的发展注入了强大的推动力量。因此，宋元时期的麻

---

① 叶德辉撰，紫石点校：《书林清话》卷二，北京燕山出版社 1999 年版，第 53 页。

沙书坊林立。

不过，由于过分追求印刷数量，相对忽视了书籍的质量，"麻沙本"及建阳地区的刻书存在错误较多等问题，加之竹纸纸性脆弱，日久容易折裂，难以完整地保存，"麻沙本"在后世几乎成了劣本的代称。陆游《老学庵笔记》中曾记载，当时有学校的教官以麻沙本《易经》出题，结果发现短短的 6 个字中竟有 2 个错别字。为了纠正书中的舛误，当时又出现专门从事校对的人员，甚至传说明代时翰林侍读汪佃都被派往建阳校勘书版。

（二）面向大众

建阳书坊刻本之所以能产生如此巨大的影响，与其面向大众、价格低廉的特点密不可分。中国古代的刻书大致可分为官刻、私刻两大类。与大多数官刻的不同，建阳刻书就属于私刻，其所刻书籍主要满足大众的消费需求。因此，与科举考试相关的书籍、通俗文学书目、日用参考读物成为刊刻的主要对象。

为了迎合民众的日常需求，书坊常自行编写或邀请他人编写许多与科举考试相关的字书、韵书、杂书、类书、小说、戏曲等。例如，"四书"与《资治通鉴纲目》是明清科举考试的必读书目，建阳书坊就刊刻了大量批注、注解、考证、解说上述两种书籍的读物，此外还有数量极为庞大的八股文选本。

同时，建阳书坊刊刻、发行了大量通俗文学书籍，如《三国演义》《水浒传》《西游记》《列国志》《西厢记》《全像牛郎织女传》《唐三藏西游释厄传》《琵琶记》等等。许多通俗小说配有大量插图，例如《三国演义》多为上图下文的连环画形式，成为畅销书。

在日用类书籍方面，除了综合类的《家居必用》等外，还有满足官府审案及讼师（即今律师）辩护需要的法条、案例类的书籍，如《读律琐言》《律条疏议》等，以及法医学专书《洗冤录》等；有农业生产技术类图书，如《农桑撮要》《田家历》《牛经》《马经》；有专门服务手工业生产的《鲁班经》等。

值得注意的是，建阳书坊在所刻书籍中常有标明书坊的图案与符号，作用类似今天的版权页。书商还会在书名前冠以多种名目，宣扬书籍的特点，以此产生广告效应。余成章的《新刻全像牛郎织女传》、刘洪的《新刊古本少微先生资治通鉴节要》、刘龙田的《新锓全像大字通俗演义三国志传》等等。"新刻""新刊""新锓"是为了告知购买者此书乃新近刊出。又如"古本"意在凸显书籍来自极为珍稀的版本。"全像"则强调此书配有插图。"大字"主要说明书中字体较大，便于阅读。类似的名目还有"全套""足本"等，突出书中内容完整，未经删节。

（三）刻书家族

家族化经营，是古代书坊运营的一般模式。

宋、元两代，建安、建阳书坊主以刘姓为多，其次为余姓。明代则以余姓为最多，其他较为重要的有刘姓、熊姓、杨姓、詹姓、郑姓、叶姓等。这些家族有的父祖子孙兄弟沿用同一字号，也有独立门户，另立新号。有的家族不仅在本地开坊，还同时在南京等重要城市开设分号，以扩大经营规模。

其中，余氏家族的发展最具有代表性。自 12 世纪至 17 世纪，余氏家族一直从事刻书业，其持续时间之长，在国内极为罕见，其间经历了多次起伏，宋元时开始发端、壮大，明代初年稍衰，至晚明又大盛。在近 600年的刻书历程中，余氏家族涌现出了一批杰出的刻书家。余象斗和余成章就是其中的代表。余象斗创建了双峰堂、三台馆、文台馆等多家书坊。这些书坊无论在规模、影响，还是在刊刻书籍的数量方面都在建安书坊中位列第一。据统计，余象斗约刊刻书籍 50 余种，多为通俗小说和民间通俗读物。余象斗的堂侄余成章，字仙源，号聘君，其书坊名为永庆堂。余成章刊行的《新刻全像牛郎织女传》是现存明代唯一一部完整记载牛郎织女故事的作品。

除了余氏家族外，熊氏家族也在刻书界颇有影响。明代的熊宗立精通数学，著有《洪范九畴数解》《通书大全》等。他在医学上也极有造诣，所经营的种德堂除了翻刻《外科备要》《太平惠民和剂局方》《类证陈氏小儿痘疹方论》《袖珍方大全》等医书外，还出版自撰的《原医图药性赋》《妇人良方》等医学著作。

刘氏家族的代表人物有刘洪。刘洪，字弘毅，号木石山人，自称"书户刘洪"，所经营的书坊名为"慎独书斋"。他所刊刻的图书多为大部头的史书或类书，有《资治通鉴纲目》《十七史详节》《东西汉文鉴》《明一统志》《宋文鉴》等。当地知县区玉组织力量刊刻《山堂群书考索》时，专门聘请刘洪作为校对督工，还免去其一年的徭役作为奖励。

第四节　武夷茶文化

中国有着源远流长的茶文化。据记载，巴蜀人最先饮茶，还将茶作为贡品进献给周王室。不过，这些茶叶多用于祭祀，饮茶仅在上层贵族中偶尔有之。饮茶风尚在秦汉时期由巴蜀传至湘、鄂等周边地区，魏晋南北朝时扩展至长江流域，到唐代遍及全国。

明以前的饮茶习俗与当代不同。据陆羽《茶经·三之造》的记述，唐人只在晴天才可以采摘茶叶并将茶叶放在甑上蒸熟，用杵臼捣烂，再放到模具中用手按压成一定的形状，接着焙干，穿成串并包装好，制作成茶饼。喝茶时，先把茶饼置于铁板上烘烤，待其松软后取下少许，碾成粉末并投入水中煮，待水沸腾三次后再舀至碗中，加以盐、姜等佐料。宋代的饮茶方式是"点茶"。点茶时，也须将茶饼碾碎成粉末，再以茶罗筛过，筛出茶粉越细越好。将适量的茶粉放入茶盏，先倒少许开水调匀成膏，再从四边注入沸水，边注水边用茶筅击拂直至汤花色白。明初，朱元璋下诏"废团改散"，即直接以散茶进贡。于是，人们便直接以沸水冲泡散茶饮用。这种习俗一直保持到今天。

值得注意的是，"贡茶"在中国古代茶文化发展中扮演了不可或缺的角色。所谓"贡茶"，是专门进贡给朝廷及皇室的茶叶。贡茶制度本质上是对茶农的剥削，但客观上也起到了扩大生产、提升质量等作用。福建茶文化的崛起就与贡茶相关。

一、名冠天下的北苑茶

福建的茶文化大致崛起于北宋初年。贡茶制度就在其中发挥了重要的作用。首先，从唐代中后期开始，中国茶叶生产的中心已由长江中下游的湖州、宜兴一带，向福建转移。建阳成了福建最为主要的产茶区之一，所生产的"建茶"逐渐成为代表。当地还出现了专门从事贡茶生产的皇家茶园——北苑。北苑的历史可上溯到五代十国时期。公元933年，闽人张廷晖将自己在凤凰山一带经营的茶园进献给闽王作为皇家茶园。凤凰山在建州东面，当地人称之"北苑"。北苑先后为吴越和南唐所管辖，但皇家茶园的地位始终。北宋太平兴国二年（977），朝廷在北苑设御焙，专门制作贡茶。其次，宋朝皇室饮茶之风极盛，自太祖赵匡胤、太宗赵光义以下皆有饮茶癖好。宋徽宗赵佶不仅嗜茶，还亲自撰写了论茶著作《大观茶论》。皇家对高档茶叶的需求，极大地刺激了贡茶的生产。

最能代表宋代贡茶生产水平的，非北苑茶莫属。在北苑茶发展的历程中，有四位福建转运使功不可没。

第一位是宋真宗咸平初年的丁谓。他派人精心研制了四十饼"龙凤团茶"进献皇帝。"团茶"是宋代出现的一种小型茶饼，而"龙凤团茶"则是在茶饼上印有龙、凤等图案作为装饰。宋徽宗赵佶《大观茶论》载："本朝之兴，岁修建溪之贡，龙团凤饼，名冠天下。"朝廷下诏建州地区每年须进贡龙凤茶各2斤（八饼为1斤）。"龙凤团茶"就此成为宫廷的象征。

第二位是庆历年间的蔡襄（字君谟）。他监制的"小龙团茶"比"龙凤团茶"更加精美。之所以被称为"小团"，是因为它单饼的重量（二十饼重1斤）较"龙凤团茶"要轻得多，因此后者也就有了"大龙团"的称号。"自'小团'出，'龙凤'遂为次矣。"一代文宗欧阳修在《归田录》里这样描述"小龙团茶"：

茶之品，莫贵于龙、凤，谓之团茶，凡八饼重一斤。庆历中，蔡君谟为福建路转运使，始造小片龙茶以进。其品绝精，谓之小团，凡二十饼重一斤。其价直金二两。然金可有，而茶不可得。每因南郊致斋，中书、枢密院各赐一饼，四人分之。宫人往往缕金花于其上，盖其贵重如此。[①]

不难看出，"小龙团"的年产量极少。皇帝只是在祭天后才赏赐给宰执之臣且四人共分一饼。更有甚者，宫中妇人还用金线在其上绣花。

第三位是神宗时期的贾青。他创制的"密云龙团"比"小龙团"品质更加精细，工艺更为复杂。"密云龙团"的产量更少，极为珍稀。据说，年仅10岁的哲宗即位后，常拿"密云龙"赏赐臣下。垂帘听政的高太后以勤俭著称，对此心疼不已，便下令停造"密云龙"。

第四位是徽宗宣和年间的郑可简。他别出心裁，创制出"银丝水芽"，因其茶品色白如雪，故名为"龙园胜雪"。熊蕃《宣和北苑贡茶录》中称："至于水芽，则旷古未之闻也。"据说，"银丝水芽"每斤"计工值四万"，远超此前的大小"龙团"。

从太宗太平兴国年间至徽宗宣和年间，北苑贡茶代有新品且精品迭出，以至于被视为中国历史上最有名的贡茶，在中国茶史上独占鳌头数百年。北宋周绛《补茶经》直言："天下之茶，建为最。建之北苑，又为最。"从宋初至明初的近400年里，北苑成为中国团茶的制作中心。明洪武二十四年（1391），朱元璋下诏停造龙团，改以芽茶进贡。北苑茶才逐渐淡出人们的视野。幸运的是，部分北苑茶（如"密云龙"）的制作工艺流传了下来，而北苑茶辉煌的历史，也为当地文化添上了浓墨重彩的一笔。

---

① 〔宋〕欧阳修：《归田录》卷二，上海古籍出版社2012年版，第22页。

二、享誉海内外的建盏

中国是茶的故乡，更是瓷的国度。建盏，就是在茶文化和瓷文化的相互辉映中应运而生的。它本是宋时皇室御用茶具，因产自建州府建安县而得名。在当时，建盏的烧造难度极高。一方面，建盏所使用的胎、釉原料含铁量都很高，无法达到成分要求的原料难以烧出成型的斑纹，直接影响器物的美观。另一方面，釉在烧造过程中会流动，也极大影响了器物的成型。此外，建盏在烧造时，采用盏口朝上的仰烧方法。在高温下，釉水会明显向下流动。有时，釉水触及匣钵底部，造成粘窑。因此，建盏的成品率较低，精美的建盏更是难得。

不夸张地说，建盏是一种具有世界影响的瓷器。在日本官方认定的国宝级文物中，有 14 件瓷器，其中有 8 件来自中国，而这 8 件中又有 4 件是宋代的建盏。

（一）建盏的种类

一般而言，人们会从器型与斑纹两个角度对建盏进行分类。就器型而言，建盏可分为敞口、撇口、敛口和束口四大类。

束口型是专为斗茶而生的经典器型，因口沿以下约 1 厘米处有一道注水线而得名。

敛口型因口沿向内收敛而得名。它造型饱满、手感舒适，主要是用于日常饮茶。

敞口型因口沿外敞而得名，也称为"斗笠盏"。因其饮茶时更有利于观茶汤变化，故观赏性较强。

撇口型因口沿明显向外撇而得名，其口沿较宽有利于分茶时观赏茶汤，且降温效果更好，比较适合夏天使用。

而从斑纹来看，主要可分为曜变、兔毫、鹧鸪斑、油滴四种。

曜变盏烧制难度极高，成品率极低，可能上百万件才能获得一件，在宋朝当时的条件下完全不能量产，珍稀非凡。目前，世界上公认的宋代曜变建盏共有 4 只。3 只全品分别藏于日本的静嘉堂、大阪藤田美术馆和京都大德寺龙光院，被定为国宝。1 只残件出于杭州建兰中学，有四分之一的地方缺失，所幸底足保留较为完整。

兔毫盏的花斑与细长的兔毛极为相似，故而得名。宋徽宗《大观茶论》云："盏色贵青黑，玉毫条达者为上，取其焕发茶采色也。"也就是说，上乘的兔毫盏在色调上应是黑中带青。

油滴盏和鹧鸪盏常被人们所混淆。其实，"油滴"釉面上结晶斑基本呈圆形，圆斑中心可以看到一个不同颜色的圆心。而"鹧鸪斑"上的结晶斑呈现不规则形，观察不到圆心，在晶斑内部有鱼鳞状条纹或细丝状条纹。

(二)"斗茶"风尚与建盏的兴起

建盏之所以广受青睐，与宋代"斗茶"风尚的兴盛有关。

所谓"斗茶"，又称为"茗战"，是以点茶的方法来比赛茶和茶汤质量的一种娱乐活动。两宋时期，上至皇帝将相、达官贵人、文人雅士，下至市井平民，无不热衷于此。

斗茶具体可分为四步。第一步是熁（xié）盏，即预热杯盏。第二步为调膏，即往盏中挑入一定量的茶末，注入少量沸水，调成浓稠膏状。第三步是点茶，即往盏中注入沸水。这是斗茶过程中最重要的一环，注水时要求水自壶嘴中涌出呈柱状，注时连续，一收即止。第四步为击拂，即用茶筅在沸水冲点的茶汤里不断搅动，使茶汤产生丰富而绵密的泡沫（即汤花）。

区分斗茶胜负的方法，一看汤色，二看水痕。

汤色方面，宋徽宗赵佶《大观茶论》道："点茶之色，以纯白为上真，青白为次，灰白次之，黄白又次之。"可见，斗汤色主要看茶汤色泽是否鲜白，纯白者为胜，青白、灰白、黄白为负。事实上，汤色最能反映茶的采制技艺，茶汤纯白，表明茶叶肥嫩，制作恰到好处；色偏青，说明蒸茶火候不足；色泛灰，说明蒸茶火候已过；色泛黄，说明采制不及时；色泛红，则说明烘焙过了火候。

汤花方面，主要看茶盏中汤花持续时间长短。蔡襄《茶录》云："视其面色鲜白，著盏无水痕为绝佳，建安斗试，以水痕先者为负，耐久者为胜，故较胜负之说，曰'相去一水两水'。"斗汤花时，以"咬盏"为胜。所谓"咬盏"，指茶汤的表面泛起的匀细的"汤花"紧咬盏沿，久聚不散。反之，汤花不能咬盏且散退较快，汤与盏相接的地方立即露出"水痕"（俗称"云脚涣散"），即为失败。

由于斗茶时以汤白者为胜，因此人们更多地使用黑瓷茶具。元明之后，中国饮茶方式的改变和文化趣味发生了巨大的转向。尤其是朱元璋下令"废团改散"之后，点茶与斗茶逐渐退出历史舞台，建盏也开始淡出人们的视野。近年来，随着国人对于传统文化的关注度日益提升，建盏开始被越来越多的人所熟知，成为人们把玩、欣赏的传统工艺品。

三、武夷红茶与明清以来的世界贸易

发酵，是茶叶制作中的一个重要步骤。根据发酵程度的不同，人们将茶叶依次分为绿茶、白茶、黄茶、青茶（乌龙茶）、黑茶、红茶。其中，绿茶不须发酵，青茶须半发酵，红茶和黑茶则是发酵程度最高的。前文提到的北苑茶大多属于绿茶。大红袍和铁观音属于乌龙茶。而红茶是当今世界上消费量最大的茶类。

武夷山是中国红茶的发源地。世界上最早的红茶，是明代武夷山桐木关地区出产的正山小种，距今已有 400 多年的历史。[1] 1610 年，武夷红茶流入欧洲。1662 年，葡萄牙皇室的凯瑟琳公主与英皇查理二世举行了盛大的婚礼。在凯瑟琳的嫁妆中，有几箱来自中国的正山小种茶。由此，红茶被引入英国宫廷，成为皇室与上流社会必不可少的饮品。起初，红茶的价格异常昂贵，只有豪门才有能力购买。1689 年，英国在福建沿海地区设置

---

① 王国安在其所著《茶与中国文化》一书中说道："我国最早的红茶生产是从福建武夷山的小种红茶开始的。"

基地，大量收购"武夷茶"。因其色黑，英国人称其为 Black Tea。不过，按其性质划分，武夷茶属于红茶类。大量的武夷红茶流入英国，很快成为西欧茶叶市场的主流。

海外市场需求极大地促进了武夷红茶的生产。从 18 世纪至 19 世纪中叶的 150 年里，武夷红茶一直是中国茶叶出口的主体。直至 19 世纪 80 年代，红茶依然是我国外贸出口的拳头产品，在国际市场上占统治地位。当时，武夷红茶经由陆路和海路两个渠道输往欧洲。陆上商路主要掌握在山西商人手中。他们将从福建采购的红茶经江西转河南运往张家口，再经西伯利亚进入俄罗斯，以莫斯科为终点。从武夷山区到莫斯科，这条贯通欧亚的陆上茶叶之路全程超过四万五千里，以恰克图为中心，来自武夷的茶叶与沿路的皮毛是这条贸易大通路的主要商品。① 海上商路主要由广州商人主导，通过商船将武夷红茶运至欧美地区。② 鸦片战争以后，西方商人以政府为后盾，倚仗在华掠取到的各种特权，逐步蚕食原本由中国商人主导的红茶贸易。陆路和海路的两条红茶贸易通路逐渐为俄罗斯商人与英国商人所把控。

值得一提的是，武夷红茶工艺也具有世界性的影响。19 世纪初，武夷红茶种植技术传入南亚的印度、斯里兰卡等地。1875 年前后，武夷红茶的加工工艺传至安徽祁门，有"世界四大红茶"之称的"祁门红茶"由此而生。随后江西、湖南、台湾等地也都大力发展红茶的生产。于是，中国、印度、斯里兰卡等地成为世界红茶的生产中心。

四、闻名世界的"大红袍"

武夷山属于典型的丹霞地貌。这里峡谷纵横，悬崖遍布，气候温和，

---

① 可参看庄国土《从闽北到莫斯科的陆上茶叶之路——19 世纪中叶前中俄茶叶贸易研究》，《厦门大学学报（哲学社会科学版）》2002 年第 1 期。

② 可参看庄国土《广州制度与行商》，《中外关系史论丛》第 5 辑，书目文献出版社 1996 年版；《从丝绸之路到茶叶之路》，《海交史研究》1996 年第 1 期。

雨量充沛。当地茶农因地制宜，在岩凹、石隙、石缝等处种植茶树，"岩茶"之名便由此而来。而"大红袍"则是武夷岩茶中的极品，被誉为"茶中状元""茶中之王"。

相传在明代初年，有一位进京赶考的秀才在路过武夷山时不幸病倒，幸而遇见了天心庙的老方丈。在喝了老方丈冲泡的茶后，秀才很快痊愈了。秀才在中了状元后回天心庙谢恩。老方丈将他带到九龙窠，只见峭壁上长着三棵高大的茶树，树上的嫩芽在阳光下闪闪发亮，甚是可爱。老方丈告诉状元，就是这种茶治好了他在赶考途中患上的鼓胀病。状元听后，便托方丈采集了一小盒，带回京城，恰遇皇后肚疼鼓胀，卧床不起。状元得知后，立刻将茶献给皇后，果然茶到病除。皇上大喜，便赐大红袍一袭，以为封赏。状元奉命再次来到武夷山，将皇上赐的大红袍披在茶树上。后来，人们就把这三株茶树称为"大红袍"。"大红袍"也由此成了皇家贡茶。

一般认为，九龙窠岩壁上的那几棵茶树所产的"大红袍"最为正宗。因此，它的产量极小。据说，1972 年，毛泽东主席曾将四两武夷山"大红袍"作为国礼赠送给来访的美国总统尼克松。周恩来总理风趣地向尼克松解释说，这种茶叶一年只产八两，主席一口气就赠送了四两，算得上是"半壁江山"了。尼克松听后，不禁肃然起敬。

第七章
闽东畲族文化

　　畲族是我国沿海山区历史悠久的民族，是中华民族大家庭的一员。畲，原意是火种，即使用火种烧烤地表的杂草丛木，并利用灰烬产生的热气和肥料进行播种。这种耕作方式简易而有效。长期以来，有一族群保留着这种耕作方式而随山散处，并视地力的肥瘠程度不断地流动迁徙。人们称呼这一族群为"畲客""畲民""輋人"。一般来说，居住在浙、闽一带的畲族族群被称为"畲"，而赣、粤一带的被称为"輋"。在与汉民族的交往过程中，畲族人则自称"山哈"，称汉族人为"民家人"；而汉族人称畲族人为"客家人"。畲汉对话时，双方则以"你边人""我边人"代称。

　　史书上关于畲族族群的记载始于宋，"畲客""畲民"是常见的说法，且沿用至新中国成立初期。1956 年，畲族族群迎来了一个新纪元。国务院根据 1953 年中央民族事务委员会对畲民民族识别的调查情况，正式确定畲民为一个单一的少数民族，定其族称为畲族。

　　据 2000 年全国第五次人口普查，全国畲族人口共计 709592 人，分布在闽、浙、赣、粤、皖、黔、湘、鄂等八个省区。其中，以闽东（闽东畲族人口达 159040 人）为主要聚居地的福建畲族人口有 375193 人，占畲族总人口的 53％，可见，闽东是全国畲族人口分布最集中的地区之一。

第一节　闽东畲族的盘瓠信仰与居住环境

　　畲族先民早期过着刀耕火种兼营狩猎、采薪的生活。所谓"随山散处，刀耕火种，采实猎毛，食尽一山则他徙"①。因此，迁徙是畲族及其先民最突出的特征之一。根据畲族族谱资料，畲族最早迁入闽东地区的可上溯到北宋，而大规模迁入闽东的则是明清时期；迁往闽东的起始地，大多数是粤东的潮州地区，少数为闽西的上杭、长汀，个别来源于江西的某区域以及闽南的龙溪、海澄一带。畲民迁入闽东的主要路线和次要路线大体如下：潮州—云霄—南靖—漳州—同安—安溪—莆田—闽侯—连江—罗源—宁德—福安—霞浦—福鼎；或潮州—云霄—南靖—漳州—同安—安溪—莆田—闽侯—古田—屏南—宁德—福安—霞浦—福鼎；或江西—宁德地区。

值得一提的是，占畲族总人口 24％的浙南畲族与闽东的畲族关系相当密切。一方面，浙南的畲民主要由闽东畲民迁入。其迁徙的路线一者经由闽东的福安进入浙江的泰顺、景宁一带；一者从闽东的福鼎进入浙江的苍南、平阳以及温州所辖地区。另一方面，浙南的畲民倒迁回闽东。历史上浙南的畲民迁入闽东的主要有蓝、雷、钟三大支族群，还包括一些属于畲族的小族群，如闽东的吴、杨、李三姓畲族，他们的先祖即由浙南的畲民迁入。

在历经千年的迁徙活动中，畲族的文化并未中断，畲族人民通过口口相传（尤其是歌唱的方式）和文本记录等形式，保持着对始祖盘瓠的信仰合力，形成了强烈的民族认同感和高度的凝聚力，并因而产生并创造出融合多民族文化而又别具畲民特色的人文信仰及民情风俗。下面让我们一同领略畲族的文化风情吧。

一、闽东畲族的盘瓠信仰

盘瓠传说最早见于典籍的是东汉应劭著的《风俗通义》。此后，三国鱼豢《魏略》，晋代郭璞对《山海经》的注释，晋代干宝《搜神记》，南朝

---

① 〔明〕姚良弼修，杨宗甫纂，（嘉靖）《惠州府志·卷一四·外志》，上海古籍出版社 1961 年版。

范晔《后汉书》，或略或详引述盘瓠传说。盘瓠传说与畲民关系的文献记载，始见于南宋刘克庄的《漳州谕畲》："余读诸畲款状，有自称盘护孙者。"[1]

对于畲民而言，盘瓠传说在畲家世代相传。在闽、浙、粤、赣、皖的传说内容中，虽有地域性的差别，但基本情节相同。清代以前，畲族称始祖为"盘瓠""盘护""盘护王""盘王""盘皇""盘瓠公"。清代，除了延续旧称外，闽东、浙南畲族称盘瓠为"龙麟"（或写作"龙孟"），粤东畲族称为"护王""盘大护""盘古大王"。"盘瓠"的表现方式有龙犬、鱼龙、龙、麒麟等形象。

畲族盘瓠传说最为畲民广为传颂和珍视的是祖图、祖杖、祖牌。祖图是盘瓠传说的图文形式，祖杖、祖牌则是盘瓠的象征物象。

（一）祖图

祖图又称"长联""太公图""永远图记""环山轴"等，是畲民对远古始祖传说的图腾化，畲民四大姓盘、蓝、雷、钟以及各支系都是一样的。祖图的发生地应是粤东，祖图产生的年代大概在南宋至明早期。最早提到祖图的是明正德十二年（1517）南赣巡抚王守仁，他在奏疏中说："大贼首谢志珊、蓝天凤各又称盘皇子孙，收有流传宝印画像，蛊惑群贼，悉归约束。"[2] 其中的"画像"指的是祖图。而明确述及祖图的是明嘉靖《惠州府志》，该志记述畲民："自信为盘瓠后，家有画像……岁时祝祭。"[3]

现代闽东、浙南、粤东和闽西南留存的祖图，绘制时间大多为清代，年代最早的是漳平赤水镇雷姓族人藏的祖图，绘制于康熙四十四年（1705）。祖图的开头是"原序"（或称"敕书"），接着是连环画，顺序由

---

① 〔宋〕刘克庄撰《四部丛刊集部·后村先生大全集·卷九十三》，上海涵芬楼影印版。

② 〔明〕王守仁撰，吴光、钱明等编校：《王阳明全集》，上海古籍出版社 2006 年版，第 342 页。

③ 〔明〕姚良弼修，杨宗甫纂：（嘉靖）《惠州府志·卷十四·外志》，上海古籍出版社 1961 年版。

右向左。祖图的质地通常是棉布、细麻布，有的用绢帛，个别用纸质；采用平图勾勒填色，浓墨重彩，以长条状的横幅长卷居多。有的横幅分为前后两幅，有的是直幅多"屏"（幅）组合，也有的是单幅轴卷式。每图的上方配有文字说明。在广东潮安凤南山梨畲村，绘于清道光二十年（1840）的《雷氏祖图》长卷分为 34 图，组成 16 段落：（1）三皇五帝，（2）高辛皇，（3）盘瓠出世，（4）番兵作乱，（5）高辛皇出榜招贤，（6）盘瓠揭榜，（7）引见辛帝，（8）智取番王头，（9）验明正身，（10）辛帝招驸马，（11）驸王化身，（12）驸王成亲，（13）喜得贵子，（14）辛帝赐姓，（15）狩猎遇难，（16）驸王出殡。

而厦门大学人类博物馆于 1958 年在宁德漈头畲村征集到一幅《雷氏祖图》长卷，是至今所见的内容较完整、详细，绘画较精美的祖图。这幅祖图，白布镶黑布边，宽 0.43 米、长 23 米，清道光二十九年（1849）绘制，共有 36 图，每图都有文字说明，其顺序是：（1）盘古帝王开分天下；（2）伏羲画太仪化教；（3）神农尝百草；（4）龙马负图；（5）公输子；（6）黄妃织机；（7）黄帝有熊氏姓公孙名轩辕，土德王位一百年；（8）高辛皇帝；（9）太医将奇虫献上帝览；（10）奇虫……龙期；（11）与番兵交战；（12）帝……榜招贤；（13）龙期揭榜朝臣带进金銮殿见驾；（14）龙期领帝旨过海征番；（15）番王见龙期来投喜之；（16）番王饮宴不觉大醉；（17）番王沉睡床上被龙期咬断头而去；（18）文武朝臣迎接；（19）龙期将番王头首复旨；（20）三公主被龙期识破；（21）龙期认三公主将裙襟拖住；（22）已认三公主真身，内臣带进见驾；（23）龙期伏金钟变化成人；（24）洞房花烛结良缘；（25）龙驸马登朝取姓；（26）龙驸马……（27）奉旨荣归；（28）荣迁会稽山七贤洞；（29）御赐免朝；（30）龙驸马传授仙法；（31）好田猎与民同乐；（32）跌倒山岩；（33）安灵建功超度亡魂；（34）奉忠勇王灵柩卜葬于南京凤凰山；（35）南京凤凰山忠勇王之墓；（36）高堂大会。

（二）祖杖

祖杖又称"龙首师杖""龙首杖""盘瓠杖""法杖"，也写作"师杖"，是始祖的象征物。闽东的畲族祖杖是用连根的树干或树干制成，并雕出一个含珠的龙头，雕好后贴上金箔，涂上朱漆或桐油；杖上系有许多条红布，为本宗房人参与"做聚头"（做阳、传师学师）后，受取法名后系上，每一条红布条，代表着一位受宗教仪式"洗礼"的学师人。祖杖有长短两种，长的四尺多，短的二尺余，放在布袋里。

谈到祖杖的"法名"，应提及畲民的取名习俗。以往，畲民除了取世名外，又有"郎名"（女用"娘名"），举行"传法录人"仪式后，还有"法名"。

1. 世名

世名，就是世俗名，即生活中的名字，畲族参照汉族的字行命名习惯取名，字行定好后，可用上数百年，用完后，再续上新字行。如霞浦草岗（今茶岗）畲族一世至十五世的"世名"字行是：念、法、应、文、启、振、孔、春、清、明、日、大、开、新、朝。字行世名，在20世纪50年代以后逐渐消失。

2. 郎名

郎名（女用娘名），是一种命名形式，其特点是以"大、小、千、百、万、念"等为字头，循环排列，周而复始。又以"郎"字为字尾，加上本宗族同辈出生顺序的数字，如"大二郎""千三十五郎""念二十九郎"等。闽东畲族的郎名和娘名的世代顺序较为规范。蓝姓：大、小、百、千、万、念，共六字；雷姓：大、小、百、千、万，共五字，少"念"字；钟姓：大、小、百、万、念，共五字；缺"千"字。畲族传统歌谣道："排行算来你细听，雷姓缺'念'钟无'千'，男人无'一'女无'二'，蓝姓五六两样生。"所谓"男人无一女无二"，指男性不排"一郎"，而是从"二郎"排起；女性不排"二娘"，而是从"一娘"跳到"三娘"。

男子出生后即有郎名，不用经过仪式而自然获得，郎名只有族中长老知道，由他们登记在册，在预备棺木后，由家中亲人向族长索要用红纸密封的郎名。如果夭亡或未备棺木，则临时向族长索取。女子也是出生后即取娘名，出嫁后的妇女在50岁开外，多预制棺材，做好后例需请酒。先由该妇女的兄弟向族长说明，取得用红纸密封的排行而后赴宴。席间，外甥向母舅敬酒后，取得排行密封件，死时才开封，书写在临时的灵牌上。出嫁的中年妇女死时，其子女要到母舅家，通过母舅索得排行。

3. 法名

法名是指经过"传师学师"或"醮名"仪式后取得的法号。法名是将正名两字的前一个字改为法字，如蓝若成、蓝富田、蓝新庚分别取得法名是蓝法成、蓝法田、蓝法庚；若第二个字跟别人重了，则第二个字要换下。法名和学法日期写在一条红布条上，系于祖杖，表示进入盘瓠集团。

祖图、祖杖是畲家的传世之宝，平时秘而不宣，逢祭祖或与祭祖有关的祭祀仪式才展示。

畲族的祭祖日不一，最传统的是过年，从除夕至初五，乃至十五元宵日，也是最古老的祭祖日。祭礼由族长主持，陈列祖图、祖杖、族谱，由道士问卜，供全羊祭品，唱《高皇歌》，诵读祭文，讲解祖图的历史故事等等。

(三) 祖牌

始祖盘瓠的象征物除了祖杖，还有祠堂神龛里居众牌中央的神主牌（若无神龛，神牌就陈于供桌上）。祖牌大多用于祭祖、祭祀以及迎祖活动，常放置于"祖亭"（或称"香亭"）内。这种祖牌，木板制成，牌身立于须弥座上，高约100厘米、宽约35厘米、牌额为龙头浮雕，两侧刻有花纹，牌中央竖刻"敕封盘瓠忠勇王神位"阳文，红色底漆，字和龙首贴金箔。祖亭也大多是木制的，高1.7米，长宽各1米，造型与红轿相似，前面留门，后面与两侧饰以木刻花纹，四角以珠坠装饰。祖牌也常见于祠堂或会馆，如霞浦县城关民国期间建的山民会馆，厅堂大型神龛里供奉的始祖神牌，神主牌高2米，宽近1米，牌额上雕着似龙非龙之首，俗称"龙头牌"，牌身阴刻宋体大字"敕封盘护忠勇王神位"。

二、闽东畲族的居住环境

畲民从闽粤赣结合部原住区迁到闽东后，与山为伴的畲族，习惯于择居于山腰、山坡地带。这一地带山峦起伏，丘陵密布，大部分是坚硬岩体地质山地，主要山脉有绵亘于闽浙交界的仙霞岭，蜿蜒于闽赣交界的杉岭和武夷山，突兀于东海之滨的太姥山。以霞浦为例，畲民一般居住在海拔300米至500米之间。

在这种环境生活的畲民，对于居住的房子的要求也显得简朴。

（一）建筑格局

畲族早期过着刀耕火种，移徙不定的生活，为了适应游耕农业而经常迁徙，所居是茅草竹木简易搭成的"茅草寮"。这种茅寮称"千柱落脚"或称"千枝落地"，四面通风，呈"介"字形。架料多缚成框格型，寮面的茅草也是打成草匾之后盖上的；大多没有隔间，前后开门，不开窗户，没有烟囱。茅寮结构低矮，阳光不足，泥土地面比较潮湿。

清代，畲族地区出现土木结构的"土墙厝"。土木结构的住宅四面以土筑墙，屋架直接安装在山墙，屋顶呈"金"字形，瓦片屋面；有4扇、6扇、8扇、10扇之分，有的10扇厝可住一二十户人。

近代畲民住宅与汉族民居建筑格局大致相同，大多为土木结构。闽东也有一些罕见的大厝豪宅，如霞浦县崇儒乡樟坑村的大屋。这座房屋始建于清道光三十年（1850），于光绪二十六年（1900）竣工，坐落在海拔400多米的山上，俗称"樟坑大厝"。大厝的建筑面积3266平方米，进深6米，面宽52米，由三座大厝横向衔接为一个整体。大厝里有99根柱子，9厅，44个房间，外墙上砌有7.5米高的马鞍形防火墙。在厝内柱子、门窗、神龛上，有精雕细刻的花鸟虫鱼和五彩粉饰。厝内世代居住的是同一家族的蓝姓畲民，人口最旺时有150多人，相当于一个自然村的人数。

（二）屋内陈设

畲族传统日常生活用具包括卧室用具、厨房用具和厅堂用具。常见的畲民卧室用具包括床凳1副，床片（床板）5块或7块，床片忌双数。草垫，俗称"草荐"，2领，草席1领，床上的棉被被面为印花苎麻布，少数富裕人家有苎布蚊帐。二屉桌1张，或者桌橱1张，桌橱除有两个抽屉外下有双门对开的小橱。衣橱1个，富裕家庭衣橱也雕刻凤凰牡丹、八仙过海等图案。畲妇多备有镜台柜、苎笼和长柄加盖马桶。上述家具大多漆上桐油，多为朱红色或原木色。厨房用具包括饭桌，三个抽屉，一大两小；另备长凳或短凳，俗称"凳头"。灶多土灶，灶上多两个口径相同的铁锅，部分人家另加口小锅，配木制锅盖、木瓢、竹制水勺、洗碗木盆、陶制油瓮、盐瓮和茶壶；1副水桶，1个小木桶。厅堂用具多为八仙桌1张，用于年节祭祖和合家聚餐。少数人家有长几桌1张，上备香炉、烛台等；没有几桌的人家，多将香炉烛台置于照壁两侧门上方的神龛上。

（三）建房进程及习俗

先前畲家盖房子往往不是一气呵成，而是分期进行，农忙时不干或少干，农闲时多干，因此盖好一座房子往往需要几年时间。畲民盖房子，往往亲友或邻居会来帮忙，有的助木头，有的助砖瓦，有的助人工，携手互助将房子盖好。来帮工的一般不计报酬，管饭吃就行。但请来的木匠、泥瓦匠要付工钱。

畲家建房最忌在"无风水"地和"无日子"（"日子"指吉日）时动土建房，屋坐向忌朝水源。先是择一黄道吉日定基，即在厅堂位置埋下"七宝"，"七宝"包括谷、麦、豆、茶叶、铜钱、灯芯、竹钉。然后平整房基，日后完成筑围墙、加板壁、铺楼板等工序。畲族的《建房歌》唱道："一岚大树在湾上，好好拣条做楼梁；做木师傅截柱料，寻龙先生隔地场。师傅来看好地场，手掏曲尺就去量，起工架马就扶扇，吉日吉时来上梁。"

第二节 畲族的饮食习惯与服饰

一、畲族的饮食习惯与特色

畲家在长期的生活实践中形成了自己的饮食习惯与特色。

（一）主食

宋代，闽东地区的畲族以兽肉、玉米、荞麦和野生植物为主食，食谱较单一。自明代后期，随着水稻、甘薯的扩种，逐渐转以薯米为主粮，辅以稻米。清代，部分乡村因水田开垦及水稻种植增加，稻米逐渐成主粮。20世纪80年代，随着稻谷产量提高，畲族居民的饮食习惯发生较大变化，主食基本上为稻米，薯米多作为饲料。

畲家的特色食品，有乌米饭、菅叶粽、糯米糍等。乌米饭多在农历三月三食用，有准备春耕、迎接丰收的象征意义。其制法是取乌稔树（乌饭树，杜鹃科）的叶子，放到石臼里舂碎后，贮入布袋，连袋放到铁锅里，加适量的水熬出紫黑色的汤汁来，而后去掉叶渣；将精选的糯米倒入汤汁里，浸泡若干小时后，捞起放到木甑蒸熟即成。乌米饭色泽乌黑发蓝，香软可口。由于乌稔能起防腐作用，故将乌米饭放在通风阴凉处，数日不腐。食用乌米饭时，以猪油炒热，味道更美。菅叶粽，俗称"菅粽"，通常在端阳节和分龙节时食用。做法是将精选的优质糯米泡进黄碱水里浸若干小时，取出，将其装入用两片菅叶对折成的槽里，裹成20厘米长玉米棒子状，放入铁镬里蒸煮十几个小时。煮熟的菅粽既可以在端午节敬祭祖宗，又可以馈赠亲友，或自家食用。糯米糍是畲民过年、做"七月半"和冬节等节日的必备食品。糍粑的做法是将糯米浸泡一天后，滤干，放进木甑里蒸熟，倒入石臼捣烂，捏成团状或饼状；取意时（糍）来运转，生活年年（黏黏）甜。

（二）副食

受山区气候条件限制，畲家食用的蔬菜品种比平原少，数量也不多。常见的有萝卜、包菜、丝瓜等；野菇以松菇为主，竹笋则长年不断。油类方面，植物油以菜油、花生油、茶油为常用，动物油以猪油为主（畲民忌吃狗肉）。肉类除猪肉外，兼及鸡、鸭、羊、鹅、兔肉。这些肉类大多是畲民自己饲养的，除宴客及过年用，平时作为"食补"。同时，畲民时有狩猎所获的山兔、山猪、山羊之类的野味肉食。

畲族历史上曾以狩猎为生，相沿成习，有喜欢食肉的习惯。因此，相对来说，畲民的肉类人均消耗量比当地汉族要高些。

（三）饮茶

畲族聚居地盛产名茶，茶是畲家主要饮料，畲家不论男女都嗜好饮茶，各家各户灶上都有陶制和锡制的茶壶盛茶，以备随时饮用。上山、下地劳动时茶水常随，盛茶的多为竹制茶筒和木制的茶桶，茶叶大多为自种、自采、自制。畲民饮茶成习，正月出行要饮"新年茶"，祭祀要饮"敬神茶"，婚礼要饮"新妇茶"。畲家议事、闲聊都离不开茶，畲谚云"谈天泡牙，腌菜送（下）茶"。畲家有个喝"宝塔茶"的游戏。即在红漆樟木八角托盘上将五大碗茶叠成三层，其中一碗为底，中间三碗，围成梅花状，顶上再压一碗，又称"盖茶厝"。客人自上而下饮干，场面非常有趣。

（四）饮酒

畲民爱饮酒，酒量较大。畲谚说："无灰莫包麦，无酒莫请客。"畲民饮的水酒大多为自家酿制。酿酒多在农历十月，又称"十月酒"。用糯米酿的叫"米酒"，加红曲是"红酒"，加白曲为"白酒"。用小麦酿的叫"麦酒"，用番薯酿的叫"番薯烧"。而畲家小孩爱食"酒酿糟"。每逢喜庆佳节、红白喜事、结婚、生孩子、盖房、乔迁等较为特殊的日子，畲民都要请客喝酒，酒是常备品，缺酒被视为无礼貌行为。

二、闽东畲民服饰与特色

以往畲族男女服装多用蓝布缝制，服装颜色多为青黑或蓝色。男装式样和汉装大致相同，女装与汉族服装区别较大，其款式在闽东各县大同小异。新中国成立以后，随着社会生活水平的提高，畲族男女青年平时服装的款式选用布质和汉族无大差别，在婚礼和节日喜庆活动场合，畲家男女仍穿用传统服装。

（一）男装

民国以前，畲族男子传统服装为青黑或蓝色的大襟布衫，夏天穿的大襟蓝布衫，用耐穿、耐磨、通风透气性能好的苎麻布缝制而成。其款式为对襟、无领，仅用蓝棉布镶领口，两肩上衬有棉布"搭肩"。苎布衫又分成长袖和短褂两种，夏天穿短褂较普遍。夏天男子所穿短裤，也用苎布或棉布缝制而成。冬天畲族男子穿的大襟布衫，多用棉布缝制，要是出门做客就穿"钱吊"，中间开襟，两边腰间备有口袋，用以存放钱物。缺棉布的就用双重苎麻缝成"马夹"穿用。冬天男子穿青、蓝色棉布长裤，裤子为直筒式，裤筒大，不论短裤或长裤，裤腰均接有 15 厘米宽的不同颜色棉布作"裤头"，腰上系着线织的专用带子。

至于男子结婚礼服，为青色长衫，其襟胸前绣花纹饰，青色布靴。除官帽、布靴可族内借用外，一般男子结婚都会缝制一件青色长衫。

（二）女装

畲族妇女传统衣服为黑色，向右开襟，款式多种多样，有福鼎式、霞浦式、福安式等。

1. 福鼎式

上衣分大领和小领，大领中部最高处 4—5 厘米，多用水红、水绿做底色，加绣花纹。领口装饰有 2 颗约 2 厘米粗的红绒球，球心镶有各色料珠，俗称杨梅花。球底托十几片布叶子。有的盛装背后还有银饰小薄片，胸前右边绣有图案，大襟上钉有两条长过衣裾的红色飘带。袖口以红、绿色布（或用绸）条滚边，有的少女装不绣花，只用印花红布缝在服斗上。

2. 霞浦式

霞浦式女装流行于霞浦县西、南、中部和东部畲村以及福安东部地区。其特点在于前后衣片长度完全相同，也是大襟式，有服斗和系带，可两面翻穿，逢年过节或外出做客穿正面，平日在家或外出劳动穿反面。领口低窄，中部最高处约 2 厘米，大襟一般是 20 厘米，服斗 12 厘米。服斗的刺绣集中在上角，左右侧均延伸至中线，右侧至襟边，斜长 16 厘米，垂直 6.5 厘米，宽 1—10 厘米不等，由 1—3 组图案组成，每组称"池"，宽

1－3厘米，以红色为主，习惯以所绣组数，分称"一红衣""二红衣""三红衣"，或按领口绣花，分为"花领""一行领""二行领""三行领"。青年妇女所穿的服斗绣花偏宽，最宽的"三红衣"三组花样并列10厘米以上，领口多为花领，绣工特别精细，多作为盛装、礼服。老年妇女和少女所穿的则偏窄，多只绣一条1厘米左右的小花边，反面服斗及领口均不绣花，只在袖口、两侧开叉内缘添条、套肩、系带和相应部镶蓝色布条。

3. 福安式

福安大部分地区及宁德畲族女装纹样较简单，只在衣领上饰水红、黄、绿色虎牙纹，服斗上镶有一条3－4厘米宽的红布边，下端靠头处才镶以一块三角红布，两边袖口各缝一块1寸多宽的红布。

女裤与当地汉族类似，旧时是大裤头、大裤管、没有口袋的"便裤"，多为黑色，有的稍短，称"半长裤"。

（三）围裙

围裙，俗称"拦腰""合手巾"。布色或黑或青或蓝，呈梯扇形，长（高）33厘米，上宽33厘米，下宽60厘米，外两侧有对称的折叠，每侧5－7条，每条宽0.7厘米、长5厘米，与裙身相等，褶上有刺绣，两侧边缘，滚镶蓝色窄添条。两侧和上方均滚镶红、黄、蓝、白、绿多种颜色相间的添条，排列成彩边，紧靠彩边外绣有图案，裙头蓝色，宽6.5厘米，两端系有白色素面棉线织带，宽约4.5－6厘米，长约2米，呈须穗状。少女穿用的围裙多系水红色，宽边织花带。

畲族妇女举行婚礼和逝世时穿的专用长裙叫大裙。黑色、素面、四褶，长至脚背，分筒式和围式两种，与上衣配套，束以宽大的绸布腰带或系配色大绸花。有的大裙改用红色面料缝制，束以红绸结的大绸花。

（四）帽鞋

黑缎官帽，俗称"红缨帽"或"红包帽"，是畲族男子专用礼帽。整体青黑，宽沿外敞，顶缀2厘米大的铜质球或红布球，球顶下垂，以红线编成缨穗。民国后用圆沿礼帽，在举行婚礼或逝世时穿戴。

鞋子，传统穿圆口黑布厚底（或木底）的有鼻鞋。鞋面上折有一道红色中脊的为单鼻鞋，系女性穿用，鞋口边缘镶以红、黄、绿等色边线。鞋面折有两道中脊的为双鼻鞋，系男性穿用。

民国以来，传统的有鼻鞋逐渐少见，大多数用于丧事，婚礼则穿长靴。

（五）绑腿

绑腿俗称"脚绑"或"脚暖"，兼作防护妇女小腿和保暖之用。整幅呈三角形，宽 29 厘米、长 55 厘米，多以白色龙头布缝制，末端有红色缨和紫红色长襟。新中国成立后，绑腿较少见。

（六）发式

畲族男子发式与汉族无异，女子传统发式不同于汉族妇女。

1. 盘龙髻

霞浦畲族妇女有"盘龙髻"，式样复杂，夹以大量假发扎成。梳扎时，先把头发分成前后两部分，后部约占三分之二，其间置放一支长约 20 厘米、直径 3 厘米裹着黑布的竹箬卷筒，用红线扎紧其中段，然后往上折，呈斜角，使头发蓬松在后脑勺部位，呈瓜瓣形。前端与假发用红绒线扎紧，让假发至前顶呈侧扁形垂下。前部头发分成左右两股，旋成小股，从左往右绕过头顶，至前顶与垂下的发汇合缠扎，随即掺入假发，把整股头发从左往右盘绕于头顶，呈螺旋状，用发夹固定，最后用大银簪横贯发顶中央，形成昂扬屈曲的盘龙状高髻。

2. 截筒高帽式

福安以及宁德北部畲族妇女的"截筒高帽式"，即从后脑勺梳起，向上盘旋绕头盖一周，脑后呈瓜瓣状，发间数条红绒线成束环绕于发间，顶部压一根两指宽的银簪，并插银耳扒、豪猪簪各一枚。

3. 扁圆髻

福鼎畲族妇女的"扁圆髻"，即梳发时把头发分成前后两部分，梳好前部分头发后，则把后部分头发抓拢，用红毛线扎成束，先梳成辫子，在脑后结成髻；再取右耳上头发，也编成辫子，从左向右绕脑后髻发，增大发髻，盘好后，把辫尾塞入髻下，然后套上网，用银簪和发夹固定。有的还把前额余下的一些短发，梳直剪平，卷成刘海覆于前额。

4. 凤鸟髻

蕉城畲妇流行"凤鸟髻"。"凤鸟髻"是将头发分成头顶和头后两部分，后部的头发用红色绒线扎成棒状（内套若干段小竹节），然后将这可弯曲的棒状折向头顶，与所留的头发合并，在前额盘旋成螺旋状，再辅扎红绒线加固，状如凤凰的头颈，这就是"凤鸟髻"。

（七）银饰

畲家的银饰最引人注目的是"凤冠"，又称"公主顶"，是畲族妇女婚礼和逝世时使用的冠戴。

1. 霞浦的"凤冠"

外形呈金字塔形的高帽状，用竹笋壳缝制，外蒙黑布，用竹篾编织，蒙以棉布，前方两侧及冠顶后侧各挂一蝶形银饰，上吊五串各式小银片，两端饰琉璃珠串，冠顶有二片牡丹纹三角银片，并饰红璎珞。冠顶三角形三边缝上红布，每边贴上三块方形银片，正面还有大小不一的银片，银片上镶有花卉纹。

2. 福鼎的"凤冠"

形状似截顶牛角，冠身用笋壳编成，外蒙黑布，正面镶两块长方形银片，上有乳钉纹及各种花卉文饰。冠身上罩一小块红布和裹着褐、白、红相间的方格纹粗布，两侧做成立耳状，后部成一脊，尾垂二条细飘带。尾部还吊着一块约10厘米长的木簪，其上挂满各色料珠及三角银片。

3. 福安和蕉城的"凤冠"

顶边饰有八组神像，且有遮面银帘。遮面银饰，俗称"线须"，由一块长方形银牌和九串银饰薄片组成，垂挂在面前，银牌上有"双龙抢珠"图案，银片纹饰为鱼、石榴、梅花等吉祥物。冠正中上还有一精致的银框玻璃镜，内有弯形剪刀、尺子、书和镜子。

其他的饰物有头笄、头花、耳环、耳牌等。头笄俗称"髻簪"，为畲家女子紧发用，一对两片，长约10厘米，插于发髻两边，如两片相连的垂叶，上錾凿花纹。头花是发际装饰品，婚礼用的头花，三朵一组，上镂人物、动物图案，制作精细。至于耳环、耳牌，则是梳盘龙髻的配套首饰。耳环通常制成翻转问号形状；耳牌，近耳处为曲形钩，下挂银牌。

第三节　闽东畲族的节日习俗

畲族的节日既有趋同于汉族的，又保留了自己的民族特色。

一、新年

新年即春节，是畲民最盛大的节日。畲族新年，从初一到初五为节期。

（一）正月初一

在闽东，正月初一凌晨家家户户争先挑"龙头水"、燃放爆竹，点香"接年"。人人着新装，喝糖茶，吃糕点、长寿面。新年有"摇毛竹"的习俗。正月初一清早，父母就叫醒孩子，让孩子到住宅旁的竹林去摇竹。孩子走进竹林中，选择一根大毛竹，双脚叉立，双手高举紧抓竹竿，把毛竹用力摇晃，这习俗叫"摇毛竹"。据说，摇过毛竹的孩子，能辟邪纳吉，长得快长得高。

（二）正月初二

这天，霞浦畲村的青壮男子，往往扛火铳、带猎狗，上山"发铳"，报祭猎神，求大发大利。福安畲民称初二为"白年日"，凡在前一年家里有人亡故的，这一天要备猪头、酒菜，摆香案、烧纸钱，祭奠死去的亲人。这天，畲民一般不出门，若串门则不受欢迎，也不予接待。

（三）正月初五

闽东畲民正月初五称"开年驾"。在霞浦，初五"开年驾"即由族长率族人，在祠堂烧香焚纸，送祖宗"回驾"。蕉城区的"开年驾"则在初四。

二、端午节

五月初五端午节，是畲族一年中仅次于春节的第二大节日。汉族包三角粽，畲族则包长条形的"菅粽"，或叫"竿粽"。汉族五月初四包粽子吃，畲族则五月初四包，初五才吃。端午节插艾草、悬菖蒲，辟邪祈福类习俗，畲族和汉族相同。这一天，已出嫁的女子、入赘的男子、童养媳、童养子等大多要回家探望父母。一年所有节日，唯独端午节畲家是不祭谢神灵祖宗的。

三、农事节日

农事节日，是以农林渔猎等生产习俗为标志的节日，节期选择与春种、夏锄、秋收、冬藏的生产性节律相应。民间节日中，也就有了春祈、秋报、夏伏、冬腊的岁时性节律。畲族的农事节日，有做福、牛歇节、分龙节、尝新节等。

（一）做福

祈祷，俗称"做福"，又称"合福""吃福"。闽东畲族一年四季，春夏秋冬，都有做福。做福要做祈福法事，意在祈盼农作顺利，五谷丰登。正月初一至初四为"开正福"；二月初二为"春福"；立夏日为"夏福"；端午节前后（或五月三十日）为"保苗福"；白露日为"白露福"；冬至为"冬福"；十二月二十四日为"完满福"，也称"大年福"。

（二）牛歇节

四月初八是畲、汉共有的牛歇节，俗称"牛生日"，闽东尤重此节。此日不鞭牛，清早就把牛赶到山上吃草，梳洗牛身，做牛栏卫生，还以泥鳅、鸡蛋泡酒，或用米粥、薯米粥等精饲料喂牛。村里有"牛王庙"的，要在这一天供祭。牛在畲民心目中近乎家庭成员，在畲民"住寮"的岁月，牛是和家人同处一屋的。传统风俗，家境好的畲民嫁女以牛为嫁妆，走在婚嫁队伍的最前头。畲民乔迁新居，牛角挂着红布的牛要和主人同时入厅堂。

（三）分龙节

分龙节，又叫"封龙节"，曾盛行于闽东地区和浙南部分地区。分龙节为夏至后第一个辰日。相传，夏至后逢辰日是天帝派风、雨、雷、电四位龙王到畲山就位的日子，因为"龙过山"可能会发生雷雨冰雹，损害庄稼，祸及人畜，畲族便在此日"分龙"，好让龙王平和肃静就位，以祈风调雨顺、五谷丰登。在分龙节，畲乡有歇锄免耕的规矩，男不挑粪，女不洗衣，也禁止在屋外晾晒衣物，还禁止动用犁、锄头、柴刀等铁器，怕惊动龙王，造成"惊龙"而暴发山洪，或"走龙"而常年干旱。

四、娱乐性节日

娱乐性节日的主要内容，是通过歌舞游艺活动进行社交往来。畲族的会亲节和盘歌（对歌）节就是这一类节日。畲族人民活泼热情、浪漫不拘的性格，在这娱乐性节日里得到尽情的展现。

（一）会亲节

会亲节流行于闽东个别畲区。由于族支繁衍，分散各地，闽东有的村，以每年春耕前的二月二为"会亲节"。福鼎佳阳乡双华村的畲族是清初从浙江蒲门甘溪一带迁来的，每逢二月初二，两地畲民会亲于双华，以歌抒情，形成歌会，相沿成习，流传至今。每逢此日歌会，从二月初一到初三，闽浙两省前来参加赛歌的畲家歌手，以及来听歌者，结伴成群从四面八方涌来。除了接待亲友、筹备赛歌外，双华村畲民还在二月初一这天迎神，延请浙江泰顺县蓝姓木偶戏班，娱神助兴。

福安坂中乡后门坪村在二月二这天，凡是后门坪"雷氏祠"支派，以及与该村有亲戚关系的，都会赶来会亲。这一天又是"当境土主"魏公诞日，更加热闹。从霞浦等县来祖地的会亲者，有时比本村人数还多好几倍。

（二）盘歌节

畲族的节日，常有歌声，盘歌节尤其体现畲族喜唱山歌的习俗。盘歌节即某一节日在某一地点举办四方会集的歌会。在盘歌节的前一天，很多人已提前动身，到歌场附近畲村落脚（歌场若是寺庙的，则要争点第一炉香），而歌会结束后很多人又往往再留一宿。通宵达旦之歌会，既可解决无床铺无棉被之困顿，又可尽兴。

闽东畲族的歌会往往在节日举行，诸如：

1. 元宵节歌会

元宵节，闽浙沿海毗邻地区（福鼎、霞浦、福安、平阳、苍南）的歌手汇聚于霞浦县水门乡半岭观音亭这个地方，举行元宵歌会，盛时人数达两三千人。因此，水门乡畲族有"十五大如年"的说法。这一天又是道教"上元赐福天官紫微大帝"生日，气氛更加热烈。水门乡半岭观音亭位于闽、浙要道，故观音亭又称"官路亭"。元宵观音亭歌会已历百年之久，20世纪90年代从半岭观音亭元宵歌会还分出溪口后畲宫元宵歌会。是日，福鼎城关、硖门、白琳、点头以及邻县霞浦的歌手汇聚于磻溪镇溪口后畲宫村，在田间、路边盘歌，连观众多达两三千人。正月十三日是寿宁县古镇斜滩的墟日，有歌会。这是将元宵节与墟日结合，更有人气。歌会不是在镇上，而是在离古镇斜滩8里的天凤畲村举行，人数约有两三百人。据传，天凤畲村的歌会始于明末清初，历史极为悠久。

2. 二月二歌会

二月二土地公诞，畲村普遍做"春福"，一年四季做福，以此为盛。霞浦县东安岛瓮里村的二月二做福在本县最负盛名。是日，人们抬出宫庙里的福德正神、巡海将军、西法灵师公、郑师公乌江元帅，巡村绕境，热闹非凡，瓮里村的各地亲友也赶来围观，晚上在各家举行盘歌。后来，家中盘歌发展为公众盘歌。这是神事与歌会有着密切关系的例子，也说明歌会的缘起是"落寮会唱"。

3. 重阳节歌会

九月九重阳节，福安市溪柄、松罗、溪尾一带畲民，分别集中在福安与霞浦交界的松罗山、樟家山登高盘歌，两处歌会人数皆有两三千人。这一天，当地畲村供游猎神九师爷。入夜，参加公众歌会者，或点起篝火彻夜对歌，或到村里"落寮会唱"。霞浦县南乡在重阳日有"小红山歌会"和"目连山歌会"。目连山的山上和山下各有一座目连寺，目连山下是交通要道，这与半岭观音亭形成歌会的原因一样。霞浦县溪南镇洪山"九月九"歌会，参加者来自本县及福安、宁德、罗源、福鼎等县畲族乡村，多达一二千人。入夜，盘歌者分散到白露坑、半月里、牛脚岭、大山里等畲村"落寮会唱"。特别是白露坑村，每家一般要接待 10 位左右的客人，盘歌达旦。

畲族还有其他各类名目的歌会。如大年初一至初五，霞浦县崇儒乡古龙岩举行"五日年"歌会；六月初一，福安市白云山"六月一"歌会，有来自福安、寿宁、周宁、柘荣等地的畲民，人数多达数千；七月七，福安市社口有歌会，这一带畲族男女青年云集于福安与寿宁交界的白岩仙屿盘歌；寿宁县武曲镇白岩山的"七月七"歌节，有本县各乡镇及福安市社口镇畲民上千人云集。

第四节　畲族的婚丧习俗

畲族的婚礼和丧葬习俗颇具民族特色。

一、畲族婚礼

畲族婚礼是畲族风俗文化最丰富的部分。畲族在本民族内部以盘、蓝、雷、钟四姓为众，同姓远房可嫁娶，以往主张内婚，不与平民（指汉人）通婚姻。《高皇歌》云："高辛皇帝曾叮咛，蓝雷钟姓自结亲，有女莫嫁外埠佬（指汉人），锄头底下有黄金。"

畲族婚恋较自由，但传统婚礼仍尊崇"父母之命，媒妁之言"，定亲过程较为审慎。首先是"合八字"，如八字合，女方父母则带女儿前往男家"看家势"，了解男方家境、人品，征得两家父母同意后，先送暖贴，"小定"，然后"搭定"，即订婚，时间多选在农历八月份。接着是"送日子"，即把选定的嫁娶日期告知女方。女方收下红纸贴和礼品，按日子准备嫁妆，男家也按日子准备迎亲。最后是迎娶成亲。大凡定亲后的姑娘，两鬓银笄须脱掉一边，作为订婚标记。畲家姑娘忌18岁出嫁，认为18岁出嫁要落"十八难"，故传统畲家结婚大多年纪尚轻。

姑娘出嫁前，要先到母舅姨姑家"做表姐"，与"表弟们"对歌，借此考核姑娘的对歌本领。同时，要在自家厅堂摆上香案祭祖先，祈求祖先神灵保佑上路平安。

迎娶新娘时，男方请"车郎"（对歌手）1人，"行郎"2人和"杠嫁"若干人，"接姑"（陪伴新娘）2人，"照火郎"2人。过去大多数新郎亲往迎娶，称"行嫁"。午餐由女家请"落脚酒"，以表对迎亲使者之敬意。晚餐由男方"借"女方的锅在女家宴请客人，叫"请大酒"。席间有举盘敬酒、劝酒、唱山歌的热闹场面。山歌通常唱到凌晨新娘起行为止。

新娘出嫁时，"接姑"到香火案前点燃红烛，提两只灯笼请一位父母双全的姑娘把撑开的伞递给新娘，新娘送她"开伞红包"后，拿半开半合的伞遮在头上，在中堂进二步，退一步，畲语叫"拨风水"。这时火炮齐响，"行郎"出门，新娘上轿，走堂帮助送到门外，由"行郎"接去。新娘的嫁妆以往有犁、耙、锄头、斗笠、棕衣等，后来嫁妆则以木制家具、电器为主，嫁妆保留以稻、麦、豆、花生等种子伴嫁习俗，寓意落脚生根，开花结果的意思。

新娘一般要赶在天亮前到达夫家，以免路上碰到孕妇和生人，否则被认为不吉利。新娘起行后也不许回头看，说是看了要走回头路，夫妻不长久。因此，新娘随身必带桂圆，路上遇到生人，特别是碰上孕妇，就丢几颗桂圆"化吉"。有时两个新娘同日出嫁，同走一路，或同走其中一段路，在这种情况下，两家先行协商，一般让远路的先走，这是因为新娘要图个新字，后走者被认为是踏人家走过的"旧路"，不吉利。遇上这种情况，后走的新娘就得用一头角系红布、插上红花的黄牛在前边踏路，取意牛踏过的路又是新路。

畲家新郎、新娘拜堂时，厅堂上通常张贴着"功建前朝帝誉高辛亲敕赐，名传后裔皇子王孙免差徭"的对联，横批为"凤凰到此"。新郎头戴红缨帽，身着蓝色长衫，肩披大红绸带，脚穿双鼻布鞋，从后厅步出，站立在新娘左侧，在一片歌声中，行三跪九叩礼；新娘则头戴凤冠，手执花绢掩面，由送嫁嫂挽扶，下拜。

新娘入洞房后，众人拥入洞房"闹房"。闹房从叫门起，每个程序都要唱诵歌令。其程序有进门、翻床、取"凤凰"蛋，宴罢唱"送房令"送新郎入洞房。

第二天，新娘下厨做饭。第三天，送客回门，新婚夫妇回娘家做客，认妻方亲属。回返后，男女双方夫妻生活开始。

二、畲家的丧事习俗

畲家重视丧仪，视为子女孝敬的表现。一般有祭动身、报丧、买水洗浴、接娘家、唱哭歌、做功德、下葬等。

学过师的人死后说是"骑神马"去阴间，临终时子孙要高高兴兴地杀好鸡，端到床前，泡三杯茶，斟三杯酒，由本族一位老人为"亡故仙师"献动身酒，然后象征性地给亡者"洗浴"，穿寿衣，并在胸前挂一方木印，木印上写有："日月紫微星太上老君"，这时，子孙才可以哭出声来。未学师者，不祭动身。

老人"上路"，家中晚辈上衣反穿做孝。长子要向村邻报丧，见上辈下跪，村人即来帮忙，并送柴米、油、盐、菜、豆等。母亲亡故要由孝子到舅家报丧，穿麻孝服，戴白帽，扎稻草绳，急步行走，叫"赶娘家"。

畲民丧家唱完《买水歌》，向河里舀水，俗称"买水"。舀水时，死者是男，要舀顺流水，以示男在天；死者为女，要舀逆水，以示妇居地。清水舀回后，要放在火炉中暖几分钟，用白布在水中浸湿，在死者胸前擦3

下，背后擦 4 下。死者不论贫富，衣着要新，旧衣和有口袋的衣服以及钱、米和有文字之物不能装殓。死者着黑色衣服，有单、夹与棉的不同，穿衣以重数计算，一般上身 9 重，下身 3 重。穿衣完毕，为死者理发（一般入病时就已理好头发）或梳头，女性则戴上婚时的头冠，整个过程均伴哭歌。梳洗穿戴完毕，将死者从卧房移置后厅，用两条板凳、四块木板、一张草席为死者支起一张"灵床"，而后，用炉灰裹成 10 个小粽子，绑在桃枝上，置于遗体旁边，入殓时扔到河里。有"祖图"的畲族村，遇上 50 岁以上逝世者，在其厅堂悬挂"祖图" 3 天。

娘家亲人接信奔丧时，到村边先鸣火炮，孝子孝女即跪大门路口相迎，娘家人扶起，孝子女向娘家作揖，俗称"吊水碓头"。娘家人到灵堂要拜天地和亡灵，孝子跪请娘家人瞻仰遗容。

晚上要"宣娘家"。摆上果品，泡好茶，由伯叔陪娘家人入席，孝子端着点白烛的盘子向娘家人作揖，敬酒后，跪地唱：

> 一双酒盏花了花，端上孝桌宣娘家，
> 劝你娘家食双酒，我娘大位是娘家。

娘家代表起立念"十进词"："一进人丁兴旺，二进谷米满仓，三进金银财宝，四进牛马六畜……"再念"当初出朝在广东，广东朝山十八重，广东寮场风水好……"再唱《娘家词》表彰孝子、孝女：

> 门前一片竹叶青，你娘归阴摆大厅，
> 生时子孙是孝顺，孝顺你娘好名声。
> 厅前一片竹叶黄，你娘归阴排厅堂，
> 你娘归阴日子好，荫出子孙好名扬。

唱完，扶起孝子孝女，"宣娘家"结束。

接下来是《唱哭歌》，指孝男孝女与叔伯亲邻好友在棺两旁摆设的长凳入座，以歌代哭，内容是对亡者的怀念，对孝子的赞扬，对不孝的加以斥责，曲调低沉悲切。

若有做功德的，要做一日两夜，或两日两夜的功德。丧家门前要竖一面幡，幡上写有死者姓氏，以及功德受用诸事。亡者灵前列肉、豆腐、米粿各一样，又列菜食十八大碗。畲妇七八人，团坐棺旁，以歌代哭。有的则要唱《功德歌》，其仪式由六人围棺跳圈舞，一人手持木制大刀，一人拿箬帽代盾，两人对舞；后四人各拿两块木头，合拍敲击，又叫"打饼儿"。跳圈舞的，大多是青年人，舞姿雄健，边舞边唱，从"一月"唱到"十二月"，刚好十二圈结束。

此外，还有"白鹤舞"和"闹灶房"。"白鹤舞"是三人舞，由30岁以下男子组成，第一人肩背竹篓，手抓一把白米，后二人抬一只布袋，绕棺左转右跳，对歌作舞，意为引鹤、放鹤，言鹤能引魂升天。"闹灶房"即"把灶"。孝女备好祭品放在锅盖上，等候"法师"到灶房来对歌。"闹灶房"后，还要"背老伽"，即送亡灵进祠堂，或并入家庭香案总炉。现在，绝大多数畲民从简治丧，较少做功德。

畲家下葬过程均以歌代哭，亲眷戚友唱《起棺歌》《路祭歌》《劝酒歌》《跪祭歌》《回龙歌》等。

第五节　畲歌类型及其文学成就

畲族音乐的歌词即畲歌。畲歌的内容非常丰富，包括民族起源等神话传说、民间故事、谚语、谜语、儿歌等，它集中而生动地反映了畲族的历史、政治、经济、文化、生产、生活和乡土风情等情况，是中华民族文化宝库中的珍贵遗产之一。下面介绍畲歌的基本内容和艺术特色。

一、畲歌的基本内容

畲歌包括长篇叙事歌、杂歌、新民歌等。

（一）长篇叙事歌

1. 历史传说歌

（1）祖公歌

祖公歌是指畲族的史诗，首推《高皇歌》，另外还有《麟豹王歌》和《封金山》。

《高皇歌》在畲歌里地位相当崇高。《高皇歌》又有《龙麒王歌》《金龙歌》《龙皇歌》《盘瓠王歌》等不同叫法。各地广为流传的《高皇歌》有十几种本子，内容大同小异。这首畲族的民族史诗是七言体，长达三四百句。它分为三个部分，第一部分追述始祖盘瓠王助高辛帝消除边患的英雄业绩，功成隐退，开基凤凰山，后在狩猎时受伤而殁。第二部分叙述盘瓠子孙离开凤凰山向北迁徙到闽东的历程。最后以"蓝雷三姓好结亲，都是南京一路人"的民族认同感而结束。《高皇歌》言辞朴实生动，感情真挚，具有强烈的思想性、艺术性和亲民性。在畲族人民的心中，它代表着本民族的初心，是史歌又是祖歌，是畲民代代传唱的经典。畲族中关于人类和民族起源的神话传说，诸如"盘古王帝开天辟地""高辛创造日月和世界万物""火烧天火烧地"，这些作品都是从《高皇歌》中衍生出来的。

《麟豹王歌》也与畲民的始祖盘瓠王有关。这部史诗的主要内容是对麟豹王（始祖盘瓠王）当初抛弃官爵，放弃田园，僻居山上的深刻反思，反映了畲民在长期的生活实践中萌发的对于政治权益和"平原田土"的诉求，这是畲民对美好的物质生活和精神生活的追求和向往。《封金山》则是叙述"三公主"率领儿女们在封金山开荒辟地、建造房屋、饲养家畜、安居乐业、繁衍生息、艰难创业的情景，以及后来因官府的残酷压迫和剥削，被迫举族大迁徙的故事。这首祖歌充满着畲民的欢乐与泪水，它是畲民的民族奋斗史、发展史和抗争史的生动体现。

（2）古人歌

古人歌指与历史人物、历史传说、社会历史状况和历史事件有关的诗歌，如《汤王坐天》《桃园三结义》《洪武帝》《刘基寻将》《李闯打天下》

《林则徐》《明清纪事歌》《清朝十皇帝》《末朝歌》《长毛歌》等。

如民国初年闽东霞浦县白露坑畲族歌手编的《末朝歌》，彰显了畲族人民空前的政治觉醒。原诗长达300多行，开头叙述了各个朝代的历史，中间揭示了清朝封建统治的腐朽和民国初年军阀割据给畲族劳动人民带来的灾难，末尾以"真命天子""日后见"预示了新社会的到来。《长毛歌》是清同治年间，由浙江云和县东坑村畲民蓝三满编唱，后在清光绪时由蓝福余记录整理的。《长毛歌》开头对以清朝咸丰皇帝为首的封建统治阶级的残酷血腥统治，予以淋漓尽致的揭露；其次叙述了太平天国革命时期，太平军三度攻克浙南丽水城时，畲族人民积极援助太平军参加斗争的情景。《长毛歌》歌颂了太平军的骁勇善战，揭露了官军的腐败无能，控诉了封建统治阶级和剥削阶级残酷压榨百姓的无耻行径。这里要指出的是，民间对于太平军的评价，畲、汉是有所差别的。因此，《长毛歌》对于民族心态史的研究也有一定的史料价值。

2. 小说歌

小说歌，又称"全连本"或"戏出"，也叫"大段"，约有100多种。小说歌有栩栩如生的人物，有真挚感人的故事，有离奇曲折的情节，引人入胜。人们认为听了小说歌，不但可知道许多历史上的人物故事和社会常识，并且从中往往可以学到许多历史知识和社会知识。它在畲族人民生活中，具有深刻的影响和重要的地位。而小说歌中根据汉族的历史人物、传说故事等编写而成的诗篇，增进了畲族对汉族历史文化的了解，对于密切畲、汉民族关系具有重要意义。

（1）有关本民族流传的杰出人物的长篇叙事诗

这类长篇叙事诗是全新的创作，取材于本民族的历史文化，具有很强的思想性和较高的文学价值，如《钟良弼告祖考》（简称《钟良弼》）、《插花娘》、《钟景祺》（又名《双帕锦香亭》）、《蓝佃玉》（又名《九节金龙鞭》）等。

《钟良弼》叙述清代福鼎县一位畲族童生钟良弼到福宁府投考秀才，

却被当时的主考官赶出考场，不得与考。钟良弼不服而上诉，打赢了官司，主考官最终受到惩处；钟良弼重新参加考试，并考中秀才。《钟良弼》生动地表现了畲族人民的民族自尊心、自信心以及对当时民族歧视政策的无比愤慨。《插花娘》盛传于浙南，说的是浙江松阳县茅弄村畲族姑娘蓝春花，到原宣平县马村给财主当佣工。财主婆多方刁难，但她心灵手巧，样样做得好。财主垂涎其美貌，欲娶她做五姨太，蓝春花断然拒绝而回家；然而这个财主并不死心，带了帮奴才，赶到蓝春花村里，把村里的父老吊绑起来，胁迫村民交出春花。为解救受胁迫的乡亲性命，蓝春花佯装愿意出嫁，当花轿抬到横岚山顶时，春花愤然跳崖自尽。送春花出嫁的姐妹们十分悲痛，采来洁白的山茶花插在她头上，铺满她身旁，畲民们借洁白的茶花控诉无情的不合理的社会制度对人性的摧残。故事情节凄婉感人，故事结局令人沉痛、窒息。

（2）根据汉族的神话故事、民间传说改编的长篇叙事诗

这类长篇叙事诗，通常改编自章回小说和评话唱本，诸如《白蛇传》《梁山伯与祝英台》《天仙配》《孟姜女》《陈三五娘》《白袍》《乌袍》《铁弓缘》《三打白骨精》《百寿图》《洛阳桥》《姜太公钓鱼》《奶娘传》等。

3. 时政歌

时政歌是现代畲族政治斗争经历的叙事长歌。如《景宁山哈打盐霸》《蓝大规打游击》等。

（二）杂歌

杂歌，句式可长可短，数量多，内容丰富，极富艺术魅力。杂歌的内容主要是表现爱情，以及劳动和各种日常生活、礼仪等，或议事，或咏物，或抒情，或兼而有之，形式多种多样，语言生动活泼，讲究比兴，山野气息浓郁，情感淳朴真挚，是畲族民歌中的精华部分。许多杂歌已成为教科书式的经典，平时吟唱、盘唱时重在变化，有时哪怕就是变动几个字词，但切合情境，妙趣横生，韵味无穷。

1. 情歌

情歌在畲歌中占有极大的比例。同其他杂歌一样，情歌也有口传的歌言和传抄的歌本。然而，这些多成为用来编歌的材料，即因人、因情、因景对某个局部加以适当，甚至是巧妙的改动。能即兴编唱情歌，是优秀歌手的才能显露。在长篇叙事歌固定，许多杂歌歌言也成定式的情况下，畲歌的推陈出新，主要在情歌。

2. 劳动歌

劳动歌主要反映生产经验的积累和对大自然的认识，如《做田歌》《节气歌》《牧牛歌》《砍柴歌》等。

3. 礼俗歌

礼俗歌主要有婚嫁歌和哭丧歌两类。在畲族嫁娶中，无论是嫁女或入赘，都要长夜盘歌。男娶女的婚礼中，迎娶方请来好歌手（亲家伯和行郎）与女方歌手对歌。所唱有《敬酒歌》《对盏歌》《度亲歌》《撬蛙歌》《嫁女歌》《催嫁歌》《梳头歌》《起身歌》《上轿歌》等。《哭丧歌》是丧事时妇女悼念亡人的歌。

（三）新民歌

除传统的民歌外，尚有大量的新民歌。畲族人民经历了革命的洗礼，编出了不少革命山歌，歌颂共产党和毛主席，如《十送郎》《十字歌》《二十三年革命歌》《朱毛兵士真真多》《抓丁苦》《到我村里当红军》等。

有一首歌颂红军的歌谣唱道："穷人救星是红军，红军比娘还要亲。畲家不离亲生娘，支持红军更应当。骑龙不怕龙下海，骑虎不怕虎上山。决心革命不怕死，谋求幸福当红军。"中华人民共和国成立后，畲族人民结束了苦难生活，唱起了新民歌，如："好田无水秧难栽，好花无雨蕊不开。山哈若无共产党，枯竹难望生笋来。树叶连根根连藤，山哈和党心连心。树木靠山山养树，山哈靠党得翻身。"比兴很自然，很生活化，情真意切。

（四）其他

1. 歌探

歌探即谜语歌，以生活中的事物提问，检验对方的知识，如《唱分歌探给郎回》《十二月盘答》等。

2. 苦情歌

主要有《寡妇怨》《单身郎子是有愁》《得个歹郎无奈》等。

3. 劝世歌

如《劝你阿哥要娶亲》《劝郎要正经》《家教歌》《尊母歌》等。

4. 唱名

有人名，如《十字唱古人》《十唱古人风流人》；有物名，如《鸟名歌》《颂花歌》《中药名谣》等。

二、畲歌的艺术特色

杂歌是早期畲歌的形态。杂歌的进一步发展就是"歌言"，"歌言"受格律限制，近乎古体诗。格律化的"歌言"使畲歌进入诗歌时代，便于歌言的创作，留下很多经典的文学作品，具有很强的文学特色。

畲歌的文学特点突出地表现在以多种格式将若干条串联为一个连绵不断而又有所变化的贯穿主题的整体，这些格式的共同特点是重章叠句。

（一）形式特点

1. 体式

畲歌的体式以七言（字）四句为主，每四句一个单位，成为"一条"。实际歌唱时因情景还可以有许多变式，不完全是七言四句。除少数七言六句外，主要的变化表现在起句字数上，有三言、五言，甚至一言的。还有用两个三言断句合成六言起句的，如福安畲族的《起头歌》："叫我唱，我就唱，郎今唱条逗小娘，爱唱麒麟对狮子，爱唱金鸡对凤凰。"

2. 格律

畲歌的基本格律要求每句的一、二、四句尾字押韵。一首由多条组成的畲歌，可以一韵到底，也可以逐条换韵。畲歌的基本格律还要求每条的一、二、四句的尾字是平声，第三句尾字是仄声，这和汉文学的四句一首的诗歌格律要求是一样的。

3. 篇幅

根据条数的多寡，畲歌有散条、短连、长连之分。

散条：短小、零散、自由活泼，多为一两条、三四条，甚至达十来条的抒情山歌。短连、长连皆有固定歌词，而散条既有固定的歌词，更有对固定歌词的即时变化，甚至有局部创作或整体创作。这是畲歌的源头活水。

短连：多为数十条组成的杂歌，这数十条都贯穿同一个主题而连成一体。因为有多达百多条，甚至数百条的历史传说歌和小说歌这样的长连，因而数十条组成的杂歌就称短连。

长连：也称全连，都是长篇叙事，具体是历史传说歌和小说歌，篇幅有百多条，甚至数百条。

（二）艺术特色

畲歌的基本形式是对歌，畲族称"盘歌"，"盘歌"又叫"盘诗"。"盘诗"的"诗"，就把畲歌的主要艺术形态呈现了。既是盘歌，双方都须听清楚对方所唱的歌词并理解含义，因此歌词的往返重复适合"盘歌"的需要。盘歌经常需要即时因情景对固定的歌词加以变化，甚至是创作，这就需要思考。让歌词出现局部重复，既有助于把握主题、逐步推进，又因重复的缓冲提供了思考的时间，并且通过一唱三叹，主题得以渲染和强调。

1. 重章叠句的结构形式

畲族歌言"深潭无底坑""好比深山大树木，砍了一蔸又会有"，说的是畲族歌言的永不衰竭在于原有的深厚积淀。在各种体裁的歌唱中，尽管"歌言"这一部分也有不少唱本，但对歌时还需要歌手有所变化。老歌手钟昌尧说："唱歌没有底，随便变才能区别出唱得好不好，死学学不来。"其言的精髓在于"变"。歌言的"条"凭借着重章叠句的结构形式，如藤蔓延伸。这种结构的内在机制就是"条变"和条间"勾连"。

（1）条变

条变包括"双（两）条变"和"三条变"，指全首歌通篇重叠，各条仅对应变化几个字（主要是韵脚字），使一条变两条或多条。如《问路歌》："我郎来到你娘乡，总算来到枫树洋，枫树岔头三条路，不知哪条透娘乡？我郎来到你娘村，总算来到枫树峰，枫树岔头三条路，不知哪条透娘村？我郎来到你娘家，总算来到枫树岔，枫树岔头三条路，不知哪条透娘家？"在这里，通过"乡""村""家"，"洋""峰""岔"等字眼的变化，展示出情景和感情的一波三折。

（2）勾连

无论是以一条为一个单位，还是以两条为一个单位，每个单位都有局部相同，这种相同使每个单位内容的"变"因有"同"而产生连续感。"同"的功能就是勾连。如果是固定歌本，"同"可方便记忆；如果是创作，"同"使思路不断。并且，歌词内容因"同"而有一气呵成的酣畅。

勾连有畲族歌手所说的"单扯连"和"双扯连"。

单扯连包括单扯头、单扯尾。单扯头，即一首畲歌中各条的首句相同。如《娘今无双无奈何》："你今有郎欢喜多，我今无双无奈何，明明要讲也懒讲，明明要做也懒做。你今有郎欢喜多，我今无双无耐烦，田山做式无话讲，锄头棕衣各一方。"单扯尾，即以前一条的尾句作为后一条的头句。如："首番龙犬未成人，要结皇帝女为亲，第三宫女心未愿，深房洞里去变身。深房洞里去变身，单定七日变成人，王帝六日开来看，那是头变未成人。"

双扯连即以两条为一个单位，连着变化数次，包括双扯头与双扯尾。双扯头，即每个单位的开头一、二句都一样，从而使歌词始终保持叙事和抒情的既定的情景；每个单位的第二条首句基本重复并略有变化，这样既保持单条开始的重复特征，又使整个单位（共两条）与前一个单位的内容相协调。如："（第一单位）落郎垌里玩久长，爹娘寄讯转回乡，来时茶树未爆笋，转时茶籽满山乡。娘讲转，紧张张，无五娘食挂心肠，田里种瓜瓜未大，树头橄榄果未黄。（第二单位）落郎垌里玩久长，爹娘寄讯转回乡，来时甘蔗未爆笋，转时蔗子做成糖。娘讲转，紧暖暖，家堂有米酒未饮，再等三夜出酒仔，拿些娘食解心开。（第三单位）落郎垌里玩久长，爹娘寄讯转回乡，来时鸭母未生蛋，转时鸭子会泅潭。娘讲转，紧焦焦，我郎着急出来留，新做青衫领未锁，新做衣裙花未修……"双扯尾即第三、四条分别以第一、二条的第三、四句作为头一、二句，第五、六条又分别以第三、四条的第三、四句作为第一、二句，等等。

重章叠句的结构形式便于记诵，也为歌者提供了即编即唱的回旋空间。从艺术表现形式来说，这种结构形式不但使畲歌在音律和修辞上都收到唯美的效果，而且便于表达出细致缠绵的思想感情，描绘出丰富多彩的外部世界。

2. 夸张纯真的歌言表达

夸张是畲歌突出的艺术手段，夸张使事物特点凸显，使抒情具有爆发力。夸张的动力是想象，想象基于心灵的纯真。正是纯真与夸张的相互激发，使畲歌盘唱宛如清泉涌流，令人怦然心动。

夸张纯真的歌言在"落寮会唱"中表达得最为醒目。畲家好客成风，无论谁家来了客人，举村欢迎。若是来了年轻客人，本村异性群情激动，当晚免不了要"落寮会唱"。如："你郎来到我娘家，娘今见讯就来查，看见郎来大欢喜，三个路坎一下爬。……你郎来到我娘家，姐妹相叫笑哈哈，左手捉着郎包袱，右手端凳又泡茶。"其纯真可爱表露无遗。会歌时，异性双方会试探对方的婚姻状态以便选择歌言的内容取向，例如，男唱："郎今与妹正会过，便要近前问一问，又惊今娘定有了，抄落棋盘也不符。"女唱："我爹养我十八岁，胜过洋燕头碗菜，筷子都未撞下揿，表兄爱吃趁早来。"至纯至真的表白淳朴动人。

畲家人人会唱、出口成歌，源于畲歌即歌言，即唱出的歌就是想说的话，想说的话就是要唱的歌。唱出的歌配合固定的曲调，坦坦荡荡、真实地表达自己的所见所思，难怪畲民人人都是歌者。

畲歌以其丰富的内容和朴素、率真、高亢、健朗、自由、舒展的风格，以对唱为主，独唱为辅，形成了自己独到的民族歌言特色，是我国民族文学的瑰宝。真可谓：支支畲歌，款款深情，坦荡纯真，抒写心性，灿烂华夏。

畲族人民历经千年的迁徙、漂泊，以山林为屋，鸟兽为邻，在艰苦的生存环境里，开荒辟地，创造了一个又一个农业文明的奇迹，展示了勇敢、坚韧、不屈的民族精神。畲族人民的奋斗史同中华民族大家庭的崛起、前进是同步的。人们在回顾畲族人民辉煌的奋斗历程时，总难免为盘瓠及其子孙忠勇的爱国精神所感动，为其丰富多彩的物质文化和具有强劲凝聚力的精神文明所叹服。同时，畲家文化及其文明是依山向平原靠近的秀峰特出同广袤原野结合的完美体现，是中华文化、文明进程的生动写照。

第八章
闽台文化

福建与台湾一水之隔，有着密不可分的文化亲缘与历史渊源。台湾自古以来就是中国的固有领土，是祖国大陆不可分割的一部分。大量考古发现、史籍记载和实物遗存等，无不强有力地证明闽台文化同根同源，它们不仅是一个有机统一的整体，更是中华文化不可或缺的组成部分。闽台文化的这种"一体化"特征，主要体现在多民族的融合，地缘、血缘、文缘（包含神缘、物缘）、商缘（包含业缘）和法缘等层面的联结与文教事业等领域的交融。可以说，台湾历史文化形成发展的过程，实际上就是一部福建移民筚路蓝缕开拓、播迁中华文化与乡土文化的打拼史；是一部中国政治制度、儒学教育与社会教化在台湾全面推行，使之并入中华文明发展轨道和前进进程中的地方史，深深烙刻着中华民族的文脉基因与精神印记。福建与台湾这种天然的地理联系和历史的联结，构成了闽台区域文化的丰富内涵和互动体系，彰显了中华文化多元一体的显著特征。

第一节　福建移民台湾

一、宝岛台湾概况

（一）台湾地理

台湾地处我国东南大陆架的东南边缘，南北长约 394 千米，东西最宽处约 144 千米，由台湾本岛、澎湖列岛和绿岛、兰屿、彭佳屿、马祖列岛等组成，陆地总面积约 36000 平方千米。其西部与福建平潭最近距离只有 130 千米左右，隔海相望。

台湾岛的地形地貌复杂独特，山地面积约占全岛总面积的三分之二。地形地貌是中间高、两边低，中央山脉贯穿全岛，把全岛分为不对称的两部分，东部地势陡峭，西部则较宽且缓，由此行成台东多高山、台中多丘陵、台西多平地的地形。

全岛共有海拔 3000 米以上的山峰 250 多座，海拔 3500 米以上的山峰 50 多座。台湾岛南北纵贯有台东、中央、雪山、玉山和阿里山五条平行山脉，以中央山脉为骨。此外，全岛湖泊众多，西部平原地区河流遍布。日月潭作为中国最美的湖泊之一，位于台湾南投县，是台湾最大的天然湖泊，也是著名的旅游景点。

（二）台湾气候

台湾四面环海，地跨北回归线，受海洋性季风调节和太平洋暖流的影响，同时，由于接近祖国大陆，受到大陆气象的影响，加之岛内高山峻岭南北纵贯，阻挡了季风的运行，因而形成了热带—亚热带海洋性季风气候，夏季高温多雨，冬季温和少雨，与福建气候类似。台湾的气候特点大致可用"多、频、高、大"四个字来概括，即季风多、降雨频、气温高、海雾大。具体来说，在降水上，台湾是我国降雨最多的地区之一，年均降雨量 2500 毫米左右。在气温上，台湾周边海区终年气温较高，极端最高气温达 39 ℃。

正是因为福建与台湾具有相似的气候环境，加上仅一海之隔，为福建移民台湾创造了较为便利的天时条件。

（三）台湾物产

台湾具有重要的战略地位，不仅仅是因为其地理位置优越，台湾海峡被称为"东南锁钥""七省藩篱"，岛上亦拥有丰富的资源。

台湾四周靠海，鱼类资源十分丰富。早期大陆人民移居澎湖，便大多数以渔业为生。荷兰人占据台湾时，主要掠夺的物品是鹿皮、樟脑、槟椰、米和砂糖等，这说明台湾当时物产丰盛，因此成为殖民者觊觎的对象。至日本殖民统治时期，樟脑、米和砂糖成为殖民者重点掠夺的资源。

此外，台湾还盛产硫磺、煤等矿产资源。康熙三十六年（1697），郁永河便为了采集硫磺矿，不避艰险，从福建前往台湾，进行了将近一年的考察，由此写成著名的《裨海纪游》（又称《采硫日记》）。光绪十二年（1886），首任台湾巡抚刘铭传奏请清政府先后在台北设立官脑总局、磺务总局，实行专卖制度，并一度将樟脑收购权交给商人承包，在满足本地需求之后，积极将产品向外推销，与外国争利，取得了可观的经济效益。此外，他还设立了煤务局，购买新式机器开采煤矿。

台湾还特产茶叶。台湾茶叶由福建引入，相传清嘉庆年间（1796—1820），柯朝氏从福建武夷山引进茶种，种植于今新北市瑞芳山区。此后其他人陆续从福建引进茶种，经过本地的种植，取得了巨大成功，产生了如乌龙茶、阿里山红茶、清心乌龙、冻顶乌龙、文山包种、高山茶以及东方美人等诸多名茶。清朝后期的台湾，茶叶是最大的生产和出口品，在一定程度上促进了台湾北部的发展，使产业重心从原本的南部转移到了北部。

二、闽台先民的足迹

台湾在海峡还未形成之时，便是大陆人生活、劳动的地方；台湾海峡形成之后，在岛上定居的依然是来自大陆的早期居民。

（一）东山陆桥

台湾位于大陆架东缘之上，远古时期，台湾与大陆之间的台湾海峡是一条狭窄的浅海地带。考古资料证明，在福建东山岛和台湾澎湖列岛之间有一条东西走向的隆起带，成为连接大陆与台湾的"桥梁"，因此被学者称为"东山陆桥"。

"东山陆桥"是远古时代大陆移民台湾的重要通道。有学者认为，在台湾海峡形成之前，有一批先民移入台湾岛；在台湾海峡形成过程中，也有一批先民通过"东山陆桥"进入台湾岛；即使在"东山陆桥"消失之后，依然陆续有人从大陆移居台湾。由此可见，不管如何沧海桑田，台湾自古以来就是我国先民耕耘的土地，台湾自古以来便是我国不可分离的一部分。

（二）考古联系

由上可知，台湾自古就与大陆连接在一起，因此，两岸的考古发现也具有相似性。

台湾现存旧石器时期的两处人类遗址，一是台南左镇区的顶骨化石，另一处是台东长滨乡八仙洞的旧石器。1970 年夏天，台南县左镇乡农民在河谷里捡到一片灰红色的人类头骨化石，经测定，这是一块青年男子的顶骨，年代大约在三万年至一万年前，被命名为左镇人。大多数学者认为，左镇人与山顶洞人属于同一时代，有血缘关系。台东县长滨乡八仙洞旧石器发现于 1968 年，至今约 15000 年；到 1971 年为止，共发现了旧石器6000 多件和骨角器 100 多件，被称为"长滨文化"。这些石器的类型和制作方法与大陆南方许多旧石器时代遗址出土的石器没有多大差别，尤其与湖北大冶石龙头和广西百色上宋村两处出土的砾石砍砸器非常相似。这充分证明：台湾与大陆早在旧石器时代就已有渊源关系。

新石器时期，虽然已经形成了台湾海峡，但两岸的原始居民依然有密切的联系，这主要表现在大坌坑文化、凤鼻头文化等遗址。

大坌坑遗址位于新北市八里区埠头村观音山后山北麓，距今 6000 年左右。大坌坑文化以绳纹粗陶及打磨石器为主，其出土的陶器大多都有绳纹，此外还有划纹、波折纹或直条纹等形状。大坌坑文化在台湾分布很广，而在大陆东南沿海各地也有类似的遗址。从全国范围上看，大坌坑文化与金门富国墩、福建平潭壳丘头文化、江西万年县仙人洞遗址、广东潮安陈桥村贝丘遗址及广西东兴贝丘遗址等同属于一种以粗糙的绳纹陶器为代表的古代原始文化，其生产方式以打猎、捕鱼和采集为主。

凤鼻头文化分布在台湾西海岸的中南部和澎湖列岛，以高雄市林园区凤鼻头遗址为代表。该遗址上层为印纹黑陶文化层，中层为印纹红陶文化层，下层属大坌坑文化层。红陶文化层距今4000年左右，主要遗物是泥质磨光红陶，器型有大口盆、碗、罐等，这些陶器与大陆沿海马家浜—良渚文化、福建昙石山遗物具有相似之处。印纹黑陶文化层年代为公元前2400年±100年——公元前3310年±80年，陶器以橙红陶、黑陶和彩陶为主，多有刻划纹、绳纹、蓝纹等，与福建昙石山中上层年代相近，器物相似。

三、台湾行政建置的变化

最早记录台湾与大陆关系的史籍是《三国志》，其中记载黄龙二年（230）春，吴国孙权派将军卫温、诸葛直率领1万名官兵"浮海求夷洲及亶洲"，大多数学者认为夷洲即今日台湾。此后，历朝历代都有大陆前往台湾的记录。随着大陆人民不断地移居台湾，到南宋乾道年间，宋王朝已派兵到澎湖巡防，澎湖在建制上已归福建晋江县管辖了。

（一）澎湖巡检司

到了元代，统治者已不满足于驻兵澎湖，更希望在此建立稳定的行政管辖。据汪大渊《岛夷志略》记载，澎湖"地隶泉州晋江县，至元年间，立巡检司，以周岁额办盐课中统钱钞一十锭二十五两，别无科差"。澎湖巡检司的职位虽低，官阶九品，但其地理位置和战略价值却是不言而喻的，"职巡逻，专捕获"。这已说明元朝政府已经在澎湖设立了正式的行政管理机构。

（二）明郑政权的管理

明朝建立之后，为防止残余势力卷土重来，在东南沿海实行严厉的海禁政策。但内地农民为了逃避沉重赋税，仍偷渡澎湖。明万历年间，以颜思齐为首的海上武装集团兴起，与日本进行贸易。颜思齐病亡后，郑芝龙接任，队伍进一步壮大。同时，日本、西班牙、荷兰等国为了扩张海上利益，纷纷入侵台湾，最终由荷兰占据了台湾南部地区。此时，明政府已处在风雨飘摇之中，清军一路南下，于1646年9月入闽。郑芝龙投降清朝，郑成功与父亲分道扬镳，走上抗清的道路。

1647年1月，郑成功在烈屿（今小金门岛）起兵。1660年前后，全国的抗清斗争进入低潮，郑成功面临着何去何从的抉择。考虑到台湾可以作为一个理想的抗清基地，并且郑氏集团本就是一个武装的海商集团，荷兰人占据台湾对郑成功的商业利益始终也是一种威胁。这时，原郑芝龙部将何斌正好从台湾逃亡厦门，向郑成功献上了一幅台湾地图。

基于上述诸多原因，清顺治十八年（南明永历十五年，即1661）四月廿一日，郑成功率领2.5万大军乘坐400余艘舰船从金门料罗湾出发。四月三十日抵达鹿耳门外，经过何斌指引，成功通过狭窄的水道，登陆后迅速包围了荷兰人建造的城堡。隔年二月九日，孤立无援的荷兰人最终投降，退出热兰遮城，荷兰人在台湾38年的统治宣告结束。

郑成功收复台湾后，将大陆一系列政治制度和文教制度移植到台湾。在政治制度上，改赤嵌为明京，称台湾为东都，设立一府二县（承天府、天兴县和万年县）。郑经时，因陈永华的经营，台湾行政建设更加完善。南明永历十八年（1664）改东都为东宁，在中央设立六官（吏、户、礼、兵、刑、工），六官之下并置都事、行人、给事中等，将两县升为州，即天兴州与万年州，并设三安抚司（北路安抚司、南路安抚司、澎湖安抚司）。

在地方上，郑氏也袭从明制实行府州县制度，府设知府、推官、同知、通判；州分两种，直隶州与府同等，属州与县同等；县设知县一人。在基层仍实行乡治及保甲制度，十户为牌，十牌为甲，十甲为保，此外还有坊、里等设置。

在军队编制上，郑氏军队可分三大部分。一曰亲军，由郑氏直接控制；一曰陆军，一曰水军，以镇为单位，由各提督统领。

在文教制度上，依陈永华的建议，建孔庙、设学校，逐渐建立起了一套较为完整的教育体系。同时也实行科举制度，对于中华文化在台湾的传播起了一定的促进作用。

（三）康熙统一台湾后的行政建置

郑氏政权统治台湾期间，与清朝始终处于对峙状态。康熙二十二年（1683），水师提督施琅率领水陆官兵 2 万余人、战舰 200 余艘，从铜山（今东山）出发进攻台湾，取得澎湖战役的胜利，郑克塽投降。清军收复台湾，正式实现了全国统一。随后，开始在台湾设立府县。

清政府设立台厦道，隶属福建省，管理台湾与厦门两个行政区，设道台一人，正四品。雍正五年（1727）改台厦道为台湾道，添设台湾府通判一员驻澎湖。此外，朝廷还设置巡台御史前往台湾巡查，加强中央与台湾的行政联系，后撤销。

台湾本岛则设有台湾府，下辖台湾、凤山、诸罗三县，形成一府三县的格局。后来，随着移民的增多和台湾土地的大量开发，区域划分逐渐细化，行政区划也发生了变化。至嘉庆十七年（1812），形成一府（台湾府）四县（台湾县、凤山县、彰化县、嘉义县）三厅（淡水厅、澎湖厅、噶玛兰厅）的局面。

在行政职位上，台湾知府由福建巡抚直接管理，其职权是统领司法、财政及内政事务，由福建内地选派轮流到任。在县一级主要设有知县、县丞、典史、巡检等职。

总之，清朝统治台湾时期，台湾的行政建置不断细化、完善，逐渐形成了一套完整的治理体系，并且依据现实情况而不断调整。

（四）台湾建省及其近代化

19 世纪，崛起的外国资本主义列强纷纷向外寻求扩张，中国也不可避免地成为目的地。1858 年，列强逼迫清政府签订了《天津条约》，开放打狗（高雄）及淡水两地为通商口岸。19 世纪六七十年代，列强从四面八方向中国边疆入侵，台湾作为东南门户，成为列强觊觎的对象，美国、日本、法国接二连三地武力侵犯。1874 年日本侵台事件发生后，台湾单独建省逐渐被提上议事日程。1885 年 10 月，慈禧太后诏准将福建巡抚改为台湾巡抚，经过三年的准备时间，至 1888 年正式实现与福建分治，台湾成为中国第 20 个行省。

台湾建省后，为了实现筹防御外的功能，首任台湾巡抚刘铭传开始全面推行新政，加强海防，加速了台湾迈向近代化的步伐。在这之前，沈葆桢、丁日昌已经初步建设台湾，如铺设闽台水陆电线、搭建新式炮台、购买新式武器、使用机器开采煤矿等等。刘铭传接任台湾后，全面推行以近代化为中心，以加强海防、建成自立之省为目的的自强新政，其内容主要包括海防建设、增设府县、发展交通、兴办企业、清赋理财、重视教育等六个方面，涉及军事、行政、经济、文化等领域，取得了杰出成就，使得台湾成为当时中国最先进的省份之一。

四、闽南移民

历史上，由于种种原因，福建南部（闽南地区）有大量的民众移入台湾，占据移入台湾人口的绝大部分。

（一）闽台对渡贸易

由于台湾本地资源有限，台湾人民生活用品许多都由大陆供给；另一方面，台湾本地的特产也往往供应大陆。因此，海峡两岸自古以来就存在频繁的贸易往来。

宋元时期，台湾尚属于早期开发阶段，两岸贸易较为零星松散。明代前期，政府实行海禁政策，但这反而促进了私人海上贸易的盛行。南方经济的繁荣更使得东南沿海的私人海上贸易得到飞速发展，出现了一批私人海上贸易集团，以至于开放海禁的呼声日益高涨，使得统治者允许部分开放海禁。至明中后期，出现了以颜思齐为首的闽南海商集团，形成了较为系统的两岸贸易网络。此外荷兰人占领台湾时期，也十分重视与大陆的贸易活动，闽台对渡贸易愈发兴盛。

到了清代，康熙宣布开海贸易，两岸对渡贸易进入了新的历史时期。雍正三年（1725），专门从事同祖国大陆贸易经营的"南郊"与"北郊"商业集团成立。随着台湾地区人口的快速增长和经济的飞速发展，大陆商品物资的销路也随之扩大；同时，台湾的糖麻油米等也销往全国。乾隆末年，台湾与大陆的贸易达到了鼎盛阶段，连横《台湾通史》指出："雍乾之间，商务大盛，帆樯相接。"

（二）移民的浪潮

大陆移民入台，历史上早已存在，三国时期的东吴和隋朝都曾有入台记录，到宋元时期开始形成有计划的移民，直至明清时期出现了大规模的移民高潮。

宋代楼钥《汪大猷行状》中记载："乾道七年四月起知泉州，到郡……郡实濒海，中有沙洲数万亩，号平湖。"经过学者考证，"平湖"便是"澎湖"。此外，从地下出土文物也可证明宋代汉族人民已迁居澎湖、台湾。到了元代，汪大渊的《岛夷志略》已经明确了汉族人民迁居台澎的情况。但直到明清时期，才形成大规模的移民浪潮。

第一次移民高潮是1628年，时值福建大旱，应福建巡抚熊文灿之请，郑芝龙"召饥民数万人，人给银三两，三人给牛一头，用海船载之台湾"。尽管荒年过后，大部分移民返回家乡，但滞留定居下来的仍然不少。第二次移民高潮是1661年，郑成功驱荷复台，大量军民移入台湾，学者推测有3万人左右。此外，还有不少沿海难民移入台湾。第三次移民高潮是清康熙至嘉庆时期，清朝在台湾设治后，招徕沿海人民前往开发。虽然清政府生怕台湾汉人聚众闹事，禁止私渡台湾，但禁者自禁，渡者自渡，自康熙至嘉庆百余年间出现了一个持续不衰的移民高潮。

（三）土地拓垦与移民社会的形成

连横在《台湾通史》自序中说："夫台湾固海上之荒岛尔，筚路蓝缕，以启山林，至于今是赖。"正是世世代代移民的辛苦开垦，才有了台湾今日的面貌。

第一次大规模的土地开垦发生在郑氏政权立足台湾后。为了解决军粮的供应，积累实力以反清复明，郑氏积极鼓励私垦（包括民垦）和军垦，并且取得了显著的成就。农业连年丰收，不仅实现了自给，而且还能"以其有余，供给漳泉，以取其利"。

明郑时期的土地开垦主要集中在台湾南部地区。到了清代，中部、北部地区得到进一步的开垦。自康熙中期到乾隆后期，台湾岛西部的平地已基本得到开发，拓垦的目标转向丘陵山地和偏远地区。土地的大量开垦为台湾的经济发展提供了动力，为台湾演变成一个定居社会提供了机遇。

19世纪五六十年代，台湾逐渐由一个移民社会转变为定居社会，这主要体现在人口结构、职业结构、宗族关系等方面的变化。在人口结构上，台湾的人口增长由移入增长转变为以自然增长为主，人口以移民的后裔为主，大陆新来台的移民已经不多。此外，人口的性别比例和年龄结构也渐趋正常。在职业结构上，早期移民社会的无业游民占据相当大的比例，而清末的台湾居民职业结构已经渐趋多元和完备，无业游民的比重大大减少了。在宗族关系上，清末台湾不再局限于原籍宗族和祭祀圈，形成了超祖籍的祭祀圈和新宗族，这意味着随着移民在台居住的时间越来越久，祖籍观念渐趋淡薄，而对本土的认同感逐渐加强。

（四）唐山过台湾

清代《台湾志略》记载："台湾人称内地为唐山，内地人曰唐人。"由此可见，"唐山"就是台湾人对祖国大陆的称呼。"唐山过台湾"是长期流传于台湾民间的一句话，直到现在，很多台湾人仍把回大陆叫"回唐山"。

为什么台湾人把内地称为"唐山"呢？这是由于在历史上，台湾人大多数来自福建，而福建人又多数是古代中原移民的后裔。在唐代，中原地区（以河南光州固始县为主）有两次大规模的向福建移民，对当时地处边远的闽地而言，"唐人"也就成为中原人的称谓。后来台湾人称大陆为"唐人"、称大陆为"唐山"就是这种历史称谓的延续。

"唐山过台湾"这句话鲜明地体现出了两岸之间的血缘关系，连横《台湾通史》中说："台湾之人，中国之人也，而又闽粤之族也。"正是一代又一代的大陆居民迁移台湾，为台湾的发展奠定了基础。

五、客家移民与闽东移民

（一）闽台客家源流

客家作为汉族民系之一，主要分布在江西、湖南、福建、广东等地区。在移台群体中，客家亦是重要的一支。来台移民以府为单位划分可以分成漳籍、泉籍、粤籍三大系。漳籍包括漳州府属各县和部分潮州籍移民；粤籍以广东客家人为主，包括闽西汀州府属各县；泉籍包括泉州府属各县。到乾隆年间，漳泉移民占十分之六七，粤籍占十分之三四。北淡水多粤人，诸罗、彰化多闽人；近海多闽南，近山多客籍。

台湾客家作为从闽粤客家移入的一支，继承了客家忠义勤俭、诗书传家、耕读尚武的传统，再加上台湾社会始终存在由于祖籍矛盾而引发的"分类械斗"，台湾客家更加成为一个紧密的群体。

（二）闽东移民及其在台发展

闽东广义上指福建东部地区，包括今福州、宁德两市，狭义上专指宁德地区。关于闽东移民台湾，虽然地理上和闽南一样距离台湾很近，但清代以前鲜有记录。究其原因，其一，清代以前闽东还不存在人口过剩压力，因而就没有赴台谋生的迫切需要；其二，闽东地区被山地分割包围，出行非常艰难，加上台湾海峡的风向、潮流和海流，使得从闽东沿海任何一个地点驾船赴台，一年绝大多数时间皆逆风逆流，在海上航行技术不发达的古代，出海显然具有一定困难。

到了清代，闽东地区与台湾的交流日益频繁。这首先归结于当时航海技术和造船技术的提高，为闽东人渡海赴台提供了前提条件。其次，清政府实行"班兵"制，是这一时期大量闽东人渡海赴台最重要也是最直接的原因。台湾纳入中央版图后，台湾驻军不在台湾本地招募，而是从福建抽调轮流戍台，而闽东的福宁镇军被清政府定为抽调戍台"班兵"的五镇之一。此外，闽东人口增加造成了一定的生存压力、清政府提供了一系列便利条件、两岸互补性区域经济所产生的吸引力等也是吸引闽东移民台湾的重要因素。

清代赴台的闽东人大致可分为三类，一是从军伍卒和军官，且人数最多。康熙年间随施琅等征台的将士中就有不少闽东人，为收复台湾作出了杰出贡献。二是宦台人士，如霞浦籍的游光缵，乾隆庚子（1780）进士，曾任台湾府学教授；林桂茂，嘉庆戊辰（1808）进士，曾任台湾府学教授；林居义，乾隆戊子（1768）举人，曾任彰化县教谕；等等。三是经商赴台人士。在当地留下了把去台湾做生意叫作"过台湾"的俗称。

第二节　闽台文化的交融

福建移民不仅开垦了台湾的土地，还在台湾撒播下中华文化的种子。闽台文化的交融主要体现在民族的融合，血缘、地缘的联结和教育的交融。总之，闽台文化的交融从福建移民开垦台湾时就已经开始，福建与台湾之间的文化亲缘关系是密不可分的，这些都可以在历史中找到见证。

一、台湾少数民族与汉人的融合

以福建移民为主体的汉人到达台湾后，他们与台湾少数民族发生了互动关系。这种互动关系在主流上是和谐友好的，民族文化也在互动中发生了交融。在台湾少数民族与汉人的交融中，少数民族逐渐被汉族的习俗、文化、生活习惯等所影响。

（一）台湾少数民族特点

台湾南岛语系族群指的是台湾境内的少数民族，他们是我国56个民族中的一员，现在普遍被称为高山族。台湾少数民族与我国南方地区的古越人在文化上具有渊源相承的关系。这已经有许多语言学、民俗学等方面的研究。一般认为，台湾的早期居民来自大陆。郭志超教授在《闽台民族史辨》一书中提出：由闽而台，再由台而南洋群岛乃至西南太平洋诸岛，是中国大陆东南原南岛语族向海洋的流布路线。后来南洋群岛的少数南岛语族人口又逆向返迁台湾，成为台湾土著民族的晚源和次源。也就是说，台湾南岛语系族群的主要来源是祖国大陆东南沿海古越先民的一支。他们在台湾海峡形成时，通过"东山陆桥"到达了台湾。台湾少数民族与我国大陆地区人民的关系，早在史前就已经是非常密切的了。

根据传统语言文化保存状况，台湾少数民族可大致分为高山族和平埔族两大范畴。平埔族指的是那些与汉族长期交流融合，其特有社会文化元素和语言都已消失的族群。高山族一般分为 9 个族群，即泰雅族、赛夏族、曹族（也称邹族）、排湾族、布依族、鲁凯族、卑南族、阿美族、雅美族。[①]

台湾少数民族文化也可看作早期的移民文化，是多种移民文化的集合，其中中国大陆文化占有很大分量。台湾的少数民族虽然多，但由于台湾本岛地理因素制约了文化间的交流，无论是平埔族还是高山族，直到明清汉人移民潮到来，他们都处于一个相对原始的阶段，而这也导致了他们不断被汉化。他们从刀耕火种到水田农耕，都依赖外来文化的影响，并非靠本身发展能达到，表现出对大陆母文化的依赖。

从台湾少数民族的社会习俗、社会关系与信仰崇拜等方面，可以看出长幼次序的伦理观念的重要性，而这与汉文化的尊卑有序有暗合之处。台湾少数民族大多拥有祖先崇拜和图腾崇拜，其中蛇图腾崇拜、竹图腾崇拜都与大陆南方地区的信仰相似。他们的宗教信仰保留较多的原始信仰形态，神灵没有具体的神像，通常只是一种象征性的事物，如石头。在特殊的节日，台湾少数民族也会举办祭祀仪式，祭祀仪式上往往都伴随着歌舞，而这一点正体现出古越人好巫重鬼的一面，也体现出台湾少数民族追远保本的观念。

（二）平埔族的汉化

清政府将台湾少数民族通称为"番族"，根据与外人接触程度分"熟番"与"生番"，又"熟番"多住平地，"生番"多住山地，所以"熟番"

---

① 参见余光弘、李莉文：《台湾少数民族》，福建人民出版社 2012 年版。

又名"平埔番","生番"又名"山番"。现在的平埔族，就是由"平埔番"发展而来，指居住在台湾西部沿海平野、盆地、近山台地以及宜兰平原等地的台湾少数民族人民，一般包括凯达加兰、噶玛兰、道卡斯、巴则海、邵族、巴瀑拉、巴布萨、安雅、西拉雅、马卡道等10个族群。平埔族有自己的语言，但没有文字。由于大多居住在平原地区，平埔各族以农耕为主，同时辅以渔猎。平埔族大多为母系氏族社会，但当他们受到汉人影响后，就产生了一种"来脚去"的婚姻形式，即女方出嫁不收聘金，但男方需不时往女家助其耕作。在信仰方面，平埔族重视祭祀，祖先崇拜的观念强烈，相信灵魂不灭与万物有灵。祭祀时，他们常高歌起舞，狂饮欢宴。

平埔族的汉化是在明清时期，明清时期的闽粤移民潮给台湾带来了许多汉族人口，汉文化与平埔族原始文化发生了接触。在文化接触的过程中，清朝政府实施"开山抚番"政策，积极推动平埔族群文化变迁。政治上，将平埔族群居住区归入统治版图；经济上，引进大陆地区先进的农耕技术帮助其发展；文化上，开办"番社学"传播儒家文化。[①] 在这样的情况下，平埔族逐渐汉化。乾隆后，清政府开始在平埔族中推行"赐姓"政策，许多平埔人都改用汉姓。平埔族的汉化是汉人移民、清政府教化与自身选择共同作用的结果。平埔族本身对待外来文化就是比较开放的，他们是最早接触汉文化的台湾少数民族，面对较为先进的汉文化，平埔族为了自身发展主动向汉文化学习，这是合理的。

（三）其他少数民族的互动

从汉代到隋代，台湾高山族人民和大陆汉族人民之间已通航通商；到了元明时期，台湾高山族与汉族人民共同抵抗倭寇的侵扰，还共同建设台湾，发展商业贸易。郑成功到达台湾后，积极团结台湾高山族同胞，制定了一系列有益于高山族与汉族人民共赢的措施，例如改进税制、保护高山族和汉族人民开垦土地的土地所有权、注意等价交易等。在文化教育上，

---

① 参见罗春寒：《台湾平埔族群文化变迁及其原因试析》，《贵州民族研究》2005年第6期。

郑氏父子统治时期摧毁了荷兰殖民者对台湾高山族的奴化教育。1666 年，郑经在台湾"建孔庙"，建社学，在台湾推行儒家文化，这对提高高山族和汉族人民的文化水平具有重要影响。为了避免高山族与汉族因为开垦发生冲突，郑氏还设开垦边界，置隘勇隘丁防守，一定程度上保障了民族间的和平。

到了清政府时期，清政府对高山族人民持鼓励、保护的态度。高山族的土地开垦受到清政府的保护，同时，在汉人共同开垦土地的情况下，高山族地区的生产有了很大进步，高山族与汉族的关系也愈加友好，淡水还出现高山族和汉族共同修建水利的例子——霄里大圳。在教育方面，清政府在台湾县、凤山县、诸罗县、彰化县、淡水厅都设有社学，这促进了高山族文化水平的提高。高山族儿童学习汉字后，还可以参加科举考试。此外，医药也拉近了高山族与汉族的关系，汉人的医药治愈高山族人民的事迹时有发生。清末，沈葆桢负责"开山抚番"，开辟通往东部的山路招抚当地高山族，就曾得到高山族人民如太鲁阁社高山族的帮助。到了近代，面对外国侵略者，无论是 1874 年的牡丹社事件，还是日据时期的雾社事件，都展现出高山族人民对外国侵略者的坚决抵抗，他们与一众汉族人民一样，用生命守护脚下的土地。

二、血缘与地缘的纽带

古代的中国是一个乡土社会，以血缘为纽带的宗族社会和以地缘为纽带的社会关系是乡土社会的基本特点。随着福建移民到达台湾，他们将安土重迁、不忘根本的乡土观念带到台湾。迁台的闽地先民通常按照同宗族、同地域而聚居，为了怀念家乡，遥祭祖先，他们在台湾的居住地修建祠堂，还将他们在台湾的垦荒地命名为家乡的名称。

（一）宗族与祠堂

以血缘为纽带的宗族文化，是中华传统文化的基石。历史上，由于战乱，中原人民入闽定居就已经有聚族而居的习俗，到了明清时期，福建世家大宗聚居在一起，建立宗祠、宗庙以团结族人。闽台地区，举族举家迁台谋生的情况多见，所以宗族文化也随着福建移民到达台湾。早期移民通常是同族人聚居一地，形成家族聚落，如台湾北港郡四湖乡的林厝寮，就是以林姓为主开基建立的村落。由于朝廷的限制和横渡台湾海峡的凶险，早期移民数量有限，移民除了和同族人一起居住，往往还和同乡或者同县的人住在一起。这也就意味着，台湾的宗族文化与血缘、地缘都有重要关系。移民台湾的人民无法返回家乡，他们就在台湾修建祠堂，供奉开台祖，遥祀祖灵，这是宗族文化在台湾的表现之一。宗族文化的影响还导致闽台民间普遍出现"一世不修谱为不孝"的观念。方宝璋教授指出：闽台家谱、族谱等虽然在编撰上内容繁简不一，体例种类很多，但有一个共同的特点，就是努力追寻本宗族的水源木本，而这其实也是对中华炎黄文化的追根溯源。[①] 台湾李、王、吴、刘、蔡、陈、杨、林、黄、张十大姓编修族谱时，对其族源的追溯，与福建的同姓族谱基本一致，甚至有的台湾族谱是直接从福建带过去的。闽台宗族祠堂和族谱把同宗同族之人紧紧地联结在一起，使人们的宗族、乡土观念大大加强。和其他宗族观念强烈的地区一样，闽台地区绝大多数外出谋生的人，都以衣锦还乡、光宗耀祖为人生之一大幸事。当衣锦还乡时，他们一般会买良田、修祖坟、修祠堂、办学校、修路等等，为家乡的建设慷慨解囊。

（二）闽台同名村

前往台湾开垦土地的福建移民，在台湾形成了以同地域、同宗族、同宗姓相连接的血缘、地缘村落，而这些地方很多都以这些移民的祖籍地名称或家乡传统习俗而命名。因此，在台湾出现了许多与福建泉州、厦门、漳州等地同名的村落。

以福建泉州为例，明清时期迁台的福建移民以泉州籍为最多。在台湾彰化县和美乡，就有直接名为"泉州"的村落；名为"泉州厝"的在新北

---

① 参见方宝璋：《闽台宗族之情》，《海峡教育研究》2020 年第 1 期。

淡水、桃园新屋、台中清水都可见到；南投竹山还有"泉州寮"，彰化伸港乡有"泉州社"，云林县台西乡有"泉州村"，彰化县线西乡有"泉州里"，台北市有"泉州街"，均源于早期建立的聚落是来自泉州府的先民。台湾多地的"桥头村"如彰化县的社头桥头村、云林县麦寮乡桥头村，都是由泉州府石井镇桥头村的许姓先民以祖籍地冠名的。[①] 闽台地区的同名村联系着两岸同胞的血缘亲情，是两地人民密切关系的实证。闽台同根同源，无论是宗教信仰、社会习俗、生活习惯，都源于华夏文化，不忘故土、饮水思源正是我们中华儿女烙印在骨血中的美好品质。

(三) 行业的联结

闽台的经济关系是一种互补关系，从明郑到清末经历了正哺到反哺到互哺的过程。明郑时期，郑成功以台湾、澎湖、闽浙粤沿海地区作为"反清复明"的基地，所以此时大陆地区的沿海省份向台湾输送了许多人力、物资、生产方式等，属于正哺。到了康熙平定台湾，于 1684 年解除"海禁"，就进入了台湾反哺大陆与闽台互哺的时期。由于大量福建移民迁台，台湾的土地被开垦，大陆较为先进的耕作技术的流入促进了台湾农商业的发展，台湾成为粮糖基地。福建的种茶技术、种水果如凤梨、番石榴等的技术传到台湾，而台湾的水果则传入福建安溪及漳州。[②] "台运"兴起后，台米台糖实现了与福建方面的联结。雍正至道光年间，每年从台湾输往福建的米谷就多达八九十万石。在贸易方面，清代出现了闽台间直接贸易的商业管理组织"郊"，通常是一些同性质的商号联合成立的工会。参与"郊"的商号一般称为"郊商"。"郊"按贸易物种可分为"米郊""布郊""糖郊"等，按贸易地区可分为"福郊""厦郊"等。行业的联结在商业上展现出闽台地缘和商缘的重要影响，闽台的郊商们通过两岸贸易网络获

---

① 参见朱定波：《闽台同名村》，福建省台湾同胞联谊会：中国闽台缘博物馆 2014 年版，第 22 页。

② 参见金泓汛、郑泽清、刘义圣：《闽台经济关系——历史·现状·未来》，鹭江出版社 1992 年版，第 40 页。

益，但他们大多数都会在成功后回到家乡，为闽台两地的教育、公益事业作出巨大的贡献。

三、儒学的推行和教育并轨

近代以前，闽台地区的教育主要以儒家文化为主。黄新宪教授在《闽台教育的交融与发展》中指出：从明郑时期到清末，可称为福建与台湾教育的完全交融期。这种交融有着地缘的关系，也与统一的政治制度与教育制度有关。在来往闽台的仕宦、文人的作用下，闽台教育联系得更为紧密。台湾教育对闽学与朱熹的推崇，亦受到福建文化的影响。

（一）台湾儒学的发展进程

台湾儒学的发展是从明郑时期开始的。郑成功收复台湾后，推行与内地相同的儒学教育体制。文化教育方面，在咨议参军陈永华①的主持下，孔庙、学校相继在台湾设立起来。当时的学校有学院、府学、州学和社学。学院相当于高等教育，府学、州学相当于中学教育，社学为初等教育，各社皆设小学，并鼓励台湾少数民族儿童入学。②

到了清朝时期，福建省根据《大清会典》对台湾地区的儒学制度进行改造，在台湾地区新设了许多县学，如安平县学、凤山县学、新竹县学、宜兰县学、苗栗县学、云林县学等。从南部到中部再到北部，涵盖面广泛。在台湾儒学的发展过程中，从福建派去的地方官员、师资力量发挥了重要的作用，他们都将儒学教育视为倡导地方教化、弘扬中华传统文化和建设台湾的重要途径。台湾府县的儒学师资和学生名额配备由福建地方官员提请。清政府在台湾各府、厅、县都设有官学，配备教授、教谕、训导等专职人员从事教学工作。闽台府县学生员的学习内容是相同的，主要学

---

① 陈永华，字复甫，泉州同安人。陈永华博学多谋，又受父亲影响，对明王朝忠心难忘，后投奔郑成功。作为郑氏三代治台时期的核心人物，他对台湾的政治、经济、文化教育等方面都有建树。

② 参见陈孔立主编：《台湾历史纲要》，九州出版社 2006 年版，第 45 页。

习以御纂、钦定形式颁布的各种按朝廷旨意注解的儒经和理学著作。因台湾未设乡试考场，为了科考，台湾士子都必须渡海到福州参加福建的乡试。因此，福州不仅是闽台最高行政机构所在地，也是闽台科举考试的中心。为了方便台湾士子在福州的生活，福州还设立了台湾会馆，以供赶考士子居住。

除了官学，台湾书院、社学、义学、私塾等教育形式也都是儒学传播的途径。在诸多途径的共同作用下，台湾的儒学深受闽文化的影响，以中华传统文化为基石的儒家文化在闽台两地潜移默化地影响着人民的思想与生活。

(二）台湾的科举考试

在明郑政权时期，台湾就已经形成了初步的科举考试制度。郑成功自幼接受传统儒家教育，其儒学背景影响了他对科举出身的知识分子的关注，以沈光文和陈永华的例子最为突出。沈光文在明末科举中名列副榜，曾任工部郎中，他到达台湾后成为了台湾文学的"初祖"。而陈永华则直接影响了台湾科举考试制度的诞生，在他的主持下，万年县和天兴县每三年举行两次岁试，合格者到承天府参加府试，府试后是学院考试，通过者则可以进入太学。陈永华在设计台湾的科举制度时以明代考选制度为蓝本，但由于当时台湾文教相对落后，考试者不多，再加上后来施琅率兵平定台湾，明郑时期的科举制度并未发挥太大作用。

清朝统一台湾后，台湾被纳入福建省的行政管辖范围，其科举制度也按福建省规定进行。按照福建省的规定，台湾的童试每三年举行两次，每次都经过县试、府试和院试。院试又称道试，由于来往交通不便，福建便委托分巡台厦道负责院试，在台湾府治所在地进行考试。县试、府试、院试的第一名被称为"小三元"，清末台南进士施士洁就是"小三元"。通过院试的士子要参加每三年举行一次的岁考，岁考后是科考，通过科考才能参加乡试。台湾本岛只举行童试及岁、科两试，乡试需要到省会福州应考。由于台湾的文教事业相对落后，清政府对台湾的科考有保护政策——

为台湾籍士子设立保障名额，这有力推动了台湾科举考试的发展。通过科举考试，以儒家伦理道德为标志的中华文化深入到台湾社会的各个阶层，中华文化浸润了台湾地区人民生活的方方面面，潜移默化地影响着台湾人民。

（三）台湾书院和义学、社学

书院是封建社会对士子实行教育的重要场所，早在唐代就已出现。由于清代台湾的儒学数量不足以满足士子求学的需要，乡学所授内容又过于简单，所以介于二者之间的书院就在台湾迅速发展起来。目前普遍认为康熙四十三年（1704）的崇文书院是台湾最早设立的书院。台湾书院是官办民助的教育机构，以"举业""义理"为教学内容，祀朱子。书院的兴盛是台湾教育的一个突出表现，这依赖于福建地方官员和福建士绅的努力。道光至光绪年间，台湾书院进入了稳定发展的时期，当时一些著名的书院，如仰山书院、海东书院，它们的山长和主讲都是福建的士绅。台湾书院对台湾文化的影响很大，培养出许多出色的人才，如施士洁、丘逢甲等人。施琼芳与徐宗干在海东书院实施的教学改革则直接促进了《瀛洲校士录》的诞生，此后"采风问俗"的风气盛极一时。

台湾书院与福建书院的交往十分密切。福州的鳌峰书院在清代被列为省城四大书院之首，极为台湾士绅所推崇，台湾士子也以报考鳌峰书院为荣，而鳌峰书院也有一些台湾籍的教员。闽学对台湾书院的影响亦是重大的。宋代朱熹在闽北招贤纳士，传学讲理，之后，福建有"朱子门人半天下"之说，知名闽学学者的影响力是巨大的，这也是许多台湾士子慕名鳌峰书院的原因之一。台湾书院祭祀朱子，不同于儒学以孔子为先圣，以孟子、朱熹等先师从祀。台湾书院多以朱熹手订的《白鹿洞书院学规》为圭臬，强调通过学规讲明义理，以修其身。此外，台湾书院还大量收藏朱熹理学的书籍。书院强调并认同朱熹，而这影响了台湾形成一种"紫阳（朱熹）儒宗，海隅仰止"的浓烈氛围。

在清代，台湾的基础教育主要是由义学、社学等教育形式构成的。义学，又称义塾，康熙年间在台湾广泛设立，其目的是满足一些孤寒儿童的求学需求，我们可将义学视为书院和府县儒学的预备教育。义学一般由官府主办，或是官办民助，不收束脩。康雍年间，台湾义学的广泛设立还与蓝鼎元有着密切的关系。福建漳浦人蓝鼎元，曾在福州鳌峰书院学习，跟随族兄蓝廷珍入台平定叛乱。他提出了许多治理台湾的建议，其中关于台湾的教育，他就提出要广设义学以振兴台湾的文教。除了蓝鼎元，许多闽台地方官员都热心于兴办义学，在他们的努力下，义学的数量不断增多。与书院一样，台湾义学与福建教育亦有着密切的关系。无论是学规还是教规，台湾义学都借鉴了福建的教育。如云霄何子祥撰有《蓉林笔抄·昆阳义学条规》，就被其族人带入台湾，在台湾义学中被参考应用。

除了义学，社学也是台湾教育体系的一个重要组成部分。社学主要是在乡村里社设置的初等教育办学形式。台湾地方官府为补乡村里社之缺，仿内地之制在乡里堡社广设社学，延师施教，因其居民有流人与土著之分，其社学也分为汉人社学与"土番社学"两类。通常认为，康熙二十三年（1684）首任台湾知府蒋毓英所设台湾县社学 2 所和凤山县社学 1 所是清代台湾最早设立的社学。除了汉人社学外，清代台湾还有一种特殊的社学教育，即"土番社学"，主要是针对少数民族儿童的汉化教育。康熙二十五年（1686），诸罗县令樊维屏在新港社、目加溜湾社、萧珑社、麻豆社四处，各设社学 1 所，是为清代台湾"土番社学"设置之滥觞。此后，社学的设立和推广也逐渐铺开。据统计，乾隆年间台湾各地设立的"土番社学"共计 51 所。应该说，社学的设立和推行，对于台湾底层贫民子弟，尤其是少数民族儿童的教化训导和中华文化传播，无疑起到了重要的作用，它们是清代台湾教育体系的有机组成。

无论是府县儒学还是书院、义学、社学等，都是台湾教育体系的组成部分，提高了台湾的文教水平，弘扬了以儒家文化为内涵的中华传统文化。而台湾教育与福建教育的紧密关系，从官方到民间，从地缘到文缘，都紧紧联系在一起。闽台教育在历史上的紧密联系，反映出闽台两地的人民始终以同胞兄弟的关系共同发展与成长。

第三节　台湾宗教信仰与民俗文化

一、佛教与道教

（一）台湾佛教的传承与演变

台湾佛教是在郑成功收复台湾前后，随着大量福建移民而传入的。连横先生在《台湾通史》中说道："佛教之来已数百年，其宗派多传自福建。"[①] 康熙统一台湾后将其归属于福建管辖，闽人移台进入高潮，不仅给台湾带来很多佛像，同时在政府官员的提倡下，还建立了许多寺庙庵堂，之后也由多位闽僧主持，所以传入台湾的佛教派别主要也是来自福建。众多寺庙中以开元、竹溪、法华三寺最为著名。由于台湾佛教的初传时期和之后的发展都是以福建移民为主要力量和基本信徒，所以台湾佛教和福建佛教有一个共同的特点：禅净兼修，实用世俗。

清朝统一台湾之后，各地官吏崇佛之风曾一度盛行，台湾佛教从原来的以台南为中心发展为向台湾全岛扩展。到日据前期，全台的纯粹佛寺已达102座，部分民间的祠庙亦多由僧侣主持，佛教信仰在台已经十分普及。

日据时期，日本殖民者对佛教采取同化和利用政策，试图割断台湾佛教与大陆佛教的联系，中国传统佛教受到压制，台湾佛教在表面上出现了完全的"日本化"现象。光复后，台湾佛教开始了发展的新时期。1945年，善慧法师组织成立"台湾佛教会"；1947年，慈航法师应中坜圆光寺妙果法师之邀赴台创办"台湾佛学院"；1949年，大批僧人随国民党入台，台湾佛教有了更大的发展。

据统计，佛教是台湾十几种宗教中影响最大的宗教，寺庙众多，各种佛堂精舍更是遍布全岛各地，僧尼信徒人口基数庞大。整个台湾佛教派系

---

① 连横：《台湾通史》，商务印书馆1996年版，第407页。

复杂，主要有四大山头：中台山、佛光山、慈济功德会、法鼓山；九大门派：月眉山派、开元寺派、观音山派、法云圆光派、大仙寺派、万佛山派、大岗门派、清凉山派、东和寺派；五大团体：国际佛光会、中华佛教青年会、中华佛教居士会、中华佛教护僧协会、中华佛寺协会。

近年来台湾佛教界盛行各种弘法活动和慈善事业，还积极投入各项政治关怀活动，对社会具有广泛影响，成为当今台湾不可忽视的一股社会力量，同时在两岸的宗教文化交流中也发挥着积极作用。

（二）台湾道教的传承与演变

台湾道教最初是随闽粤移民而传入台湾的，道士在台湾正式传教的最早文字记载是明万历十八年（1590），有福建漳州的闾山三奶派的道士到台南传教。清乾隆五年（1740），茅山、正一派，又称符派或天师道，也传入台湾北部。道光三年（1823）又有正一清微派传入台湾。道教宫观在台湾的大规模修建，则要推迟到郑成功收复台湾之后。郑氏时建造最多的是真武庙，因为台湾地形酷似龟蛇之状，郑氏认为真武大帝足踏龟蛇的形象可为"此邦之镇"，鼓励官民多加建庙。同时，通俗道教也开始大规模传入台湾。移民入台后日常生活中的出生、成人、嫁娶、丧祭等人生礼仪需要道士主持仪式，就促成了道士团体向台湾的转移。

但清初统一台湾后，实行了一段重佛轻道的政策，台湾道士的社会政治和经济地位均较低下。在民众眼中，台湾道教有"红头"和"乌头"之分。红头道士身着红道袍戴红巾裹头，脉承于福建闾山三奶派，以司喜事为主，也有为人驱邪压煞、安营补运等，不大讲究全套科仪，颇重传统巫术的神奇效应；黑头道士穿黑道袍、头缠黑巾，以司凶丧事为主，也有为人建醮、谢平安、做三献等，法事仪式与龙虎山张天师较为接近，科仪也较完备。他们所持据的经典、科仪，都是来自闽南民间，完全是闽南世俗道教的翻版。

日据时期，日本统治者对台湾的道教压抑最甚，台湾道教奄奄一息。直至抗战胜利后，台湾道教才逐渐恢复了发展，福建的部分道士又开始赴台从事有关的宗教活动。江西龙虎山正一教首领第63代天师张恩溥也迁居台湾，并在1951年发起成立了"台湾省道教会"，还成立了"嗣汉天师府驻台办公室"。1966年，"中华民国道教会"成立，成为台湾最大的道教机构。近几十年来，台湾社会经济的发展促进了台湾道教的发展，道教香火鼎盛，道观纷纷建立，道教团体也在持续组建。台湾民间宗教信仰种类繁多，许多都与道教有关。道教作为中国传统的宗教，对台湾社会生活影响深远。

二、民间信仰

（一）妈祖信仰

明末清初，福建、广东移民渡台时将妈祖神像携带入台，妈祖信仰也随之在台湾开始传布。台湾的妈祖神话传说很多，其中有不少是关于统一祖国、抗击外侮的。如相传施琅率兵统一台湾进程中，得到妈祖的庇护。在攻打澎湖时，将士们看见天妃显灵助战，取得胜利。

（二）保生大帝

明清之际，保生大帝信仰随闽南移民传入台湾，并逐渐成为台湾最有影响的神灵之一。保生大帝又称吴真人，见于文献记载的台湾最早的保生大帝庙是在荷兰占据台湾时期，陈文达编修的《台湾县志》载："在广储东里，大道公庙。红毛时建。"吴真人在闽台又称"大道公"，故其庙称"大道公庙"，"红毛"则指荷兰殖民者。

（三）王爷崇拜

王爷信仰在闽台地区是一个重要的民间信仰。尤其在闽南沿海地区和台湾南部沿海地区，王爷信仰及其仪式是社区最重要和最隆重的信仰活动。闽南话中的王爷并不完全是皇帝兄弟的意思，而是对于有功德，或者受到崇敬、尊重、敬畏的人的一种尊称。王爷信仰就是对于这些人的崇拜而产生的民间信仰。送王船是王爷信仰的重要仪式，主要围绕着王船的制造、出仓、祭奠、焚烧展开。台湾的王爷崇拜源自闽南，自古以来，台湾的王爷信徒不畏艰难险阻，以能到闽南祖庙进香谒祖为幸事。1988 年以来，台湾各地的宫庙先后到泉州富美宫进香谒祖。

（四）关帝信仰

福建人民移民台湾，也把关帝信仰带到台湾。明清时期，泉州人移民台湾，都要经过通淮关岳庙，因此，许多人顺道到关岳庙乞求香火，带往台湾。台湾最古老的关帝庙为彰化关帝庙，建于南明永历二十三年（1669），被称为开基武庙，其神像就是从泉州通淮关岳庙分灵去的。据不完全统计，台湾有关帝庙 356 座。近年来，每年都有数以万计的台湾同胞到泉州通淮关岳庙和东山铜陵关帝庙进香谒祖。关帝信仰成为一条精神纽带，把闽台人民紧密地联系在一起。

（五）张圣君（也称"法主公"）信仰

历史上，台湾的法主公信仰是随福建移民传到台湾的。传播的渠道有两条：一是随圆山派道士入台，大约在明末清初就传入台湾，与台湾道教的兴衰紧密地联系在一起，至今台湾道教中的"法主公教"仍有较大影响；二是随民间信仰入台，约在清朝中叶至清末从福建的不同地区传入台湾。据记载，台湾宜兰县的再兴宫是台湾最早的法主公庙，创建于乾隆六十年（1795），香火是由福建德化县移民带去的。

（六）临水夫人陈靖姑信仰

明清以来，临水夫人宫庙，主要分布在闽东和闽江流域一带。信仰圈以福州、古田为主的闽东方言区为核心，逐渐向北和东南方向辐射。清代乾隆年间，随着福州等地移民渡台，临水夫人信仰也漂洋过海分香台湾。乾隆五十一年（1786），台湾安平镇建起第一座主祀临水夫人的宫庙。此后凤山县的顺懿宫，高雄县桥头乡的注生宫，屏东县竹田乡的永福宫，云林的龙云堂等，都是主祀临水夫人的。台南的开隆宫、大天后宫，台北的慈佑宫、伍德宫等，也将临水夫人作为配祀之神。

（七）土地神

明末清初，福德神信仰随着福建移民传往台湾，分享台湾居民的香火，逐渐成为闽台民间普遍的祀神主神之一。闽台两地，田头地角，屋前宅后，街头巷尾，甚至猪栏牛圈，也都有土地公守护。所以闽台有一谚语"田头田尾土地公"，处处皆可祭祀。土地庙规模小，一般都是因陋就简，有的田边搭几块石头搭盖，有的如谚语所说"三面壁"，连个门户都没有。土地庙最容易建，又最会被忽视，统计也最难，所以，闽台的土地庙实际总数多少，也无从得知。一般在年节、宗祀、扫墓、破土等民俗活动中，也得附祭土地公，祈求造福世人，德惠于民。

（八）玄天上帝

玄天上帝在台湾很有影响。台湾的玄天上帝成神的传说，与闽南一带说法较为相似。台湾最有名的玄天上帝庙是南投县名间乡的受天宫，被公认为台湾的开基祖庙。受天宫也是分香于福建，据该庙沿革记载，明末清初，有一批人从福建来台湾开垦土地、种植茶叶和砍伐加工木材，他们将随身携带的武当山北极玄天上帝的香火供奉茅屋中，顶礼膜拜，后迁往别处谋生，将香火遗留茅屋中。附近居民发现茅屋微光闪闪，查看发现是玄天上帝香火显灵，就建小庙祭祀。再后来信徒增多，香火旺盛，就扩建庙宇。每年三月初三，台湾各地的玄天上帝庙都到受天宫谒祖，其盛况与北港朝天宫的妈祖圣诞不分上下。

（九）其他神灵

清代以后，民间信仰迅速发展，神祇成百上千，大小庙宇遍布城乡僻壤。台湾民间官庙供奉的神灵，除了上述神灵外，还有许多其他神灵，包括传统的儒道神灵，观音、玉皇大帝、孔子等，闽粤移民奉祀的自然神灵，如大树公、石敢当等，还有祖籍神灵，清水祖师、开漳圣王、广泽尊王、定光古佛、三山国王等，这些神祇大部分以分香、漂流、分身方式从福建传入台湾。除此之外，还有有应公、大众爷、义民爷、郑成功等源于台湾本土的神灵。这些台湾的开基庙和各地分灵庙建立以后，便与福建的祖庙产生了"血统"上的承袭关系。为了保持和增强这种渊源关系，台湾各分庙每隔一定时间都得上祖庙乞火，参加祖庙祭典进香。这些祭仪活动，体现了大陆与台湾信仰文化的历史同一性和不可分割性。

三、台湾民俗风习

（一）生产习俗

立春是二十四节气中的第一个时令，新一年的农事活动由此开始安排。闽台地区自古以来就有"迎春"的礼仪活动，借以祈祷新的一年风调雨顺，年丰家旺。"迎春"仪式借"迎春牛""鞭春牛""游春牛"和"犁春牛"民俗活动，告诫农民务须辛勤耕作，不误农时。明清时期，闽台地区特别注重供奉神农大帝，每年农历四月二十六日神农大帝诞辰日，闽台有关的庙宇都会举行隆重的祭典，祈祷神农大帝保佑农业收成。干旱时节，一般由地方官吏率领百姓设坛求雨。地方长官需提前一日斋戒，并沐浴更衣；祈雨当天，一律简装素服，三跪九叩默祷求雨，并延请道士登坛念经做法事，祈求上苍普降甘霖。在一年丰收之季，农民一家人欢聚一堂，庆祝开镰收割，提前割下数十斤最好的稻米，舂米煮饭。将新米饭与各色供品祭拜天地、土地神、灶公灶婆等，答谢众神保佑，称为"秋祭"。

闽台地区渔民靠海而生，然而海上风波难测，渔民因此形成一系列与出海有关的习俗，以祈求出海平安。出海之前，渔民一般到妈祖庙进香，进行占卜，由神明选择出海的佳期。渔民在出海之前还要举行盛大的祭海仪式，俗称摆"顺风酒"。渔家敲锣打鼓放鞭炮，将所信仰的海神从庙宇中请出，在沙滩上设祭坛，烧香点烛，向海神祈祷出海平安和开渔大丰收。渔船上设有神龛，出海之后，每逢初二、十六，渔民在船上还要"做牙"祭神。遇到海上风波大难以返航时，渔民们跪求妈祖女神显灵保佑，同时把纸钱撒向大海，孝敬海龙王。据说这样能平抑波浪，逢凶化吉。闽台渔民在日常生活中有相当多的忌讳，这些忌讳一般与翻船有关。比如吃鱼不能翻鱼身，忌讳说"翻""沉"一类字眼，筷子不能横放在碗沿上。

福建闽南地区盛产优质石材，惠安石雕尤为著名，台湾大部分寺庙都能找到惠安的石雕装饰。闽台的石匠上山开采石料，具有一定的危险性，在动工开采之前，都要燃香烧纸祭拜土地神或山神，祈求保佑采石的安全。

闽台地区陶瓷业比较发达，旧时陶瓷工匠们一般供奉"土地公"或者无姓名的"窑神"。每次封窑点火煅烧瓷器之前，都要在土地公庙或者窑旁祭拜神明，祈求烧窑成功。陶瓷工匠在封窑点火之前，忌讳有生人在旁观看，有些人还要宰杀鸡鸭，用鸡鸭血洒在窑炉四周辟邪驱灾，以保证烧窑顺利。

旧时闽台城乡常常能看见挑担的货郎。过年时期不出外做生意的时候，小贩们都会在秤头上贴一张红纸，秤钩上挂一个纸元宝，表示钩住来年的财富。闽台较大的商家非常重视节庆时令的祭祀活动，常有"做头牙""做尾牙"之说。

（二）节庆风俗

闽台地区过年习俗中，除夕夜不能熄灯，寓意寿数绵长。闽台人称大年初一为"新正"，新正这天，人们要早早起床，开大门、放鞭炮，称为"开正"，敬神拜祖都必不可少，敬祖先和神的贡品在家中分吃，有"吃欢喜""吃长寿"的说法。元宵节是闽台相当热闹的节日，城乡地区舞龙、舞狮、唱戏等活动异彩纷呈，除此之外民间还有迎花灯、吃元宵的习俗。清明前后，人们上山祭祖扫墓，清理坟墓杂草，培上新土，称为"培墓"，继而"压墓纸"，又称"挂纸"，摆上贡品之后，先拜后土才能开始烧香拜墓。扫墓之后还要分送"清明粿"给附近村落的小孩。每年农历三月廿三日妈祖诞辰，闽台地区举行庙会庆祝，台湾地区尤其要举行盛大的祭典，有些信徒还会专程到湄洲岛妈祖庙进香，以示虔诚。端午节人们吃粽子，互赠香袋，还会在门前悬挂菖蒲艾叶，辟邪驱秽。闽台地区还流行在端午节用草药汤熬汤沐浴。七夕节女子乞巧、斗巧，台湾一些地方还要祭拜七娘妈或者床母，祈求对孩童的保护。中元节俗称"七月半"，从七月初一开始，闽台的人家在屋檐下悬挂圆形的纸灯，同时供奉祭品、烧纸钱，进行普度仪式。台湾的普度仪式颇为盛大，普度结束后还有"抢孤"活动。

闽台中秋除赏月、吃月饼之外，还有"博状元饼"的习俗，相传"博饼"为郑成功所创。重阳节期间，闽台民众登高、佩茱萸、饮菊花酒，人们同时还竞放风筝，分食重阳糕。冬至是闽台民众祭天祭祖的时节，人们备办供品，吃汤圆，很多地方还要演戏酬神。闽台地区除夕吃年夜饭，分发红包，台湾民间还有"跳火盆"的仪式，闽南称为"跳火囤"。

（三）人生礼俗

闽台地区婚事由媒人说媒定亲而成，婚事定下之后媒人有男女双方的谢礼，称为"谢媒"。旧时十分看重男女双方的八字是否相合，确认八字相合，才能进行"定亲""行聘"。新郎到女方家中迎亲，新娘在上轿之前有"哭嫁"的传统。

旧时孕妇怀孕称为"有喜"，怀孕期间有诸多禁忌需要遵循，否则便认为对胎儿不利。婴儿出生三天后，家人要给婴儿洗澡，称为"洗三"，同时还要祭祀神佛、祖先，送油饭和鸡酒给产妇娘家和媒人、邻居报喜。婴儿满月后外婆和亲友要送礼，称为"做满月"，满周岁后家人举行抓周仪式。

闽台地区父母病重之时，把床铺搬到正厅，称为"搬铺"。停灵期间为死者用白布蒙面，脚后供"脚尾饭"。家人为死者穿上寿衣入殓下葬。丧期中家人须披麻戴孝，人死后第七天，称为"头七"，开始对死者做"旬祭"，除普通祭品之外供奉甜汤圆。闽台的富裕人家还会在丧期中为死者"做功德"，请道士或和尚为死者超度。闽台地区还流行为死者洗骨再葬。

（四）衣食住行

闽台地区因气温较高，居民常年穿着单衣短裤；因为海风缘故，沿海居民多用布巾裹头；男人常着赭衣，女人穿着黑衣或青衣，一般不穿裙。饮食方面，闽台民众多以稻米为主食，辅食甘薯。特色小吃颇为丰富。烹调多汤汁，口味喜甜、清淡、鲜美，做菜尤其讲究使用骨头熬制的老汤。闽台地区茶叶产量较高，民众都有喝"功夫茶"的风习。居住方面，闽台人称居住的房屋为"厝"，贫民房屋多为木构结构，较为低矮，富人房屋多为砖瓦结构，盛行"围龙"结构。居民比邻而居，因为常有地震，所以房屋层数不高。闽台地区民众多信神佛，因此出海或者出远门多有烧香拜佛的举动，祈佑出行平安。

第四节　台湾的文学艺术

一、文学创作与表现

（一）台湾少数民族文学

台湾少数民族文学分为口传文学与书面文学两部分。台湾少数民族没有自己的文字，所以他们拥有的数千年的山海经验和在自然环境中积累的丰富的智慧、思想、情感、体验，只能通过神话、诗歌、传说、故事等口传文学的方式代代相传。数千年来，口传文学一直承担着历史文化传承、传统习俗运作、价值观念转述等重要的教育功能。20 世纪 60 年代以来，伴随着接受现代教育的台湾少数民族知识分子的大量出现，以及受台湾社会运动兴起和重视本土文化风潮的影响，台湾少数民族知识分子开始对台湾社会与少数民族自身进行省思。他们借助汉语这一语言工具作为书写载体，使台湾少数民族从此走向了书面文学这一有力的自我"发声"途径，这正是现代台湾少数民族文学的发端。

现代台湾少数民族文学之零的突破当属排湾族作家陈英雄于 1962 年 4 月 15 日在《联合报》副刊发表的散文《山村》。直到 80 年代初，布依族的田雅各、排湾族的莫那能、泰雅族的瓦历斯·诺干、雅美族的夏曼·蓝波安等一批台湾少数民族作家相继发表大量的小说、散文、诗歌、报告文学等作品，台湾少数民族作家文学有如异军突起，以别具的风格进入台湾文学界的关注视野，从此时起台湾少数民族文学迎来了真正的创作的春天。

（二）文学人物及作品

台湾文学在郑成功来台以前，还处于非真正意义上的文学阶段。直到明郑政权的建立和短暂的稳定后，台湾书面文学和文人文学开始迈向成熟，大批文人将传统的诗文、戏曲、小说等形式的文学作品带入台湾，奠定了传统文学的雏形。

20 世纪 20 年代，在大陆新文学运动的号召和影响下，台湾新文学运动也逐渐开始。在与旧文学论争的同时，新文学先驱也开始了新文学的尝试性写作。赖和的小说《斗闹热》《一杆"秤仔"》反映了台湾人民在日据时期所遭受的殖民压迫，表现反殖民统治、反封建主义的基本主题。赖和为台湾新文学树立起了第一面反帝反封建的旗帜，同时也开创了台湾现实主义和乡土文学的传统。

战后台湾文学"主潮轮换"，每个年代都有其主要的思潮，同时大量优秀的作家涌现，创作了一部部文学经典。50 年代出现了乡土文学，钟理和的《笠山农场》为这一时期怀乡文学的代表作。台湾的现代主义文学产生于 50 年代中后期，经过一段时间的发展，到 60 年代进入高峰，成为台湾文学的主流。现代主义文学的浪潮造就了一批作家，白先勇则是代表作家之一，《台北人》小说集是白先勇小说艺术臻于成熟的标志。70 年代乡土文学思潮兴起，陈映真作为代表性作家，出版了小说集《将军族》《第一件差事》。钟理和、白先勇、於梨华、余光中、琼瑶、古龙、高阳等皆为台湾文学添上了绚烂的色彩。

（三）文学社团

1. 台湾文化协会

1920 年正月，蔡惠如、林呈禄等人在东京涩谷区蔡惠如的寓所发起"新民会"，以林献堂、蔡惠如为正、副会长，并制定了《新民会章程》和行动目标。"新民会"的成立标志着台湾新文化运动的开始。1921 年 10 月，在"新民会"与林献堂的支持下，开业医师蒋渭水，联合医师吴海水等人在台北创建了"台湾文化协会"，成为台湾岛上第一个文化界大型群众团体，主要由台北部分院校的学生和台中部分居民组成，拥有会员 1000 多人。

2. 台湾文艺联盟

台湾新文化运动的成长，孕育并迎来了 30 年代中期新文学运动高潮，这一高潮的集中表现就是台湾文艺联盟的成立。1934 年春天，台中作家赖明弘、张深切等人发起召开全岛文艺大会，经过 3 个月的筹备，于 5 月 6 日在台中市小西湖酒家胜利开幕。大会决议成立"台湾文艺联盟"，形成台湾文艺作家空前大团结、大联合的统一战线。大会一致通过了文艺团体组织案，发刊文艺杂志案，关于奖励作品和文艺大众化等重要提案，并通过了联盟章程，选出了 45 位作家组成的执行委员会，并创办文联机关刊物《台湾文艺》。

3. 现代派、创世纪诗社

台湾现代主义文学浪潮首先是在诗歌领域掀起的。1953 年 2 月，现代诗人纪弦创办了《现代诗》杂志，点燃台湾现代诗革命的火把。1956 年 1 月 15 日，纪弦在台北发起成立了"现代诗社"，对台湾现代诗的发展起到启蒙和推动作用。第二个高举现代主义旗帜的是提倡超现实主义的"创世纪诗社"，它成为台湾诗坛最前卫的现代主义诗社，也是创作和理论最丰富的诗社。

二、歌谣与戏曲

（一）台湾少数民族歌谣

台湾少数民族喜爱唱歌，各个民族的歌谣都展现出不同的特点。歌谣的内容与台湾少数民族的生活息息相关，从狩猎到战斗、农耕到捕鱼、建屋到搬运；从婚礼到祭祖，祭神到驱鬼，祈祷丰收到庆祝丰收；从恋爱到离别，酒宴到游戏，舞蹈到摇篮；从传说到故事、从神话到民族起源，大自然到人生……尤其是平埔族，其民族生活与音乐、酒编织在一起，在有酒的民俗活动中，绝不会缺少音乐。台湾少数民族在唱歌中探索了不同的歌谣演唱形式，如高山族有单音唱法、复音唱法、和声唱法及异音唱法。

台湾少数民族的歌谣词句不带任何修饰，像是脱口而出的话，是人们感情的自然流露，朴实而率真，毫不矫情。他们天性乐观，对生活充满信念，歌谣总是充满着积极向上、乐观勇敢的情绪；即使是在一些表现曲折、不幸的歌谣里，也透露着阳刚之气和乐天情调，给人以力量。

（二）闽南歌谣

在台湾所有的民歌中，流传最广的就是闽南歌谣。最为大家所熟悉的闽南歌谣有《思想起》《天黑黑》《爱拼才会赢》等。闽南歌谣是指由福建漳州、泉州两地的闽南语系居民所演唱的歌谣。在台湾，早期闽南歌谣的演唱者大部分为中国内地移民至台湾者。

闽南歌谣的最大特色就在于深入民间，浅显易懂。词曲大多带有浓郁的乡土情感。从 20 世纪 30 年代开始到现在，闽南语歌曲在台湾的流行历久不衰。闽南语歌曲是从日据时代开始建立起它自己的独特风格的，一般来说哀怨之调较多，如《望春风》《雨夜花》等，都流露出一种苦情、无奈的韵味。但是也有少数表现着积极的人生观，如《农村曲》。闽南语歌谣的这种风格在 1945 年台湾光复以后仍继续维持了下去。一直到了 20 世纪 80 年代、90 年代，闽南语歌曲的风格才有了比较大的改变。闽南语歌手林强在 1990 年演唱的《向前走》，第一次将时下流行的西方的摇滚乐风和闽南语歌曲结合了起来，为闽南语歌曲开启了一个新的局面。

（三）客家山歌

台湾的客家民歌，依照客家人所居住的地区而分为南北两个民歌地区。北部地区以桃园、新竹和苗栗为主要地区。他们通常以"山歌""采茶歌"或"相褒歌"等名称作为客家民歌的总称。南部地区以屏东和高雄为主要地区。此地离台北甚远，客家人居住于靠中央山脉的丘陵地带，人们生活淳朴，民俗保守，所以较能保存客家山歌的特色，尤其是美浓镇的山歌与摇篮歌极具特色。山歌在台湾流传已有两三百年之久，虽饱经沧桑，但乡音未变，依然保留着传统山歌的艺术特色和浓郁的乡土气息。客家山歌，从歌词方面来看，其结构一般为七字一句，四句为一首，语言比较精练，押大致的韵；其题材也较多样，有的描写爱情，有的描写劳动，还有描写生活和故事等等，题材广阔，内容丰富；从艺术表现来看，大都运用"比""兴"等艺术手法，用以形象地刻画人物和各种事物。

（四）台湾歌仔戏

台湾歌仔戏是以闽南地区的歌仔为基础，结合台湾本土的特色，经过长期的发展，最终在台湾生根发芽的地方戏曲。歌仔戏形成之后，又传回闽南，随着闽台两岸歌仔戏的交流与互动，台湾歌仔戏不断走向成熟。

歌仔戏的根是漳州歌仔，"歌仔"是闽南一带居民用当地方言歌唱的民歌、山歌。歌仔伴随着明清时期闽南人开垦宜兰而传入台湾，经由几位闽台两地的师傅和青年共同琢磨创新，而在宜兰扎根。可以说歌仔戏是唯一产生于台湾的地方戏曲，渊源于明末流行于闽南漳州一带被称为"锦歌"（歌仔）的民间小调。1916 年以前，歌仔戏只流行于宜兰一地，后来，由小戏发展成大戏，在台湾造成很大轰动，并传至闽南地区与东南亚地区。歌仔戏说唱的基本曲调，采用原属于漳州的"四空仔"或"五空仔"等"七字仔调"，其说唱词为七言四句体，即曲调一首为四句，但首数多少却不确定，一首曲调又可以做无数次的反复。歌仔戏演出时不严格依照剧本，唱词、对白多为即兴之作，浅白而通俗。歌仔戏的四大名剧分别为《陈三五娘》《吕蒙正》《山伯英台》《什细记》，其中，《山伯英台》更被称为歌仔戏的圣典，其所演唱曲调几乎达到 5000 首。

（五）其他戏曲

梨园戏是闽南方言地区中最古老的一个剧种，俗称"七脚戏""七色戏""七子班"，系指由生、旦、净、丑、贴、外、末 7 个角色组成。梨园戏音乐包括声乐和器乐两大部分。声乐中以南曲"指""谱""曲"三部分中的"曲"作为基本唱腔。器乐包括吹打曲牌、丝弦曲牌和打击乐。梨园戏的音乐风格，总的说来是优美、抒情、幽雅恬静。梨园戏音乐善于以含蓄内在的方式来表达人物的内心思想感情，即使在欢乐、愉悦的场景中，其音乐的表达仍以深挚含隐取胜。

高甲戏流行于福建闽南方言区和台湾地区以及东南亚的一些国家，是闽南诸剧种中流行地区最广、观众面最大的地方剧种。它在名称上已显示出以气势磅礴、场面热烈的武功戏为特色，与梨园戏迥然不同。高甲戏丑角表演很有特色，轻快、明朗、活泼，动作的流动和变化大，夸张性强，弹跳力大，生活气息浓郁，浪漫色彩强烈。丑角在丑容、道白、嬉笑、眼神、胡子、踩脚等方面，都有与众不同的特点，有的人又称高甲戏为"丑旦戏"。

闽台的傀儡戏，现指悬丝傀儡一种而言，即提线木偶，闽南和台湾民间俗称"嘉礼戏"。福建素有"木偶之乡"的美称，其傀儡戏乃源于中原文化。傀儡戏传入福建后，形成闽西木偶戏和闽南木偶戏两种不同流派。台湾的傀儡戏是在明末清初，由闽南移民东渡台湾时传入的，并形成南部傀儡、北部傀儡两派。台湾南部傀儡以台南、高雄为中心，受泉州影响较大，剧目有《天下全福》《一门双喜》《大拜寿》《郭子仪大封王》《状元游街》等。台湾北部傀儡以兰阳平原的宜兰为中心，受漳州、漳浦及闽西长汀的影响较大。北部傀儡戏唱腔混杂着北管中的西皮和福禄调，乐器也与北管戏班相同，包括通鼓、堂鼓、大锣、小锣、胡琴和唢呐等。北部傀儡戏多在灾祸的现场，以驱邪避凶的演出为主。

皮影戏又称皮猴戏，相传是清末由广东的海陆丰、潮州、汕头一带传到福建的诏安、漳浦、漳州、龙海、长泰等地，然后由闽南移民传到台湾。皮影戏的主要艺术手段是映影，讲究画面效果。闽台的皮影戏剧目据不完全统计有200多种，如《蔡伯喈》《郑三保下西洋》《西游记》《济公传》《双凤飞》《珍珠塔》等。

三、传统建筑艺术

（一）闽南传统建筑

台湾传统建筑艺术多承袭自闽南传统建筑。闽南传统建筑是中国古代传统建筑南传的一个重要分支，以精美和艺术成就高而著称于世。屋顶既有单条燕尾脊，又有叠顶或假叠顶的双条燕尾脊，也有平脊、马鞍形山墙等多种类型；主要盖红板瓦，也有筒瓦和灰板瓦；墙体主要为夯土、土坯砖、红砖、河卵石、花岗岩条石或石块等多种原料；既有木、石、砖雕刻，又有拼砖、灰塑或彩塑、书画、剪粘等精美装饰。它包括民居、书院、庙堂、宫寺等院落式或单座建筑，还有塔、桥梁、牌坊等建筑；其中民居以主体建筑、左右厢房或加后界和左右护厝组成的三合院、四合院最为常见。这些建筑以中轴线布列，左右对称，总体既有北方中原的文化因素，又有南方的风格。

闽南传统建筑是我国古代优秀建筑中的杰出代表，是南迁汉族为了适应闽南地区的环境、气候而发展创造出来的具有地方特色的古典传统建筑。它既有中原汉族传统建筑的基本因素如中轴线对称，常见三合院、四合院院落，有榫卯、抬梁、穿斗、斗拱等结构，有硬山、悬山、歇山等屋顶；同时它又有鲜明的地方特色，如院落天井为适应炎热的气候而变得狭长，房屋色调鲜明喜庆。

（二）庭园建筑

以板桥林家庭园为例。板桥旧名叫枋桥，古名摆接堡，原台北县府所在地。在今天板桥的西北隅，有一庞大的旧式建筑，名曰林本源宅，这就是全台闻名的板桥林家庭园。板桥林家庭园达 5 万多平方米，占了当时板桥衙肆的一大半，所用木材皆采用台湾名贵的樟楠，并重金礼聘大陆名师巧匠参与设计建造。设计风格仿苏州狮子林规制，亭台塔树皆雅近画意，建筑风格又注意体现八闽情调，为台湾首屈一指的古式庭园代表。

（三）建筑装饰工艺

雕刻是附着在建筑上的装饰手段，在装饰中应用最广。古建筑无不以雕刻作为其最重要的装饰手段，采用了多种雕刻手法如浮雕、透雕、圆雕等。建筑单体每个部位几乎都进行雕刻，非常繁密。整座建筑上面雕刻了各种戏曲故事、祥瑞动物与奇花异草，甚至连外檐的石柱上面都要雕刻蟠龙。这些雕刻大多技艺精湛，注重细节，并不因为雕刻部位离视线较远而使得雕刻粗糙，雕刻后还要装饰五彩。

油饰是中国古代木构架免受风吹日晒、潮湿虫蛀而采取的使木构与周围空气隔离，并美化建筑的装饰手段。这种做法普遍应用于大江南北，台湾地区也不例外。台湾庙宇的木构件表面几乎全部都要进行油饰彩绘，油饰部分作为整座建筑的主基调多作朱红色，同样这与闽台地区的红砖文化或多或少也有关系。

彩绘主要指绘于建筑构件上。台湾地区的彩绘在范围上，不仅包括建筑构件上的彩绘，也包括门神与壁堵彩绘。绘门神在中国古代非常普及，现在台湾地区庙宇门饰仍保留此传统。台湾木构彩绘多绘于雕刻的表面，属于雕刻与彩绘结合的工艺；在用色方面，彩绘呈现出一种渐变的效果，当地称之为化色；在用金方面，闽台地区在清末的时候逐渐大量用金，贴金雕刻也是其装饰的一大特点，整座庙宇室内金碧辉煌。

四、绘画与舞蹈

（一）源自福建的文人画

明清时期，大批大陆移民迁移到台湾，加快了台湾的经济开发，进而促进了台湾的文化繁荣。在台湾经济社会发展的时代进程中，一些大地主和士绅阶级等上层群体开始关注艺术，造就了一批画家的产生。当时来台的书画家主要有三类：一是奉朝廷之命来台治理的朝廷命官，如沈葆桢、刘铭传、唐景裕等；一是被延聘或流寓台湾的画家，如谢管樵、吕世宜等；还有一类由庙宇画师画工组成，如林朝英、林觉、庄敬夫等。祖国大陆的书画艺术，就是经由这些文人士大夫传到了台湾。

当时台湾属于新开辟的疆土，设施简陋，绘画材料不易齐备，受过严谨训练的绘画人才也颇为难寻，所以绘画的发展很容易倾向于简逸的文人画风格。文人画是从元代开始兴起的，其特色为画中赋有文人气质，讲究文学意味与书法墨韵，目的在宣抒胸中逸气，并不考究画中的技巧和形似，可以脱去一些成规的束缚。没有经过正式的绘画训练的一般士大夫，只要书法写得好，也可以潦草挥毫以消遣。从台湾至今流传的明清台湾画家作品看，以水墨写意为主，水墨写意中又以花鸟类及四君子较多，尤其是兰竹最为常见；人物画次之，山水画则少见。明清时期台湾艺术有"闽习"之称，这和当时台湾画家大多来自闽、粤两省有关。

（二）台湾少数民族舞蹈

台湾少数民族不仅喜欢歌舞，而且是具有歌舞才能的民族，歌舞是他们日常生活中不可缺少的一部分。台湾少数民族舞蹈的种类很多，根据生活目的之不同，大致可以分为祭仪舞蹈、生命礼仪舞蹈以及娱乐舞蹈三大类。

祭仪舞蹈主要与台湾少数民族的宗教信仰实践相结合，是"娱神"的方式之一。由于台湾少数民族普遍存在着精灵崇拜，各种祭仪活动很多，较大的有狩猎祭、飞鱼祭、播粟祭、丰收祭、壶祭、猎头祭等等，其中以"丰年祭"最为隆重。在祭仪中，男女老少穿上节日的盛装，聚集在一起祭祀、祈福，然后载歌载舞以示庆祝，久而久之，就形成了众多专用于祭仪的舞蹈。生命礼仪舞蹈用于与人的生老病死密切相关的生命仪礼，如成年、求爱、定情、敬老等礼仪。娱乐歌舞则包括迎宾、喝酒、聚会时所跳的舞蹈，节奏欢快，为台湾少数民族的舞蹈较为常见的表现形式。

台湾少数民族的舞蹈最大的特点是与他们的生产方式和生活习惯密不可分，在舞蹈中不仅常有模拟狩猎、划船等动作，而且一些劳动工具还被作为歌舞乐器和道具。台湾少数民族舞蹈的另一个特点则是集体舞蹈，"携手歌舞"是他们普遍的舞蹈形式。起舞时，大家手挽手，或围成一个大圆圈，或排成横列，由一个人领唱，众人和唱，并伴着音乐调子左右移步，或进或退，整齐有序，场面颇为壮观。

（三）闽南传统舞蹈

闽南民间舞蹈历史悠久，不仅保留有传统的祭祀乐舞，也保留了大量的生活劳动歌舞。闽南民间舞蹈文化反映了闽南地区民众的民间信仰习俗、生产生活习俗和节日习俗的演变及发展。它们也被入台的移民带到了台湾。

"火鼎公火鼎婆"是流传在泉州一带的一种古老民间舞蹈，是迎神赛会、喜庆最为常见的舞蹈表演形式。"火鼎公火鼎婆"源于泉州民间迎神赛会中的"火鼎踩路"，寓意是盼望日子过得兴旺红火。从该舞蹈的表现形式上看，"火鼎公火鼎婆"的乐观爽朗性格、风趣幽默的神态是人们成功后的一种感情抒发和对未来的美好向往；而"火鼎踩路"则表达了人们对扫除一路污浊、驱除疾疫、驱邪镇恶、风调雨顺、国泰民安的祈求，有"烧去千灾，迎来百福"之意，具有积极的历史意义。

此外还有《拍胸舞》等。

后 记

　　中华文化源远流长，博大精深，至今仍焕发着勃勃生机，成为中华民族强大发展的厚重基石。中华优秀传统文化是中华民族的精神命脉，是涵养社会主义核心价值观的重要源泉。福建传统文化，是中华传统文化的重要组成部分。福建传统文化既有其自身的特色，又反映着中华文化的特点。习近平总书记指出："文化自信是更基本、更深沉、更持久的力量。"所以，作为福建的青年学生，应该学习和掌握福建优秀传统文化，把中华优秀传统文化不断地传承下去，为谱写福建社会主义建设新篇章贡献力量。

　　本书由袁勇麟、郭丹、汤伏祥等经多次讨论后，确定了编写大纲，并由郭丹组织编写。全书分工如下：

　　导论　（郭丹　福建师范大学、福建工程学院特聘教授）

　　第一章　福建传统文化的产生及发展历程（祁开龙　福建工程学院）

　　第二章　闽都文化（汤伏祥　海峡出版发行集团）

　　第三章　莆仙文化（周雪香　厦门大学）

　　第四章　闽南文化（林瀚　泉州海外交通史博物馆）

　　第五章　客家文化（兰寿春　龙岩学院）

　　第六章　闽北文化（杨亿力　福建工程学院）

　　第七章　闽东畲族文化（李志阳　宁德师范学院）

　　第八章　闽台文化（吴巍巍　福建师范大学）

最后由郭丹统稿审核。由于各位作者的风格不同，本书在论述时必然会存在差异，敬请读者见谅。

此外，本书编写过程中，参考了历史文献和时贤的著作，在此一并表示感谢。

郭　丹

2021 年 9 月 25 日